A IGREJA QUE VOCÊ SEMPRE QUIS

Editora
Vida

Editora do grupo

Zondervan
HarperCollins

Editora filiada a

Câmara Brasileira do Livro

Associação Brasileira
de Editores Cristãos

Associação Nacional
de Livrarias

Associação Nacional de
Livrarias Evangélicas

Direção executiva
Eude Martins

Gerência financeira
Sérgio Lima

Supervisão de produção
Sandra Leite

Comunicação e marketing
Sérgio Pavarini

Gerência editorial
Fabiani Medeiros

Coordenação editorial

Obras de interesse geral • Vera Villar
Obras para igreja e família • Aldo Menezes
Obras teológicas e de referência • Aldo Menezes
Obra em língua portuguesa • Silvia Justino
Obras infantis e juvenis • Rosana Brandão
Bíblias • Rosa Ferreira

A IGREJA QUE VOCÊ SEMPRE QUIS

PREPARANDO SUA COMUNIDADE PARA ATENDER ÀS NECESSIDADES DO REBANHO

GLENN WAGNER COM STEVE HALLIDAY

TRADUÇÃO **HAROLDO JANZEN**

Vida

Pelo mesmo autor

■

Igreja S/A (Vida)

©2002, de E. Glenn Wagner
Título do original • *The Church you've always wanted,*
edição publicada pela
ZONDERVAN PUBLISHING HOUSE
(Grand Rapids, Michigan, EUA)

■

EDITORA VIDA
Rua Júlio de Castilhos, 280 • Belenzinho
CEP 03059-000 • São Paulo, SP
Telefax 0 xx 11 6618 7000
www.editoravida.com.br

■

Todas as citações bíblicas foram extraídas da *Nova Versão Internacional* (NVI), ©2001, publicada por Editora Vida, salvo indicação em contrário.

Dados Internacionais de Catalogação na Publicação (CIP)
(Câmara Brasileira do Livro, SP, Brasil)

Wagner, E. Glenn,; 1953 –
A igreja que você sempre quis : preparando sua comunidade para atender às necessidades do rebanho / E. Glenn Wagner com Steve Halliday ; tradução Haroldo Jansen. — São Paulo : Editora Vida, 2004.

Título original : The church you've always wanted
Bibliografia.
ISBN 85-7367-777-5

1. Igreja 2. Missão da Igreja 3. Vida cristã I. Halliday, Steve. II. Título.

04-1807 CDD-253

Índices para catálogo sistemático

1. Igreja e comunidade cristã : Cuidados pastorais : Cristianismo 253

Dedicado ao povo de
Deus chamado
Calvary Church

Sumário

Agradecimentos

A STEVE HALLIDAY: OBRIGADO PELA amizade e companheirismo, que vai muito além dos vários projetos que realizamos juntos. Seu coração, voltado para Deus e para sua igreja, é uma grande bênção.

A Chip MacGregor: a expressão de minha admiração por sua fé neste projeto e por sua ajuda até vê-lo terminado.

A John Sloan e às pessoas da Editora Zondervan: louvo a Deus pela paixão de vocês em edificar o corpo de Cristo e fortalecer o povo de Deus.

A Bev Modzell: obrigado por coordenar meu ministério para que eu pudesse encontrar tempo para escrever e pensar.

A Davi Ingrassia e John Fanella: seus comentários, depois de lerem várias seções do livro, ajudaram-me a pensar de maneira criativa.

A Bob Pace: nossas discussões com respeito às verdades refletidas neste livro enriqueceram minha vida e meu ministério. Seu empenho e compromisso em convocar o povo de Deus a viver a comunidade bíblica na prática foi um grande presente. Suas "impressões digitais" estão por toda parte.

A Bob Cooley: sou grato por reservar tempo para derramar sua vida em minha vida. Você realmente impediu que eu esmorecesse ao praticar o bem.

A Andy e Lori Johnson: sou grato por usar seus talentos a fim de apreender as histórias reais registradas neste livro. Deus lhes deu grande capacidade; obrigado por compartilhar isso com o povo de Deus

Às pessoas cuja história está incluída neste livro: vocês me ajudaram a transmitir a idéia de que ministério é mais do que teoria.

Aos presbíteros e obreiros da Calvary Church [Igreja do Calvário]: obrigado por participar voluntariamente dessa jornada comigo. O intento de "ser o povo de Deus" e de levar o povo de Deus a um pasto verde e seguro é uma alegria quando existe paixão e compromisso comum.

À Calvary Church [Igreja do Calvário]: *suas orações, paciência e amor enquanto caminhamos juntos significam tudo para mim; é uma alegria e um prazer servir com vocês.*

E como sempre, à Suzan, minha esposa, e meus filhos Haven e Justin: o amor de vocês significa tudo para mim.

Introdução

Tempo de desmontar?

O COMITÊ DE INVESTIGAÇÃO DE uma igreja muito grande anda "cortejando" um dos pastores de minha equipe pastoral. Embora meu amigo tenha recusado repetidas vezes o convite, os representantes desse comitê continuam insistindo com uma "oferta melhor". Eles já elevaram o salário e o pacote de benefícios a ponto de concorrer com o salário de um diretor de qualquer uma das quinhentas maiores empresas do Estados Unidos. Não importa quantas vezes ele tente explicar por que não está interessado, eles simplesmente "não entendem".

Conforme a visão deles, eles lhe ofereceram o "emprego dos sonhos". Apenas pregue aos domingos (boas mensagens bíblicas!), estude durante a semana e almoce com os "maiores doadores". "Você não precisa se reunir com mais ninguém", prometem, "*especialmente* pessoas com muitas necessidades. E o pastor-executivo será responsável pelos obreiros de tempo integral".

Meu amigo não consegue fazê-los entender que não está interessado em viver em um "pasto corporativo". Ele não deseja administrar uma gigantesca organização religiosa, mas prefere pastorear o rebanho de Deus. Não sente a menor motivação para meramente difundir uma visão, inspirar e informar; em vez disso, ele se sente chamado para cuidar, ministrar e servir. Embora saiba que em uma congregação muito grande ele não pode ser o pastor pessoal de cada um, deseja pastorear seu povo de perto, lado a lado, não de longe.

Em outras palavras, ele deseja ser um pastor, não um diretor executivo.

Meu colega pastor chegou a essa conclusão não só por meio de um estudo bíblico cuidadoso e de reflexões teológicas profundas, mas ao observar como o modelo corporativo popular atual de "ser igreja" simplesmente não funciona. Você pode até mesmo atrair uma enorme multidão ao seguir o modelo corporativo, mas não pode edificar uma igreja saudável, que fortaleça seus membros e cause impacto na comunidade vizinha. Um verdadeiro pastor sabe que não pode dizer: "Somos uma igreja que se importa com as pessoas", e depois acrescentar, "mas não tenho tempo para cuidar pessoalmente de nenhum de *vocês*". É possível fundar uma igreja e fazê-la crescer numericamente, tendo como base carisma ou visão, mas é impossível fazer com que amadureça.

À medida que observo a igreja dos Estados Unidos, fico cada vez mais convencido de que existe uma enorme diferença entre:

- tornar-se grande e desenvolver-se;
- crescer em número e crescer em maturidade;
- introduzir as pessoas no reino e introduzir o reino nas pessoas.

A mentalidade e o modelo corporativo podem realmente nos ajudar a criar igrejas com congregações que reunem milhares de pessoas — mas todos nós sabemos que isso nem de longe, é suficiente. *Alguma coisa* obviamente está faltando no cenário eclesiástico. Podemos ter até mesmo mais igrejas, e maiores, do que em qualquer outra época, mas o tamanho e o número de igrejas claramente não melhoraram a saúde de nossa cultura.

Por que não?

Jesus nos chamou para sermos "sal" e "luz" em nosso mundo, mas nossa sociedade continua sua descida acelerada rumo à decadência e às trevas.

Por quê?

Você já leu as histórias em quadrinhos *Kudzu*? Tenho de admitir que sou um admirador dessas histórias. A personagem principal da história é o reverendo Will B. Dunn, um pastor de uma zona rural com refinado senso de humor. Em uma dessas historietas, ele estava lendo sua enorme Bíblia de púlpito em um culto dominical. Começou a citar as palavras de Jesus: "Vós sois a luz do mundo". A seguir, fez uma pausa, levantou os olhos para a congregação, e, em um momento de grande honestidade e integridade pastoral, falou de maneira espirituosa: "Nós definitivamente estamos falando de lâmpadas com pouca luminosidade".

Verdade... mas, por quê? E, se é verdade, o que pode ser feito para mudar esse quadro? Não que não tenhamos tentado zelosamente melhorar nossa situação. Nas últimas décadas, lançamos mão de toda sorte de remédios, mas a decadência cultural continua. O departamento de recenseamento dos Estados Unidos forneceu um relatório em 15 de maio de 2001, e as "descobertas" não trazem muita tranqüilidade. Durante a última década, lares liderados por parceiros não-casados cresceram quase 72%, ao passo que as famílias nucleares ficaram pela primeira vez abaixo dos 25% do total dos lares nos Estados Unidos. Um terço de todos os bebês nasceram de mães não-casadas. O pesquisador de opinião pública George Barna relata que os cristãos hoje estão mais propensos a se divorciar do que os não-cristãos.[1]

[1]Christians are more likely to experience divorce than non-Christians, *Barna Research Online*, 21 Dec. 1999.

Isso são más notícias em toda parte — mas não creio que as más notícias precisam continuar. Não creio que seja inevitável a desintegração da cultura. O sal não adulterado continuará impedindo que a carne se estrague, e a luz descoberta vai continuar dissipando a escuridão. No entanto, para recuperar o lugar legítimo da igreja no mundo, precisamos fazer outra coisa além de tentar remendar com modelos que já deram mostras de não ter dado resultados satisfatórios. Tentar reparar a igreja com o plano errado nunca funcionará.

UM GRAVE DILEMA

Gary Smalley, autor de *best-sellers* cristãos acerca do casamento e relacionamento familiar, conta a história de dois caçadores de alces no norte do Canadá.

Os caçadores mataram um alce enorme. Normalmente, um alce macho chega a pesar cerca de oitocentos quilos; mas esse alce pesava uma tonelada. Os dois caçadores, porém, tinham um problema. Não podiam carregar esse "troféu" para fora da floresta; ele era grande demais para os dois cavalos deles. Mas não havia nada com que se preocupar! Usando o celular, eles entraram em contato com o piloto de um pequeno hidroavião. Quando tentaram convencer o piloto a transportar esse enorme alce pelo ar, o piloto respondeu, cheio de dúvidas: "Não sei se posso decolar com todo esse peso".

"Fizemos isso antes", eles asseguraram ao piloto. "Não se preocupe. Você conseguirá".

Assim, eles arrastaram o alce até o hidroavião e o prenderam sobre as duas plataformas flutuantes. Porém, mais uma vez o piloto insistiu: "Veja o quanto estamos abaixo da linha de água. Sou o piloto e sei o quanto é necessário para levantar vôo!".

"Relaxe", insistiram os caçadores. "Já fizemos isso antes. Confie em nós".

Finalmente, o piloto concordou. Deu partida no avião, começou sua decolagem na pista d'água... e acabou colidindo com a copa das árvores no extremo do lago. Estilhaços voaram por toda parte e a carcaça do alce ficou presa nos galhos de um enorme pinheiro.

Na margem do lago, um dos caçadores ainda tonto chamou pelo outro: "Ei, George! Como nos saímos?".

"Bem", respondeu George, "chegamos cerca de quinze metros mais longe do que no ano passado!".

Não é isso o que fazemos na igreja? Todo ano, fazemos as mesmas coisas, mas esperamos resultados diferentes. Nossos esforços podem nos levar "quinze metros mais longe", mas, na verdade, não estamos em melhores condições — vemo-nos apenas mais desencorajados e mais "avariados", mas continuamos detidos na selva e às margens do lago.

Diz-se que a insanidade faz a mesma coisa mas espera resultados diferentes. Será que não está na hora de admitir que o modelo corporativo de "ser igreja" simplesmente não funciona? Adaptações não ajudarão; o modelo em si é falho. É insano pensar que, com alguns remendos ou consertos, finalmente teremos os resultados desejados. Na verdade, ocorre o que ouvirmos com freqüência: "O sistema que estamos usando é perfeito para lograr os resultados que temos conseguido".

Será que a sabedoria não prescreve que, quando o cavalo morre, é melhor desmontar? Certamente. Mas parece que somos impulsionados a desenvolver uma variedade de estratégias, todas elas designadas para manter o cavalo em movimento.

Nós, da igreja contemporânea, somos culpados de fazer as mesmas coisas, somente com mais empenho, de maneira melhor, maior e assim por diante — e não conseguimos compreender por que continuamos tendo os mesmos resultados. Considere algumas coisas que temos feito quando se trata do "cavalo" chamado "ser igreja".

- *Um chicote melhor* — Faça pouco caso da congregação; castigue as pessoas com o chicote das palavras repletas de culpa: Dê mais! Ore mais! Faça mais! Sirva mais!

- *Troque os cavaleiros* — Precisamos de um novo pastor e líderes de igreja diferentes: presbíteros que realmente exercerão sua função, diáconos que servirão, um conselho confiável.
- *Ameace o cavalo com a idéia de um fim para ele* — Advirta a congregação de que, se as coisas não mudarem, a propriedade será vendida à Igreja da Unificação do reverendo Moon.
- *Organize um comitê* — Obrigue os membros, antigos e novos, a embarcar em um estudo de três anos a respeito do cavalo decadente.
- *Visite outros cavalos mortos* — Dê fundos para o comitê mencionado acima a fim de que visite outros estábulos em crise e veja como seus donos montam cavalos mortos.
- *Inicie uma campanha de* marketing — Mude a percepção das pessoas por meio de um *slogan* que diz: "Este cavalo não está morto".
- *Contrate um "consultor de cavalos"* — Descubra os últimos métodos de como montar um cavalo morto.
- *Reunião* — Reúna todos os outros cavalos mortos em sua comunidade com o objetivo de aumentar a velocidade para poder aproveitar a energia de muitos cavalos mortos.

Que besteira, não é mesmo? No entanto, não pense que estou rebaixando a igreja. A igreja de Cristo é a única esperança para este mundo. Concordo de todo coração com George Barna:

> Em última análise, o único meio de ser um indivíduo completo e saudável é estar devidamente unido com Deus. Ou seja, ter um relacionamento profundo com Jesus Cristo e viver a vida para os desígnios de Deus. Isso significa ter uma ligação dinâmica e cada vez maior com o povo de Deus por meio do instrumento que ele

criou para facilitar nossa alegria, sabedoria e desenvolvimento em geral. Esse instrumento, é claro, é a igreja.[2]

PASTO SEGURO

Amo a igreja e tenho dedicado minha vida a ajudá-la a crescer. Estou falando de "crescimento" no verdadeiro sentido da palavra — não só numericamente, mas também em força espiritual e maturidade. Como pastor, quero ser o parceiro de Deus a fim "... de preparar os santos para a obra do ministério, para que o corpo de Cristo seja edificado, até que todos alcancemos a unidade da fé e do conhecimento do Filho de Deus, e cheguemos à maturidade, atingindo a medida da plenitude de Cristo" (Ef 4.12,13).

Essa é uma ordem elevada, bem sei. E nem eu nem a igreja que pastoreio já chegaram "lá". Estou convencido, porém, de que estamos no caminho certo.

Neste livro, proponho um afastamento do modelo corporativo de "ser igreja" e a volta ao modelo relacional apresentado na Bíblia. Há quatro anos, antes de tomar a decisão de aceitar o convite da Calvary Church para me tornar seu pastor-titular, perguntei a um membro do conselho de eleições por que eu deveria aceitar esse convite. Eu já havia dito "não" por quase oito meses. Nunca me esquecerei de sua resposta: "Glenn", disse ele, "você é um pastor imperfeito, nós somos pessoas imperfeitas — e Deus trabalha nessa imperfeição".

A resposta dele me deixou claro que, ao avaliar os danos padecidos por sua igreja , ele sabia reconhecer um cavalo morto — e sabia também que estava na hora de desmontar. Nas páginas que se seguem, contarei um pouco da jornada da Calvary Church, uma "megaigreja", que não queria um pasto corporativo, bem

[2]Apud Doug MURREN, *Churches that heal:* becoming a Church that mends broken hearts and restores shattered lives, West Monroe: Howard Publishing, 1999, p. xi.

como buscava um pouco de minha própria jornada como pastor imperfeito que estava à procura do pasto verde que Deus descreve nas Escrituras — um pasto desprovido de cavalos mortos, mas com muito trabalho que satisfaz a alma.

Se você está cansado de tomar água de um poço que não mata a sede de sua alma; se você está cansado de reuniões de comitês que organizam agendas para mais reuniões de comitês; se está cansado de fazer o bem e insatisfeito no ministério, mas sabe que *deve* existir mais do que "isso" — então, deixe-me convidar você a explorar um outro pasto comigo. Esse pasto não é novo, porque a Bíblia fala dele há séculos, mas não é conhecido por muitos. Eu o chamo de "pasto seguro" porque é aqui que você usufruirá o descanso, encontrará satisfação no ministério, exultará no amor duradouro de nosso Salvador e sentir-se-á seguro em confiar sua vida espiritual àqueles que ministram nesse tipo de pasto. "É um pasto seguro para a sua alma".

Convido o leitor a unir-se a mim nessa jornada.

PARTE 1
À procura de pasto seguro

... casa de Deus, que é a igreja do Deus vivo, coluna e fundamento da verdade.

1Timóteo 3.15

1 O *que* é igreja?

Certa noite, enquanto estava em casa, no Estado do Colorado, recebi um telefonema de um homem que se identificou como membro do comitê de eleições da Calvary Church em Charlotte, na Carolina do Norte. Depois de alguns anos trabalhando com um ministério pareclesiástico, eu estava orando quanto à possibilidade de voltar ao pastorado — meu chamado e minha paixão — mas não tinha certeza quanto à escolha do momento ditada por Deus. Depois de uma breve conversa, concordei em examinar um material que ele prometeu me enviar para depois, continuar nossa conversa acerca de um possível interesse.

Alguns dias depois, chegou-me às mãos um *livro* de sessenta páginas, elaborado com competência, que cobria tudo o que você gostaria de saber a respeito de uma igreja. Embora eu tivesse conhecimento da Calvary Church e de seu ministério havia diversos anos, esse livro preenchia algumas lacunas em meu conhecimento. Após ler o livro, por razões pessoais e pastorais, eu não tinha certeza sobre se era a pessoa certa para o cargo. Uma frase me chamou particularmente a atenção: "Nós somos uma megaigreja".

Eu precisava falar a esse respeito.

Acredito que o modelo da megaigreja tem a tendência a incitar a competição, o orgulho e a arrogância. Esse orgulho cresce tanto internamente (dentro da igreja) quanto externamente (em relação a outras igrejas). Ele pode aparecer internamente, entre vários ministérios em disputa por voluntários e por dólares orçamentários limitados. Até mesmo a mídia, ao descrever uma igreja, muitas vezes destaca-lhe a freqüência de pessoas ou o número de membros, não raro inferindo que a validade do que um ministério diz ou faz é diretamente proporcional a seu tamanho ou à taxa de crescimento.

Embora os que adotaram o modelo da megaigreja não tivessem em mente nenhum desses fatores negativos, é quase impossível evitá-los. Em última análise, o modelo acaba por se constituir em uma ofensa às pessoas. Concordo com o autor Stephen A. Macchia, que escreve:

> Estamos convencidos de que, quando desenvolvemos modelos a ser seguidos pelas igrejas, eles estão fadados ao fracasso, ou, na melhor das hipóteses, a ser bem-sucedidos por um curto espaço de tempo. Está na hora de deixarmos de procurar ser cópias de nossos super-heróis (e de suas respectivas igrejas).[1]

Nas conversas por telefone que tive a seguir e, depois, em uma entrevista realizada pessoalmente, expliquei às amáveis pessoas da Calvary Church que eu acreditava que a "megaigreja", do modo como é definida pelo movimento de crescimento da igreja, é um conceito nocivo, muitas vezes transpirando ego, orgulho e programas. Embora tenha sido "lançado" com boas in-

[1]*Becoming a healthy Church,* Grand Rapids: Baker, 1999, p. 15.

tenções e coração puro, as falhas inerentes ao modelo me fizeram considerá-lo apenas mais um cavalo morto que a igreja procura montar.

Procurei olhar bem nos olhos de meus entrevistadores, para ver se neles não encontrava um sinal que dissesse que eu era um doido varrido, obviamente sem nenhuma idéia do que fosse pastorear uma grande igreja. Mas em vez disso, comecei a ouvir a verdadeira história da Calvary Church — dessa vez, não por meio de detalhes, fatos, figuras e números de um livro, mas do coração do povo de Deus, ferido e imperfeito.

CUIDE DAS FUNDAÇÕES !

A Calvary Church foi fundada em maio de 1939 e desfrutou de um crescimento gradual ao longo dos anos. Depois, desde o início da década de 1970 até a década de 1980, a igreja sofreu um crescimento explosivo, e a Calvary Church tornou-se "o lugar certo onde estar" em Charlotte. Ao mesmo tempo, a igreja começou a ser criticada tanto nos círculos seculares como nos religiosos (isto é: "Eles devem estar fazendo alguma coisa errada para a igreja estar crescendo tanto").

A Calvary Church era a igreja modelo a ser seguida pelas igrejas da cidade com uma lista quilométrica de "primeiros". Ela era a maior, com os maiores programas, mais ministérios e assim por diante. Pregações bíblicas vigorosas e mensagens evangelísticas cheias de vida faziam parte desse crescimento.

"De 1973 a 1980, muitas pessoas vieram a Cristo ou reconciliaram sua vida com Cristo", lembra um antigo presbítero da Calvary Church. "A pregação de nosso pastor preenchia o vácuo da insatisfação da alma, tanto dentro como fora da igreja em Charlote. A liderança não procurava o crescimento pelo mero crescimento. Nós realmente agíamos de maneira reacionária em vez de em prol da ação. Nosso objetivo era *conter* o rápido crescimento. Em conseqüência disso, concentrávamo-nos mais em programas do que em pessoas. Fazíamos as coisas típicas da igreja e usávamos dólares, números e programas para avaliar a eficiência da igreja. As intenções eram boas; os instrumentos de medida, porém, estavam errados, o que levou a métodos equivocados para concretizá-las. Ao mesmo tempo, a preocupação com o sucesso da igreja gerou certo orgulho e arrogância. Boas intenções não garantem necessariamente resultados que agradem a Deus".

Em meio à tremenda empolgação, a igreja tomou a decisão de mudar-se para um novo local e construir novas dependências . O entusiasmo era contagiante, mas logo as tensões começaram a aflorar. A mudança de endereço e o projeto de construção levou mais de quatro anos para ficar pronto, e a dívida subiu para mais de 39 milhões de dólares. Frustradas e desiludidas, as pessoas começaram a sair da igreja. O jornal local, supondo que tinha nas mãos um outro fiasco evangélico, não poupou suas críticas, e a igreja começou a perder muito de sua credibilidade e eficiência.

Embora a base da igreja permanecesse intacta, muitos começaram a ficar confusos. Perspectivas individualistas para explicar o dilema da igreja multiplicaram-se além dos limites. Depois de minha chegada, algumas pessoas tomaram a iniciativa de enviar-me longas cartas repletas de anos de reclamações e perguntas. Alguém me enviou uma biblioteca com todos os artigos escritos acerca da Calvary Church no jornal local. Uma enxurrada de bilhetes sem assinatura com "informações úteis" também acabou por cobrir minha mesa. Se essas pessoas me viam como um tipo de salvador eclesiástico, perceberam logo que estavam totalmente enganadas. De meu ponto de vista, a maioria não tinha uma visão clara da situação. Poucos pareciam estar perguntando *por que* a casa estava começando a desmoronar.

Você se lembra da parábola que Jesus contou acerca das duas casas que haviam sido construídas sobre fundações distintas? Um construtor escolheu a areia, o outro uma rocha. Do lado de fora, as duas casas pareciam resistentes. Os dois construtores usaram material de qualidade. Ambos contrataram empreiteiros de boa reputação, excelentes carpinteiros, pedreiros e assim por diante.

Ambos construtores queriam construir a melhor casa possível. A diferença nas respectivas construções estava nas fundações desiguais. Quando uma tempestade impetuosa atingiu as duas estruturas, só a casa construída sobre a rocha resistiu à força do vento e às fortes chuvas. A outra caiu e a destruição foi completa.

Jesus usou essa parábola para ressaltar a necessidade da obediência contínua a ele, de modo que a fundação que descreve difere daquela que está debaixo de minha casa. Embora eu precise checar a fundação de minha casa periodicamente, uma vez que já foi construída, não há como mudá-la. A fundação espiritual da qual Jesus está falando, no entanto, precisa ser constantemente edificada. A obediência torna-a mais forte; a desobediência é como a erosão que acaba com ela. Uma fundação espiritual sólida precisa de atenção regular e concentrada, não só para que a integridade estrutural seja mantida, mas também para que a resistência aumente.

Na casa chamada Calvary Church, o trabalho inicial na fundação foi excepcional, verdadeiro, cuidadoso, bíblico — mas, em meio ao rápido crescimento, os construtores tomaram como certa a integridade estrutural da fundação. Eles começaram a fazer acréscimos à "superestrutura", sem reforçar a fundação. Subseqüentemente, semelhante a muitas outras igrejas grandes ou pequenas, a fundação negligenciada não resistiu à tempestade.

De minha perspectiva como alguém de fora, podia ver que a Calvary Church construíra uma casa de boa qualidade. Eles usaram os empreiteiros certos, contrataram carpinteiros e pedreiros de boa reputação, escolheram os melhores tijolos, madeira e argamassa. Mas toda a construção estava apoiada sobre uma fundação desgastada. Quando veio a tempestade — o programa da construção maciça e a transferência para outro local — a estrutura começou a desintegrar-se. Muitas pessoas culparam umas às outras — "Foi culpa do pastor", "Culpa dos presbíteros", "Culpa dos membros", "Culpa de Satanás" — mas para mim pareceu que o problema se originava na fundação deficiente. Embora eu não quisesse que as pessoas fossem difamadas de forma alguma, e ainda não quero, precisava dizer que as dificuldades da igreja eram inevitáveis. Ao tentar lidar com o crescimento rápido, a Calvary Church não atendeu às necessidades de seu povo, e o "inevitável" ocorreu.

Mas, por que o querido povo da Calvary não conseguiu perceber o problema? Acredito que tenham sido a arrogância e o orgulho, que muitas vezes acabam por se insinuar, em conseqüência de um ministério rico e excelente. As pessoas chegaram a acreditar (e algumas até a verbalizar) que: "Nenhuma igreja nesta cidade será capaz de fazer algo maior e melhor do que nós". Existe uma linha tênue, às vezes quase imperceptível, entre fé e privilégio, orgulho e humildade. Sou totalmente a favor da excelência, mas, quando você realmente se julga maior e melhor do que todos os outros, e acima das críticas e censuras , a bancarrota catastrófica dá-se na forma de um choque.

O que levou essa fundação a sofrer a erosão e o subseqüente colapso? Não foi um erro teológico. Não foi heresia. Tampouco imoralidade desenfreada. Não. A fundação defeituosa foi uma compreensão superficial do propósito da igreja. Por muitos anos, tinha sido ensinado e sugerido que a igreja existia para salvar tantas pessoas perdidas quanto fosse possível antes do final dos tempos. Os membros e participantes muitas vezes ouviam dizer: "Temos a eternidade para nos aprofundar — agora é tempo de arrebanhá-los". Com esse princípio diretivo em mente, os líderes planejavam todos os programas, eventos e ministérios da igreja.

Assim, quando a tempestade atingiu em cheio a igreja, e as pessoas começaram a se sentir melindradas, a construção não podia oferecer muita ajuda nem alívio. Em conseqüência disso, muitas pessoas desiludidas saíram (embora não em um êxodo organizado).

A essa altura, a Calvary Church entrou em contato com uma outra congregação em crescimento em Charlotte, que tinha um pastor, mas não um prédio. As conversas faziam sentido, visto que a Calvary Church tinha um templo, mas não um pastor. Foram formados vários comitês e começaram as discussões acerca de uma possível fusão. Em dado momento, ficou claro que Deus não desejava uma união entre as duas congregações.

Logo depois que as igrejas deixaram de lado a idéia de uma fusão, e o comitê de eleições da Calvary Church voltou a fazer contato comigo acerca da posição pastoral em aberto, Susan e eu percebemos uma grande diferença nas pessoas. Elas haviam mudado a olhos vistos. Pudemos detectar nelas certo sentido de visão, vocação e objetivo. Por meio das conversas acerca da fusão, Deus despertou de novo em muitas pessoas da Calvary Church a imagem original dessa igreja. Elas desfrutaram de uma percepção renovada de que Deus continuava tendo um projeto e desígnio para elas.

Quando cheguei em 1997, a Calvary Church tinha diminuído para cerca de 1 600 adultos no domingo cedo (de um total de 3 000); no entanto, a igreja ainda devia mais de 14 milhões de dólares. A essa altura, os sobreviventes não falavam mais a respeito das glórias da construção, nem a respeito do fato de a Calvary Church ser a melhor ou a maior ou a primeira. Na ocasião, eles estavam perguntando: "O que é a igreja? Por que estamos aqui? Será que isso é tudo?".

A resposta que propus, primeiro para o comitê de eleições e mais tarde para os presbíteros e a congregação, parecia a muitos um comprimido difícil de ser engolido. Para recuperar nossa saúde e eficiência, eu disse que precisaríamos estabelecer uma fundação para a igreja em torno de "ser o povo de Deus". Precisávamos saber quem nós *éramos* antes que pudéssemos saber o que *fazer*.

Muitos concordaram com esse novo curso, e começamos a ver Deus agir de maneira intensa na vida dos membros da igreja; logo contamos com trezentos novos freqüentadores. Alguns, porém, não consideraram a nova ênfase como positiva. Algumas cartas deixaram claro que eu havia arruinado a igreja. Alguns chegaram a questionar minha teologia ortodoxa. Um bom número de pessoas ficou convencido de que eu não tinha compromisso nenhum com a evangelização, visto que ressaltava o altar com um lugar para o povo de Deus, em vez de ser *o* lugar para o nascimento espiritual. Mais pessoas deixaram a igreja.

Apesar disso, continuamos arando. Nós, da equipe pastoral, acreditamos que o Senhor estava nos orientando em determinada direção, e comecei a pregar uma série de mensagens intituladas: "Reacendendo sua paixão espiritual". Nós planejamos a série para ensinar à congregação nossos valores básicos e traçar o rumo para o futuro. A freqüência aos cultos diminuiu prontamente em mais de trezentas pessoas (e nossa freqüência voltou para cerca de 1 600 pessoas).

Embora não tivesse ocorrendo um êxodo organizado, o rebanho que estava saindo não deixava dúvida acerca dos motivos de seu abandono. Um homem me disse: "Pastor, venho à igreja para ver as pessoas serem salvas. É por isso que estou aqui e é para isso que eu dou meu dinheiro". Um outro perguntou por que tentávamos envolver as pessoas na adoração: "Pastor, apenas pregue a Palavra. Elimine todos os aspectos preliminares (isto é, cantar, orar, adorar) e traga algumas pessoas para o altar". Acho que a melhor de todas foi essa: "Pastor, se você continuar pregando essa bobagem a respeito da adoração, você acabará ficando sozinho nesta igreja".

No meio de toda a tormenta, no entanto, algo interessante começou a acontecer. Um novo espírito começou a tomar forma à medida que retornávamos aos aspectos básicos que envolvem ser o povo de Deus. As pessoas começaram a adorar, orar e cuidar umas das outras. A freqüência voltou a crescer de maneira constante até cerca de três mil pessoas, e um número cada vez maior de pessoas começou a aparecer dizendo coisas como: "Procuramos por muito tempo uma igreja que amasse a Deus e se importasse com as pessoas. Cremos que a encontramos!".

Embora eu tenha sido abençoado ao ver isso acontecer na Calvary Church, não gostaria que alguém pensasse que isso é uma particularidade apenas de nossa igreja. Vejo a mesma coisa acontecendo em igrejas de todos os tamanhos e denominações. Ouço histórias semelhantes de pastores de pequenas igrejas rurais e de congregações de todos os tamanhos, formas e gostos em áreas urbanas. Quando a igreja se importa mais com o que ela *é* do que com o que ela *faz*, mudanças marcantes podem ocorrer. Mas o que exatamente *é* a igreja?

O QUE É A IGREJA?

Se você realizasse uma pesquisa informal com as "pessoas que vão à igreja" e perguntasse a elas: "O que é a igreja?", receberia uma miríade de respostas. Com base na correspondência que recebo, existe muita incompreensão em relação à igreja. Peça para seis cristãos descreverem a igreja e você receberá dez definições diferentes.

- Alguns definirão a igreja pelo estilo de adoração, quer referindo-se à atmosfera calma, pacífica, cheia de dignidade "honrando a Deus, inspirada na reverência" dos cultos, quer referindo-se à música animada, alegre e sonora de uma banda de louvor.
- Outros falarão em combater todas as aberrações da sociedade, ligando a igreja aos Estados Unidos da América, talvez chegando a empregar mal alguns textos das Escrituras para sugerir que a boa e antiga América *é* o povo de Deus.
- Outros insistirão que a igreja existe para ser "diferente" da cultura. Ou para mudar a cultura. Ou para ajudar os pobres. Ou para salvar os perdidos. Ou definições similares.

Existem mais de trezentas mil congregações somente nos Estados Unidos. Muitas, se não a maioria, estão ligadas de uma maneira ou de outra a uma denominação ou associação. Tudo isso pode facilmente contribuir para que não encontremos a definição bíblica de "igreja".

Isso me lembra a cidade de Kyoto, no Japão, onde existe um lugar bem incomum "O templo dos mil Budas". Em um área ampla estão sentados mais de mil "sósias" de Buda, cada um deles um pouco diferente de todos os outros. O devoto pode entrar, encontrar aquele que mais se parece com ele mesmo e adorá-lo. Que triste! No entanto, quão parecido com os seres humanos em todo mundo. Cada um de nós opta naturalmente por um Buda (ou igreja) que mais se parece conosco.

Lembre o antigo *show* de TV *What's my line?* [*Qual é a minha fala?*]. Personagens famosos participavam do programa e precisavam identificar um indivíduo relativamente desconhecido, alguém com uma vocação ou um *hobby* incomum, que aparecia com dois "impostores". Depois de fazer uma série de perguntas, os participantes do programa faziam suas escolhas, e o responsável pelo *show* dizia: "Que o verdadeiro ____ se levante!".

Talvez esteja na hora de afirmar: "Que a verdadeira *igreja* se levante!".

Uma coisa é garantida: Certamente não temos falta de um grupo de convidados misteriosos. Talvez você já tenha encontrado alguns deles:

- A *igreja da rede de apoio* — Faça contatos para expandir seus negócios.
- A *igreja do outro especial* — Encontre esse alguém especial. Ora, isso é melhor do que um bar de solteiros.
- A *igreja do serviço social e do suprimento de necessidades* — Não existe necessidades nem para grandes nem para pequenos.
- A *igreja do investimento divino com dividendos terrenos* — Pelo montante de dinheiro com que contribuo, espero receber um retorno significativo.

- A *igreja do clube de campo* — Reúna-se para comemorar o fato de que você *pode* reunir-se e que outros não podem... pelo menos não com você. Una-se às pessoas *certas*. Membros antigos têm o direito de se sentar às melhores mesas e recebem os melhores lugares no parque do estacionamento.
- A *igreja da diversão divina e do prazer santificado* — Mantenha meus filhos ocupados para que eles não se metam em encrencas. Se você não ocupar minhas noites e finais de semana com diversão e emoção, terei de buscar coisas com que me ocupar em outro lugar.
- A *igreja do grande estádio* — Observe os gladiadores de Deus combater a equipe do mal.
- A *igreja do serviço automático, a oficina espiritual* — Oferece uma troca de óleo periódica (ou unção).
- A *igreja do restaurante* fast food — Pegue o que você precisa de maneira rápida, fácil e barata. O suficiente para sustentar você por mais uma semana.
- A *igreja da poupança e do empréstimo celestial* — Passe e faça alguns depósitos, porque você nunca sabe quando precisará fazer uma retirada.
- A *igreja da estância divina* — Venha para que o supram no que necessitar. Outros lhe atenderão as vontades e mimarão você.
- A *igreja do fogo do inferno* — Fique em casa ou vire brasa, saia do corre-corre ou torre, diga não para não virar carvão. Outros estão indo para o inferno... e você não está feliz?
- A *igreja da cidadela* — É uma fortaleza no alto de uma colina. Constrói prédios, inicia programas e concentra seus esforços apenas dentro de suas paredes. "Se não ocorrer nesta propriedade, não pode ser de Deus".

- A *igreja do mega* shopping center — Ela tem o que as outras igrejas não têm — e, francamente, faz muito melhor do que as outras. Tudo o que você precisa, essa igreja tem, feito sob medida e apropriado a suas especificações. Traga toda a família. Esse é o seu *shopping center*. Se você não puder encontrar o que procura, a igreja criará isso para você, visto que a tarefa dela é mantê-lo alegre em nome de Jesus. Ela não ameaçará, não culpará, não preocupará e nem sobrecarregará você. Ela quer que seu tempo aqui seja agradável, para que você volte e faça negócios novamente.
- A *igreja do fervor evangelístico* — Todas as atividades da semana e dos domingos pela manhã levam a um momento supremo: o convite para o altar. Convença-os a vir até o altar para ser salvos.
- A *igreja do esforço missionário* — Levanta quantias enormes de dinheiro para a evangelização do mundo. Mostra mapas enormes, fala incessantemente acerca dos orçamentos. Inúmeros missionários dão seus relatórios do púlpito.
- A *igreja da informação santificada* — Derrama uma torrente de material bíblico. As pessoas preenchem avidamente seus cadernos de anotações; aquele que consegue escrever o maior número de informações em seu livro de anotações e que tiver a cabeça "mais cheia de dados" recebe o título de "o mais espiritual".
- A *igreja da última e maior novidade* — Apresenta uma composição (literária, dramática ou musical) após a outra: músicos, pregadores, concertos e peças de teatro. Ganha aquela que apresentar a maior novidade, for a mais cara e tiver a maior freqüência.
- A *igreja da tradição santa* — Um museu dos santos e para eles. As pessoas se reúnem para tirar a poeira das velhas relíquias e para se emocionar com os sacrifícios do passa-

do. Nostalgia é tudo. A adoração culmina em sentimentos afetuosos acerca de Deus.

- A *igreja-empresa* — Uma organização que se mantém como um pequeno negócio ou uma grande empresa, dependendo de seu tamanho. O diretor executivo dá as coordenadas e tem pouco contato com os membros. Embarque nessa visão, cara![2]

ABORDAGENS FUNCIONAIS EM RELAÇÃO À IGREJA

Infelizmente, as opções não terminam com as arroladas acima. Outras estruturas de igrejas populares usam vários rótulos para identificar seu ponto central, incluindo grupos especiais de pessoas (célula, grupo pequeno, etc), mercado alvo, etc. O maior problema não é onde a lista pára, mas onde realmente começa o ministério.

O dr. Phil McGraw, um psicólogo que se tornou famoso no programa de TV de Oprah Winfrey, é hoje umas das maiores personalidades da televisão. Os espectadores acham seus conselhos relevantes, pessoais, práticos e úteis; ele parece ir ao encontro das necessidades mais imediatas das pessoas. Se você ouvir os tópicos que ele aborda e os comparar com as tentativas de muitas igrejas para alcançar um público-alvo, não encontrará nenhuma diferença essencial. Ambos oferecem músicas de entrada, com *insights* breves e úteis, relevantes para o público-alvo.

Então, qual é o problema?

Alguns cultos parecem tão bem "produzidos" quanto o concerto cristão local. O entretenimento é soberbo, a platéia fica satisfeita e a freqüência aumenta. A adoração concentra-se na qualidade da produção. As estratégias iniciam-se com a platéia. A freqüência aumenta. As pessoas parecem felizes.

[2] V. E. Glenn WAGNER, *Igreja S/A*: dando adeus à igreja-empresa e recuperando o sentido da igreja-rebanho (São Paulo: Vida, 2003).

Então, qual é o problema?

Alguns cultos parecem caixas de amostras de um tipo de chocolate famoso nos Estados Unidos — um pouco disso, um pouco daquilo, tudo doce e sempre colocado na mesma ordem. Um pacote atraente, agradável e resultados previsíveis.

Em poucas palavras, eis o problema: Muito do que acontece em nossas igrejas hoje concentra-se naquilo que é feito ou naquilo que deveria ser feito para que se alcance um crescimento numérico. Essas abordagens começam com as pessoas e com o que elas deveriam fazer, em vez de com Deus e com quem ele é.

Pode ser uma ênfase evangelística para trazer de volta quem se perdeu, concentrando-se em programar o crescimento.

Pode ser pregar acerca de como resolver alguns problemas — vencer o medo, a preocupação, o excesso de peso.

Poderiam ser cultos embalados previamente, que acrescentam um pouco de cereais ao leite da fé de pessoas felizes.

Poderiam ser abordagens corporativas que se concentram mais na embalagem do produto certo do que na verdadeira adoração.

Em nossos dias, muitas vezes a igreja inicia com o homem ou a mulher e termina com o homem ou a mulher; Deus acaba por ser um pouco mais do que uma decoração de vitrina. Basicamente, usamos o nome de Deus como usamos a casa de um amigo para uma reunião. É confortável, mas, realmente, não essencial.

Por favor, não me entendam mal; "fazer ministério" é essencial no corpo de Cristo. Mas a essência da igreja *deve* ser mais do que só fazer. A igreja deve extrair sua essência de Deus e da justiça e santidade dele. Ela deve tomar forma baseada no valor de Deus como Criador. Ela deve refletir a glória de Deus e, quando a igreja se reúne e ministra, ela precisa expressar de volta a Deus a glória devida ao nome do Senhor. A igreja é mais do que um simples encorajamento psicológico, mais do que dicas para melhorar os relacionamentos interpessoais e seminários religiosos úteis.

Não quero parecer negativo demais aqui. Li muitos livros e artigos que expõem concepções como as expressas acima e sou grato por cada pastor que se bate com as mesmas dificuldades que eu. Sei que esses líderes amam a Deus e sua igreja tanto quanto eu — mas, por alguma razão, nós, seres humanos, temos a tendência inata de converter questões a respeito de "forma" (nesse caso, ser o povo de Deus) em questões funcionais. Quando fazemos isso, o bom acaba se tornando o mal. Essa transformação infeliz ocorre quando comprimimos e esmagamos a igreja em nossos sistemas, estruturas e filosofias. Por essa razão, o fim muitas vezes é pior do que o início. Nós substituímos fé por habilidade, organização, estrutura e até mesmo carisma. Nossa fé transfere-se de Deus — o edificador da sua igreja — para métodos e sistemas humanos.

Mas isso nunca funcionará. Como o pastor Jim Cymbala diz em seu livro *Poder renovado*: "Pois a solução não virá de outro seminário [...] Dispomos de uma quantidade exagerada de excelentes técnicos, cuja ênfase se restringe à metodologia, e a cada dia invadem um pouco mais a igreja. A solução não está em nenhuma metodologia humana. A solução está no poder do Espírito Santo. A solução está na graça de Deus".[3]

Por favor, não me interpretem mal. Sistemas e estruturas organizacionais continuam sendo úteis e mesmo essenciais. Mas precisamos parar para refletir e nos perguntar: "O que está impulsionando a igreja?". Essa foi a pergunta que nós na Calvary Church não fizemos no tempo certo.

Como muitas outras igrejas, a Calvary desenvolveu uma filosofia de ministério — e, portanto, uma maneira de fazer as coisas — baseada no modelo "fazer". Embora a igreja adotasse o *slogan*: "Pela Palavra de Deus e o testemunho de Jesus Cristo", o que ocorreu na verdade foi o seguinte: "Nós existimos para arrebanhar os que se perderam". Muito parecido com os cultos voltados para os interesses e necessidades pessoais (conhecido como *seeker-*

[3]São Paulo: Vida, 2001, p. 14.

driven model) em suas primeiras manifestações — e admito que muitas mudanças positivas ocorreram desde então — e tudo tornou-se subserviente para "ganhá-los".

O que torna isso tão devastador a longo prazo é que as pessoas, em pouco tempo, começam a confundir os aspectos de evangelização, missões, adoração e até mesmo o estudo da Bíblia. Desejamos "conhecer a Palavra" apenas para poder compartilhar ou defender nossa fé. A saúde da igreja é avaliada pelo *número* de pessoas que vão a Cristo, o *número* de pessoas que testemunham e o *número* de batismos ou confirmações. Os programas são delineados para alcançar esses números e colocá-los em vários grupos funcionais. O resultado natural é organização e estrutura, que depois se tornam o foco do planejamento e estratégias.

UM BREVE RESUMO DA HISTÓRIA RECENTE DA IGREJA

A igreja que existia antes dos anos de 1960 assumiu uma forma lógica e previsível. Em geral, o culto de adoração foi relegado para às 11h da manhã, precedido da escola dominical ou estudo bíblico. Se a igreja planejava um culto no domingo à noite, ela provavelmente também oferecia vários cursos de treinamento de antemão. A reunião de oração no meio da semana normalmente ocorria às quartas-feiras à noite. Essa estrutura funcionava bem em uma sociedade que, em grande parte, respeitava o lugar e o papel da igreja.

Então veio o impacto dos anos de 1960. Os jovens começaram a desafiar os valores aceitos, muitos consideraram Deus irrelevante, e todas as instituições tornaram-se suspeitas. O que até então era aceito sem questionamento passou a ser contestado em sua base. As denominações começaram a perder membros, as pessoas, a buscar mais substância para sua fé, e toda uma nova geração de pessoas jovens chegaram a Cristo por meio do Jesus Movement [Movimento de Jesus] e nos *campus* universitários e ministérios de jovens.

Iniciou-se uma renovação na igreja, e com ela novas formas de adoração, programação, música e métodos. A nova forma de pensar trouxe uma nova avaliação tanto nas denominações como nas grandes comunidades do pensamento religioso. Aqueles que utilizaram idéias e percepções novas desfrutaram de um crescimento numérico e de um ministério mais amplo; os que mantiveram o *status quo* perderam tanto o *status* como o *quo*. À medida que o movimento de crescimento da igreja estudava essas novas abordagens, ele ofereceu seminários baseados no "sucesso" dos inovadores.

No entanto, o dinamismo dos anos de 1970 e de 1980 colocou o vinho novo da renovação espiritual em velhos odres corporativos. A igreja concentrava-se mais em sua organização, nos sistemas e estruturas para facilitar o crescimento do que na pessoa de Deus. Os líderes treinados no mundo corporativo normalmente participavam dos conselhos administrativos da igreja, resultando em um esforço para satisfazer a Grande Comissão por meio da administração conforme objetivos e planejamento estratégicos. A igreja procurou de todas as formas atrair e manter os fregueses felizes.

Será que tudo isso apresenta alguma semelhança com a cena atual? Deveria. Na verdade, o modelo voltado aos interesses e necessidades pessoais (*seeker model*) em anos recentes não difere muito do "culto evangelístico" noturno de outrora, no qual as igrejas permitiam o uso de instrumentos musicais proibidos nos "cultos de adoração" dos domingos pela manhã. Música animada — normalmente os novos "corinhos" e cânticos *gospel* recentes, cantados a partir de fontes fotocopiadas ilegalmente — e mensagens breves e práticas que levavam ao convite no final do culto. Muitas igrejas mudaram-se para um local neutro graças ao culto noturno a fim de torná-lo menos ameaçador aos não salvos. Muitas igrejas usaram breves apresentações teatrais ou um mágico do evangelho para atrair a atenção dos ouvintes. O culto aos domingo pela manhã era para o crente; o culto noturno, para o descrente; e a quarta-feira, para a oração. O culto voltado para os interesses e necessidades pessoais (*seeker service*) simplesmente mudou o "culto evangelístico noturno" para a manhã, e o culto matutino para a quarta-feira à noite.

À medida que revejo os livros, artigos, seminários e conferências dos últimos vinte a trinta anos, acredito que é seguro dizer que tanto pastores como leigos têm permanecido concentrados na doutrina da igreja, até mesmo obcecados por ela. Muito de nosso pensamento foi transformado, refinado e reformado nesse tempo. Para meu profundo pesar, no entanto, a maior parte dessa nova maneira de pensar tem ocorrido à margem da questão *teológica* fundamental da igreja. Nós temos trabalhado, com freqüência, a partir de uma abordagem funcional e programática. Não podemos construir uma igreja saudável a partir de uma fundação soteriológica (salvação), mas precisamos permanecer arraigados em uma base doxológica (concentrada em Deus). A adoração deve preceder o testemunho.

Está na hora de recobrar uma eclesiologia saudável — uma palavra comprida que simplesmente se refere à "igreja". O que Deus diz a respeito de sua igreja que custou o sangue de seu Filho? O que deveremos ser? Para responder a essa questão, precisamos definir as questões de função e forma.

A IGREJA, O SONHO DE DEUS

Você sabia que é possível chegar a conhecer a Cristo como seu Salvador e não perceber o propósito de Deus para sua vida? É possível, porque a igreja é fundamental para o desígnio de Deus. Se você não compreender o papel da igreja no plano de Deus, jamais compreenderá o projeto de Deus.

Em uma época de tanto estudo, parece irônico ser obrigado a dizer que a igreja americana tem uma compreensão muito limitada de igreja. Não estou falando das coisas elementares; a maioria de nós entende que a igreja é mais do que edificações e objetos sagrados. Sabemos que a igreja não é o prédio localizado (como no caso da Calvary Church) na esquina da Rae Road e Highway 51. Sabemos que a igreja é formada de *pessoas*. Mas, muitas vezes, isso exaure nossa compreensão.

Dizer que "a igreja são pessoas" não é dizer o suficiente. Precisamos entender que a igreja é antes de mais nada *para o Senhor*. A Bíblia declara que a igreja é um organismo vivo do povo de Deus.

- Unido pela sabedoria de Deus.
- Dirigido por líderes espirituais escolhidos por Deus.
- Comprometido a fazer a vontade de Deus.
- Vivendo sua vida em comunidade para a glória de Deus.
- Submetendo-se à autoridade do outro e à autoridade de Deus.
- Revelando a graça e a sabedoria de Deus a todos os que estão à volta.

Logo após os eventos trágicos de 11 de setembro de 2001, a Calvary Church, como muitas outras igrejas, viu-se lotada de membros e visitantes. Duas semanas mais tarde, encontrei em uma lanchonete da região uma senhora que participa fielmente de outra igreja em nossa cidade. Ela parou para me dizer que participou de nosso culto no último domingo. Quando perguntei o que a havia motivado a participar de nosso culto, ela respondeu: "Estou na minha igreja sempre que as portas estão abertas. Mas precisava de algo mais além do que apenas um culto ou um estudo bíblico. Precisava de esperança, e eu a encontrei naquele domingo".

A não ser que venhamos a compreender a igreja como central para o que Deus está fazendo na terra e em nossa vida pessoal, nunca entenderemos por que Deus faz as coisas da forma como faz. Portanto, o que é *igreja*?

Na Calvary Church, dizemos que nossa igreja "existe para glorificar a Deus ao levar as pessoas a um relacionamento cada vez mais profundo com ele e de uns com os outros no corpo de Cristo". A igreja "é uma comunidade social, uma comunidade formada de pessoas que foram reconciliadas com o Pai e umas com as outras".[4] Ela é "a criação do Espírito. O poder e a presença divina de Deus habitam no povo de Deus. Isso torna a igreja uma comunidade espiritual, bem como uma comunidade humana".[5] Isso é importante porque "nosso mundo fragmentado precisa perceber que diversas pessoas em comunidade podem viver em um relacionamento de reconciliação umas com as outras, por viverem um relacionamento reconciliador com Deus".[6]

Este mundo normalmente aponta para aquilo que nos separa e divide; todos os dias, as notícias da mídia reforçam essa ênfase: "Dois homens negros foram vistos caminhando próximo...", ou, "O primeiro hispânico a ser eleito", etc. Você percebeu, porém, que nos dias que se seguiram à tragédia de 11 de setembro, nenhum noticiário anunciou: "___ negros foram mortos e ___ brancos", ou, "___ % dos trabalhadores de salvamento são asiáticos e outros ___ % são mulheres?". Em vez disso, ouvimos a respeito dos atos heróicos do pessoal de salvamento e das atividades de uma "comunidade de heróis", incluindo a polícia, corpo de bombeiros, técnicos da emergência médica e outros.

É isso que deveria ocorrer na igreja. Deveria ser "normal" apontar com orgulho para a "comunidade da fé", porque na igreja vemos Deus operando de maneira mais visível.

O MARAVILHOSO MISTÉRIO DE DEUS

Um dos textos bíblicos mais importantes que facilitam a compreensão acerca da igreja é Efésios 3.1-13. Nesse grande texto, Paulo

[4]Craig Van GELDER, *The essence of the Church:* a community created by the Spirit , Grand Rapids: Baker, 2000, p. 108.

[5]Ibid., p. 117.

[6]Ibid., p. 109.

descreve um segredo sagrado que Deus manteve por milhares de anos. Paulo chama esse segredo de *mistério*, um segredo que não foi dado a conhecer a homens de outras gerações, mas que agora foi revelado. Por milhares de anos, só Deus conhecia esse mistério. Os patriarcas não o conheciam, nem os sacerdotes, tampouco os profetas, nem mesmo os anjos. Agora, esse segredo foi totalmente revelado. E é este: *Deus se revelará por meio de nós!*

Paulo usa o termo grego *misterion*, normalmente traduzido por "mistério". Infelizmente, a palavra em português às vezes pode nos dar uma idéia incorreta do que Paulo queria dizer. *Misterion* refere-se a um corpo de conhecimento oculto de todos menos daqueles a quem esses segredos foram revelados. As pessoas que tinham o conhecimento secreto podiam entender o mistério; as que não tinham não podiam.[7] Assim, quando Paulo usa essa palavra em Efésios 3, ele está se referindo a um segredo escondido há muito tempo, que Deus agora escolheu tornar conhecido.

Paulo fala de um "mistério que me foi dado a conhecer por revelação" (Ef 3.3). Ele diz que: "Esse mistério [de Cristo] não foi dado a conhecer aos homens doutras gerações, mas agora foi revelado pelo Espírito aos santos apóstolos e profetas de Deus" (v. 5). Em outras palavras, o segredo que Deus revelou nos dias de Paulo nem sempre esteve claro. Deus sempre teve a intenção de revelar seu plano, mas até aquele tempo, ele havia escolhido não revelá-lo. Por todos os dias do Antigo Testamento, Deus estava levando seu povo até *esse* lugar. Agora, finalmente, seu povo havia alcançado o ponto em que o mistério podia ser revelado.

E qual é esse mistério? Paulo diz: "*significando que*, mediante o evangelho, os gentios são co-herdeiros com Israel, membros do mesmo corpo, e co-participantes da promessa em Cristo Jesus" (Ef 3.6; grifo do autor). Em outras palavras, o mistério é que, por

[7]Nos dias de Paulo, existiam muitas "religiões de mistério". Somente os iniciados — aqueles a quem foram confiados os mistérios — podiam entendê-los.

meio da morte de Cristo, *tanto judeus como gentios foram unidos em uma nova entidade chamada "a igreja"*. Quase consigo ouvir seus bocejos. "Sim, e daí? Qual é a grande novidade?", pergunta você. É difícil imaginarmos o forte preconceito que existia entre judeus e gentios. Talvez uma ilustração possa ajudar.

Se você conhece um pouco da Carolina do Norte, sabe que esse Estado é conhecido pelo basquetebol. A Universidade da Carolina do Norte e a Universidade Duke ficam apenas a alguns quilômetros uma da outra, mas são rivais ferrenhas quando o assunto é basquetebol. Imagine algum burocrata decretando, "Não haverá mais uma Universidade Duke nem uma Universidade da Carolina do Norte. Elas serão fundidas em uma simples UDCN. Os mascotes não serão mais vistos separadamente. A partir de hoje, haverá apenas uma universidade".

Uma idéia como essa indignaria tanto o pessoal da Universidade Duke como da Universidade da Carolina do Norte. Agora, multiplique a fúria do pessoal dessas universidades por um milhão e você ainda estará bem longe de cruzar o antigo abismo que existia entre judeus e gentios.

Apesar de tudo isso, Paulo ousa revelar que tanto judeus como gentios são agora "membros do mesmo corpo", a igreja. O mistério é que Deus inaugurou uma nova aliança, uma unidade de todas as pessoas reunidas em uma única entidade, a terceira raça, que é a igreja. Deus inaugurou um novo tempo no qual "não há judeu nem grego, escravo nem livre, homem nem mulher; pois todos são um em Cristo Jesus" (Gl 3.28). Deus estabeleceu uma nova sociedade baseada em uma nova aliança.

Essa é a revelação da igreja. E enquanto Deus não trouxe a igreja à existência, ele escolheu não revelar esse mistério.

DE *ECCLESIA* ATÉ *KIRK*

O termo grego para "igreja" é *ecclesia*. Esse termo significa literalmente "convocados". Por centenas de anos depois de seu nascimento no Pentecostes, a igreja foi chamada de *ecclesia*; mas, no quarto século d.C., o imperador Constantino se converteu ao cristianismo e construiu vários templos deslumbrantes. Naquela época, o termo foi mudado de *ecclesia* para *kuriakos* ["casa nobre"]. Ao longo dos anos e com a evolução das línguas, *kuriakos* tornou-se *kirkus*, que se tornou *kirk*, que finalmente se tornou *igreja*.

Mas a igreja não é uma casa nobre feita por mãos humanas. Ela é a reunião dos convocados que conhecem o Senhor e que foram unidos por Cristo. É um organismo vivo conhecido como o corpo de Cristo, e é central ao plano de Deus.

Paulo diz que Deus revelou esse mistério "aos santos apóstolos e profetas de Deus" (Ef 3.5). Deus fez do apóstolo Paulo "um ministro" de seu mistério "pelo dom da graça de Deus, a mim concedida pela operação de seu poder" (v. 7).

Isso não é maravilhoso? O fato de que Deus confiou a declaração de seus mistérios mais preciosos a meros mortais, sempre me fascinou. Por quê? Parece que somos tão mal equipados para a tarefa! Na verdade, Paulo ecoa esse mesmo sentimento quando diz: "Embora eu seja o menor dos menores de todos os santos, foi-me concedida esta graça de anunciar aos gentios as insondáveis riquezas de Cristo e esclarecer a todos a administração deste mistério que, durante as épocas passadas, foi mantido oculto em Deus, que criou todas as coisas" (v. 8,9). Paulo considera a si mesmo inadequado para pregar esse glorioso mistério.

Será que um anjo não poderia pregar melhor essa mensagem? Se Miguel ou Gabriel aparecessem subitamente nas nuvens, proclamando com voz tonitruante a verdade sobre Jesus Cristo, eu certamente ficaria impressionado. Mas Deus não escolheu anjos para proclamar essa mensagem. Na verdade, anjos nem conseguem *entender* esse mistério. Eles não podem entender porque não são criaturas redimidas. Os anjos não têm uma experiência pessoal em relação à salvação — mas eles continuam muito curiosos a esse respeito. Pedro diz que eles "anseiam observar" essas coisas (1Pe 1.12). Imagine! Os anjos — que são muito maiores em poder e conhecimento — na verdade, aprendem acerca da graça e sabedoria de Deus *por meio da igreja*. Deus escolheu a humanidade redimida para proclamar o mistério!

É claro que um mistério tão incomensurável deve girar em torno de Jesus Cristo. *Todos* os propósitos redentores de Deus concentram-se em Cristo. Paulo chama isso de "insondáveis riquezas de Cristo" (Ef 3.8). A nova humanidade, baseada na nova aliança, revela as "insondáveis riquezas" da graça de Cristo e da sabedoria de Deus. Essa nova comunidade tem como base Cristo vivendo em nós *corporativamente*. Essa união de todas as pessoas por meio da cruz e a vivência do propósito de Deus por meio da vida da igreja concentra-se na pessoa de Cristo. Ali vemos as riquezas de seu amor por nós. Ali vemos as riquezas de sua graça. Ali, as riquezas de sua misericórdia para conosco. E ali, também, as riquezas de sua presença dentro de nós, seu poder em nós, seu plano para nós. Além disso, Deus nos deu o privilégio de proclamar esse mistério aos outros!

Finalmente, Paulo desvenda o propósito desse mistério em questão. Ele declara que a igreja, o corpo de Cristo, é em si uma revelação da "multiforme sabedoria de Deus" (Ef 3.10). O mistério da igreja é que Deus estabeleceu uma época da graça na qual ele está cumprindo seus propósitos por meio de uma nova comunidade, para que "a multiforme sabedoria de Deus se tornasse conhecida dos poderes e autoridades nas regiões celestiais" por meio da igreja (Ef 3.10).

Em outras palavras, na igreja, e por meio dela, Deus ensina os seres celestiais. Os anjos de Deus aprendem "mediante a igreja, a multiforme sabedoria de Deus". Que declaração fantástica e que conceito esplêndido acerca da igreja! O que os seres angélicos não aprenderam na presença de Deus e o que eles não aprenderam em toda a providência de Deus ao longo dos séculos, eles aprendem agora: o modo pelo qual a graça redentora de Deus está desenvolvendo essa nova criação, a igreja.

Pense nisso! Os anjos não ouviram falar acerca da maior sabedoria de Deus na criação. Eles não ouviram falar dela em suas atividades nos dias do Antigo Testamento. Porém, por meio da obra salvadora de Cristo para unir a igreja, eles finalmente puderam ver a insondável sabedoria de Deus. Ao estabelecer uma nova humanidade baseada em uma nova aliança, por meio da qual Cristo partilha sua vida com pessoas renascidas pela sua graça, nós (e os anjos!) vemos uma sabedoria inigualável em toda parte do universo.

A IGREJA, IDÉIA DE DEUS

A igreja é a idéia de Deus. É por isso que não pode ser dirigida como uma organização meramente humana. Essa nova maneira de viver para a qual o Senhor nos chama requer de nós uma autonegação e uma forma de agir com uma mentalidade diferente. Nessa nova vida, devemos estar dispostos a nos entregar e a fazer o que é muito difícil, na verdade, o que é *impossível*, sem o poder de Deus.

Concordo com Jim Cymbala, que diz:

> Diversas igrejas necessitam da visita de um tufão do Espírito de Deus. Precisamos de uma grande renovação em nossa vida espiritual. Mudar a mobília de lugar não basta. Pense como cidades inteiras seriam afetadas se as igrejas começcassem a orar para que o vento de Deus soprasse sobre elas.[8]

Somos chamados para viver em comunidade na igreja, onde nossa ação (ou inação) exerce influência sobre a vida de outros. Deus nos chama a sacrificar nossas preferências individuais, não simplesmente pelo desejo da maioria, mas em razão da vontade de Deus. Ele nos pede para respeitar e sermos submissos à autoridade espiritual dos líderes que ele colocou na igreja, bem como para nos submeter uns aos outros no Senhor. Ele nos chama a...

[8]*Poder renovado*, p. 46.

- perdoar uns aos outros
- amar uns aos outros
- servir uns aos outros
- suportar uns aos outros
- encorajar uns aos outros
- orar uns pelos outros
- ter o mesmo modo de pensar
- nos aceitar uns aos outros
- carregar mutuamente nossos fardos
- saudar uns aos outros
- admoestar uns aos outros

Nada disso pode ser feito com nosso próprio poder e sabedoria, e certamente não pode ser realizado empregando estratégias mundanas. Isso só pode acontecer à medida que Deus fortalece cada aspecto da vida da igreja, na qual vemos a sabedoria de Deus revelada. Quando deixamos que ele esteja no controle, descobrimos o que ele tinha em mente.

Por meio da igreja — e somente por meio da igreja — Deus revela sua multiforme sabedoria e as insondáveis riquezas de Cristo. Portanto, devemos nos comprometer em *ser* a igreja, em agir como aqueles que participam de uma nova aliança da graça e, conseqüentemente, de um novo relacionamento mútuo. À medida que fizermos isso, Deus revelará seu plano por meio da igreja a nós, aos outros e mesmo aos seres angélicos.

Quando firmamos nosso coração e nossa mente na verdadeira igreja e em Cristo, então as guerras em razão da adoração, da política e da cor do tapete cessarão. Finalmente, a paz de Cristo reinará entre nós, atraindo incontáveis pessoas para sua amorosa acolhida.

Eu sou a videira; vocês são os ramos. Se alguém permanecer em mim e eu nele, esse dará muito fruto; pois sem mim vocês não podem fazer coisa alguma.

JOÃO 15.5

2 Ser antes de fazer

EM UMA IGREJA QUE PASTOREEI, estava sentado à mesa de reuniões com o comitê de missões e mal podia acreditar no que estava ouvindo. Ali estavam as pessoas que defendiam a causa de homens e mulheres perdidos ao redor do mundo. Ali estavam sentados vários missionários aposentados. Esses eram os líderes que tinham mantido nossa igreja vigorosamente no topo da lista de nossa associação quanto à contribuição para a obra missionária.

E, no entanto, *esse* era o grupo que estava me dizendo que eram os "estrangeiros" que estavam causando desordem na igreja.

> "Pastor, no último domingo, uma mulher deixou o bebê dela no berçário — *e ela nem ao menos falava inglês!*".
>
> "Pastor, essas não são missões *de verdade*. Além disso, essas pessoas vêm aqui mais cedo para ocupar os melhores lugares de nosso estacionamento".

> "Pastor, por que eu deveria ceder a eles meu lugar no estacionamento? Eles deveriam iniciar uma igreja para o tipo de pessoas como eles".

Visto que nem sempre sou dado à diplomacia, comentei que algumas das conversas mais racistas, fanáticas, mesquinhas e anticristãs que ouvia na igreja muitas vezes vinham dos membros do comitê de missões! Eles queriam "fazer" missões sem "sujar as mãos". Queriam o produto de uma árvore que dá frutos sem se tornar o tipo de árvore que dá esse tipo de fruto.

Esse é um erro que facilmente pode ser cometido. Concentramo-nos tanto no "produto certo", que esquecemos "do ponto de partida certo". Concentramo-nos tanto nos "resultados desejados", que deixamos de lado todo o processo para chegar "lá". Assim, nas últimas décadas, temos falado e escrito extensivamente acerca dos passos 2 e 3 — mas eles não têm nos ajudado muito, porque negligenciamos o passo 1: "Ser" sempre deve preceder o "fazer". Se isso não acontece, as coisas certamente se tornarão perigosas ou arriscadas — e provavelmente mais cedo do que esperávamos.

MAIS UMA QUE DEIXA O REBANHO

Michelle Crouch, repórter do *The Charlotte Observer*, relata, em 19 de maio de 2001, por que deixou o cristianismo evangélico para tornar-se uma judia reformada.[1] Ela explica que cresceu no catolicismo romano, mas, quando muitas de suas perguntas ficaram sem respostas, começou a procurar a realidade espiritual em outros lugares. "No segundo grau", escreve ela: "Voltei-me para o cristianismo evangélico, aceitando publicamente Jesus em meu coração. Mas nunca me senti bem com essa decisão".

Depois de completar quatorze anos, a família dela mudou-se de Pittsburgh para um subúrbio de Richmond, Virgínia, e pela

[1]Her journey to Judaism, *The Charlotte Observer,* 19 May. 2001, v. http://www.charlotte.com/observer/faith/docs/convert0519.htm.

primeira vez a maioria de seus amigos não eram católicos. Ela começou a participar de uma igreja batista e acabou se envolvendo com o ministério evangelístico para adolescentes.

"Em uma noite", escreve ela: "O líder disse palavras apaixonadas a respeito de um Deus que desejava ter um relacionamento pessoal conosco, um Deus amoroso que ajudaria cada um de nós a se tornar a pessoa que ele queria que fôssemos. Tudo o que você precisava fazer, conforme o que ele disse, era aceitar Jesus em seu coração. Eu fui à frente".

Depois, ela começou a participar de uma série de atividades. Michelle passou a fazer parte de um grupo de estudo bíblico que se reunia todas as terças-feiras às 6h da manhã. Ela memorizava um versículo bíblico por semana e conforme confessou: "Tentava dar meu testemunho aos adolescentes que ainda não haviam renascido, sentando com eles para o almoço, embora eu tivesse preferido comer com meus amigos que eram salvos".

Ela orava pelos pais todas as noites e, embora eles fossem à igreja aos domingos, ela achava que eles ainda não haviam sido salvos: "Portanto, eu acreditava que eles estavam indo para o inferno".

Depois de algum tempo, porém, todo esse "fazer" começou a incomodá-la. Ela disse que começou a ficar "cansada da constante ênfase no testemunho". Ela não concordava em julgar as pessoas segundo aquilo em que acreditavam, em vez de segundo o modo pelo qual viviam. No final das contas, embora entendesse como o cristianismo era valioso e importante, para muitas pessoas, começou a achar que ele simplesmente "não estava funcionando" para ela.

A certa altura, ela começou a ficar curiosa acerca da fé no judaísmo reformado de seu marido; essa religião parecia ressaltar o comportamento, não o "dogma", e permitia que ela criasse o seu próprio sistema de convicções em um quadro bastante amplo. Depois de mais de um ano de estudo, ela se converteu ao judaísmo. Convidou os pais católicos para a cerimônia *mikveh*, de conversão, e escreveu: "Naquela noite, depois de me verem optar pelo judaísmo publicamente, eles reconheceram que estavam um pouco tristes. Mas também disseram que estavam felizes porque encontrei algo que era certo para mim. Foi mais difícil contar a meu irmão, Michael. Como batista, renascido, que fora recentemente nomeado diácono em sua igreja, Michael acredita que eu estava colocando meu futuro em risco. 'Você não se preocupa com a vida eterna?', perguntou ele. 'Não', disse-lhe. 'Isso está nas mãos de Deus'".

Depois de ler essa história, eu não podia deixar de pensar se a fé dessa jovem, baseada em atividades, orientada para o "fazer", não tinha sido a causa principal de sua decisão de trocar o rebanho de Cristo por outro pasto, aparentemente mais tranqüilo. A história de Michelle deveria nos prevenir de que é muito arriscado ressaltar o "fazer" sobre o "ser".

MAIS UMA QUE É COLOCADA PARA FORA DO REBANHO

A escolha de priorizar o "fazer" e o colacar acima do "ser" pode ter conseqüências mais sérias do que lamentar a saída de ovelhas descontentes. Muitas vezes, isso pode redundar na saída forçada do pastor fiel.

Há pouco tempo, recebi um *e-mail* longo e angustiado de uma esposa de pastor que perdeu o emprego por não conseguir ser um administrador de programas conforme a exigência de seus supervisores. Permita-me reproduzir a carta, com as devidas mudanças para preservar o anonimato.

> Caro pastor Glenn,
>
> Acabei de ler seu livro *Igreja S/A*. Gostaria de agradecer-lhe por tê-lo escrito e tentarei expressar como esse livro foi importante para mim. No último mês de maio, pediram a meu marido que renunciasse ao cargo de pastor na igreja onde serviu por vinte anos, porque ele era apenas um pastor de ovelhas, e eles queriam um administrador.

Quando chegamos àquela igreja, havia cerca de sessenta pessoas participando dos cultos e dois obreiros. Um deles, um velho amigo, havia nos pedido para ajudar com estudos bíblicos e na escola dominical. Sentimos alegria em vir e trabalhamos como "fazedores de tendas" por onze anos. Nos nove anos seguintes, meu marido participou da equipe pastoral, e servi como voluntária na direção da escola dominical.

A igreja sempre conhecera um crescimento estável e constante, mas nesta época um dos líderes leu um livro popular acerca do "crescimento da igreja", e as coisas começaram a mudar. Um grande impulso foi dado na direção do modelo empresarial. Havia uma sensação de urgência quanto a organizar e fazer as mudanças. As pessoas foram deslocadas de sua área de ministério, porque não se enquadravam na imagem desejada. A oração conjunta foi eliminada do culto de adoração. Os cultos eram voltados para os interesses e necessidades pessoais, e foi dito aos membros mais antigos que a prioridade era servir as pessoas recém-chegadas.

Tudo isso teve início há cerca de três anos. Eles começaram a deslocar meu marido para áreas mais administrativas, removendo-o de sua posição de pastor/mestre. A frustração dele cresceu à medida que ficavam mudando a posição dele — acredite ou não — três vezes em três anos! Cada mudança o afastava mais de seu envolvimento com as pessoas. Ele começou a colocar em dúvida sua capacidade de ministrar e tornou-se depressivo, mas continuou fazendo tudo o que lhe pediam.

Finalmente, a liderança nos chamou para uma reunião. Eles tinham uma carta de demissão pronta para ele assinar. Ficamos chocados. Eles disseram que meu marido realmente era uma pessoa que arregaçava as mangas e trabalhava (eles tinham cerca de 550 participantes nos cultos e seis obreiros de tempo integral) e que era um grande pastor de ovelhas, mas não era isso que eles queriam; eles queriam administradores.

Ficamos arrasados. Já enfrentamos muitas tempestades, mas essa foi, de longe, a maior de todas. Ao longo dos anos, meu marido

> sempre esteve à disposição do povo. Ele esteve em hospitais, salas de emergência, casas de recuperação de drogados, asilo de idosos, casa de recuperação para doentes mentais, tribunais, prisões, casas para menores infratores. Ele chorou, riu, orou, consolou, corrigiu, orientou e sempre amou as pessoas. Ele era chamado em todas as horas e sempre esteve à disposição.
>
> Depois de ser despedido pelos líderes da igreja, ele se questionava se estaria apto para o serviço outra vez. Não tínhamos idéia do que faríamos, nem para onde deveríamos ir. Realmente, não conseguíamos entender o que estava acontecendo. Agora, quando olhamos para trás, sentimo-nos como um sapo em um tubo de ensaio.
>
> Já se passaram dez meses. Tenho de confessar que Deus tem sido maravilhosamente misericordioso para conosco. Nos últimos meses, Deus tem nos mostrado o quadro todo. No início, meu marido achou que o problema era ele ser inadequado. Mais tarde, começamos a perceber cada vez mais as evidências da mentalidade empresarial e cada vez menos a atenção para com o rebanho. A igreja está agora no meio de um projeto de construção, e, sim, eles fizeram a repugnante campanha de arrecadação de fundos com as "armas" apontadas para o povo. Somos gratos por não fazermos parte disso.

Esse casal, arrasado, permaneceu naquela região, visto que os dois nunca se sentiram chamados para mudar-se para outro local. O marido encontrou um emprego com um salário menor do que o que recebia como pastor. A esposa está agora trabalhando em três empregos de meio período. No entanto, eles se sentem gratos por estar fora do "pastoreio empresarial":

> De modo geral, é incrível ver o quanto Deus tem nos abençoado. Era humanamente impossível cobrir todas as despesas com nosso dinheiro. No entanto, na área financeira, tivemos um ano mais fácil do que em qualquer outra época. Do começo ao fim desse ano, senti Deus cuidando de nós, deixando claro que ele de fato nos

> conhece e se importa conosco. Ele não permitirá que passemos por mais sofrimentos.

Esse casal está agora participando de uma igreja que é "o modelo de pastoreio que Deus deseja", e seu pastor tem iniciado conversas com o marido para participar da equipe pastoral dessa igreja. Cerca de cinqüenta membros da igreja anterior se uniram a esse casal nessa nova igreja. Os comentários finais dessa esposa de pastor me entristeceram, mas, ao mesmo tempo, me encorajaram, por razões óbvias:

> Aparentemente, nossa situação não é única. Que triste! Eu sofro pela igreja que deixamos e pelas diversas pessoas magoadas, mas não tenho medo do futuro.

É claro que entendo a necessidade de às vezes ter de liberar ou transferir membros de uma equipe pastoral. Tive de fazer isso diversas vezes. O que é trágico, porém, é quando isso ocorre com base em um modelo empresarial, não bíblico, em vez de em um modelo pastoral.

Cartas como essas me convencem de que, embora o "pasto empresarial" possa inicialmente atrair muitas ovelhas, ele não pode cuidar delas adequadamente — e sempre deixa uma porção de ovelhas sedentas e ressentidas em campos improdutivos e áridos. O grande pastor jamais quis que fosse assim.

UM PASTOR "BEM-SUCEDIDO" FOGE DO MODELO EMPRESARIAL

Fiquei intrigado quando meu pastor assistente recomendou que eu lesse um livro de Doug Murren. Embora nunca tivesse me encontrado com o autor, conhecia a reputação dele. Ele pastoreava uma das maiores igrejas (e que mais cresce) no noroeste do Pacífico, a Eastside Foursquare Church [Igreja Quadrangular Eastside], na cidade de Kirkland, Washington.

Eu também sabia que essa igreja tinha sido construída com base em uma filosofia de ministério semelhante a da igreja que eu tinha sido convidado a pastorear. Basicamente, a ordem do dia era a "hiper-evangelização". Ganhe-os a qualquer custo. Tanto a Eastside como a Calvary Church cresceram muito em um período de tempo relativamente curto — evangelização e inúmeros novos ministérios poderiam ser facilmente enumerados. Ao mesmo tempo, porém, as duas igrejas estavam vendo "os salvos" entrando em colapso, esgotados, deixando a igreja e levando junto a alma sedenta.

Eu sabia que o pastor Murren tinha algo a me dizer à medida que a Calvary Church se distanciava desse modelo. Ele escreve sobre sua preocupação e desânimo em ver pessoas que estavam sofrendo, mas que não sabiam aonde ir. Em meu ponto de vista, Eastside não era uma comunidade de fé com um pasto seguro, mas uma grande máquina construída para "produzir crentes". Antes de deixar a Eastside para plantar igrejas na região de Seatle, ele fez algumas mudanças e adaptações promissoras. Ouça o testemunho dele:

> Eu pastoreava uma igreja evangelística magnífica. Todos os anos levamos centenas de pessoas a tomar uma decisão por Cristo. Implementamos grupos dos doze passos antes que estes se tornassem famosos. Conseqüentemente, atraímos uma série de pessoas desalentadas que iniciaram seu processo de cura conosco.
>
> Com o tempo, percebemos que não conseguíamos agüentar um desequilíbrio significativo, por exemplo, de um número excessivo de pessoas lidando com questões sexuais sérias em sua vida nem um grande número de pessoas frustradas de igrejas que não funcionavam bem. Em vários momentos, tivemos de lançar mão de medidas para diminuir o crescimento de nossa congregação a fim de que nós mesmos não "explodíssemos". Tivemos de ser muito ponderados ao colocar apenas cristãos maduros e treinados na posição de liderança ou influência. Uma igreja pode ajudar a curar apenas o número de pessoas que a força de seu núcleo permite.
>
> Todo pastor detesta ouvir a respeito de pessoas que vieram à igreja para receber cura, confiando na comunidade de Deus para

> ajudá-las na restauração de sua vida sem alento , para depois descobrir que suas expectativas não foram satisfeitas. Sempre fui bastante vulnerável a esse tipo de crítica. Isso me parte o coração. Sei que as expectativas das pessoas muitas vezes vão muito além do que Deus fará por elas. Mas é duro quando você percebe que poderia e deveria ter feito melhor.
>
> A igreja que liderei por vários anos teve um crescimento aproximado de 100%. Foi um tempo maravilhoso e estimulante! Mas um amigo consultor me disse que mais cedo ou mais tarde pagaríamos por isso, e ele estava certo. Nossa liderança passou por um período de esgotamento muito doloroso.[2]

É claro que gosto de ouvir relatórios de milhares de pessoas entregando a vida a Cristo. Fico exultante com o nascimento de novos cristãos e com o crescimento explosivo de igrejas que honram a Cristo e estão fundamentadas na Palavra. Mas, será que realmente é o desígnio de Deus passarmos por "um período de esgotamento muito doloroso?". Será que realmente a vontade do Senhor é que consultores externos analisem nossa situação e prevejam de forma acertada que "pagaremos" por todas nossas atividades frenéticas?

Não creio.

SER A IGREJA

Desde que cheguei na Calvary Church, tenho procurado colocar a ênfase em *ser* a igreja. É sobre isso que este livro trata. No entanto, a maioria dos livros acerca da igreja ressalta o que ela deveria *fazer*. É difícil lembrar um único livro a respeito da igreja, ou mesmo do corpo de Cristo, que não destaque o *fazer*. Mas creio que *fazer* o certo é resultado de *ser* certo. Um coração a favor de Deus leva a uma vida controlada pelo Espírito e a uma

[2]MURREN, *Churches that heal*, p. 46-7.

igreja controlada pelo Espírito. O fruto do Espírito dá evidência da vida de Cristo.

Desde que cheguei a Calvary Church há quatro anos, raramente passa uma semana sem que alguém me diga pessoalmente ou pelo correio: "Pastor, não é por isso que eu estou aqui. Eu venho para a igreja e dou meu dinheiro para ver as pessoas serem salvas. Se você não começar a trazer gente para o altar, procurarei outra igreja".

Na verdade, as pessoas *estão* chegando a Cristo todas as semanas na Calvary Church — mas isso ocorre por meio de relacionamentos dentro do corpo, não pelo se ajoelhar lá na frente diante do altar. Homens e mulheres estão entrando no Reino de Deus com a orientação dos crentes mais maduros de nossa igreja, que vivem um cristianismo autêntico, e *não* porque elaborei, por meio de anúncios no jornal, uma propaganda cheia de atrativos para fazer com que as pessoas visitem nossa igreja, para depois persuadi-las a ir até o altar.

O QUE ESTÁ ERRADO COM A MENTALIDADE EMPRESARIAL?

Por que uma mentalidade empresarial não funciona na igreja? O que há de errado em "fazer", em vez de "ser"? Na verdade, a resposta é bem simples. As empresas são projetadas corretamente para gerar um produto o mais eficiente e competitivo possível. Não existe nada de errado em você produzir e vender carros ou computadores — mas existe muita coisa errada quando você põe em prática essa mentalidade na igreja.

É essa mentalidade empresarial que nos tem feito pensar em "fazer" e "funcionar", em vez de pensar no "ser" ou na base. Sei que hoje, no meio empresarial, está na moda criar uma atmosfera "familiar" (ou pelo menos falar a respeito dela). E eu não me oponho a isso; na verdade, creio que é uma boa idéia. Mas os aspectos básicos que dirigem uma empresa, mais cedo ou mais tarde, emergirão. Isso não é mau; simplesmente é assim.

Um amigo contou-me recentemente como uma empresa em sua área estava procurando motivar os empregados a atingir uma maior produtividade à medida que uma grande nomeação se aproximava. Os supervisores persuadiram os subordinados a trabalhar mais horas, inclusive nos finais de semana, lembrando a cada um que o dono considerava cada empregado da companhia um membro de sua família — e você não se sacrificaria pela sua família? A maioria dos empregados deu ouvidos a essas palavras calorosas, redobrou seus esforços, e conseguiu concluir sua carga de trabalho pesada em tempo para a nomeação.

Uma semana mais tarde, quase a metade do quadro de funcionários dessa companhia foi despedida — nada pessoal, você entende; negócios são negócios.

Uma empresa jamais pode substituir uma família. Mais cedo ou mais tarde, os aspectos de produtividade se tornarão o ponto de convergência. Na família não é assim.

Quando Deus, em sua Palavra, nos chama de "família" ou de "casa" de Deus, qual é a imagem que vem à mente? Afinal, quais são os atributos de uma família saudável? Interdependência, calor humano, cuidado, correção, apoio e assim por diante. Agora, será que os membros de uma família saudável desfrutam dessas bênçãos em razão daquilo que eles podem *produzir*, ou graças às pessoas que *são* ou a quem pertencem?

Em minha família, minha filha mais velha desfrutou desses atributos antes mesmo de ser capaz de produzir *qualquer coisa*, exceto arrumar confusão de uma forma ou de outra. Na verdade, uma das únicas capacidades que ela tinha era a de não permitir que seus pais tivessem uma boa noite de sono! No entanto, ela era membro da família? É lógico! Por quê? Por aquilo que ela podia produzir? De modo algum! Seu valor nunca foi avaliado por sua "produtividade", nem em relação a alguma produtividade futura que acrescentaria algum ganho para a família.

Desde o primeiro dia, nosso desejo e meta eram ver nossa filha se tornar tudo aquilo que Deus planejou para ela, tanto para a glória dele como para a vida dela. O custo foi alto para chegar até aqui, e será maior ainda quando tiver de pagar a conta da festa de seu casamento. Mas dinheiro não é o problema. Eu nunca disse: "Quando você terminar a faculdade e tiver um bom emprego, espero que haja retorno de meu investimento em você — com juros".

Essa é a diferença crucial entre se concentrar no "fazer" e se concentrar no "ser". É por isso que uma mentalidade empresarial nunca funcionará na igreja. Contudo, temos grande dificuldade em nos lembrar dessas lições.

Há vários anos, enquanto fazia parte de um ministério pareclesiástico, um consultor veio nos ajudar em um planejamento de vários dias. Esses eram tempos animadores, pois buscávamos a orientação de Deus para um ministério em rápida expansão. Comecei a ter dificuldades, no entanto, quando o consultor perguntou: "Qual é seu produto? O que vocês estão procurando produzir? O que vocês esperam como resultado final?".

A partir do "produto", procuramos desenvolver os vários "fatores de produção" necessários para atingir nosso objetivo. Em seguida, precisávamos definir a estrutura e os sistemas necessários para criar os "fatores de produção" que finalmente resultariam no produto desejado.

Embora fosse um exercício interessante, senti um aperto no peito. Ali no "quadro branco", havíamos reduzido questões que tratam de almas eternas a um "processo de rastreamento" para medir a eficiência. Os números serviam para medir a eficiência do ministério.

Embora eu admita que, como pai, tenho pensado e orado muito acerca do "produto", quando se trata de meus filhos e de meu casamento, sempre refreei a idéia de reduzir esse aspecto ao "retorno do investimento". Minha esposa e meus filhos significam muito mais para mim do que o dinheiro que terei de gastar com eles. Eles são membros de minha família — e eles sempre serão, independentemente da "produtividade".

UMA BOA MANEIRA DE PERDER CONTATO

Quando reduzimos um relacionamento a um sistema, perdemos contato com aquele com quem estamos relacionados. Por que achamos que seremos capazes de nos relacionar de novo com Deus se simplesmente desenvolvermos um sistema melhor?

A história relatada em João 5.31-47 mostra por que a "igreja empresa" não funciona. Nós, evangélicos, temos a tendência de esquecer que os líderes religiosos descritos ali eram "pessoas boas". Eles desejavam seguir a Deus. Haviam "tomado a sua cruz" para seguir a Deus. A maioria deles não era um bando de "egomaníacos" com atitudes farisaicas (como os filmes muitas vezes retratam). Eles realmente eram "seguidores devotos de Deus". Jesus diz a respeito deles:

> E o Pai que me enviou, ele mesmo testemunhou a meu respeito. Vocês nunca ouviram a sua voz, nem viram a sua forma, nem a sua palavra habita em vocês, pois não crêem naquele que ele enviou (Jo 5.37,38).

O que atrapalhava essas pessoas a seguir a Deus? Tinham a ilusão de que se construíssem sistemas e estruturas maiores e melhores, poderiam aproximar-se de Deus. E finalmente entenderam que manter o sistema era mais importante do que a liderança e o amor de Deus (v. tb. Jo 12.37-39) — de modo semelhante ao sistema da "megaigreja" dos judeus nos tempos do Novo Testamento.

Esse tipo de dependência a sistemas me faz lembrar alguns casamentos. Casais que conheço tem sucumbido à "paralisia por meio da análise". Eles lêem tanto, ouvem o que tantos têm para dizer, analisam tanto, falam tanto, discutem tanto, que o "sistema" para criar um grande casamento rouba-lhes o aspecto do romance, da alegria e da espontaneidade. Esses casais precisam parar com tudo, recuar, aliviar a carga e desfrutar do relacionamento!

Então, se os sistemas não podem nos levar para onde queremos ir, o que pode nos levar até lá? Se a mentalidade empresarial não está funcionando, então o que funcionará? Para termos uma resposta a esta pergunta, precisamos entrar no jardim de Deus.

UM JARDIM, NÃO UMA FÁBRICA

Se formos sábios, certamente prestaremos muita atenção à linguagem e às imagens que Deus emprega quando fala acerca da igreja. Pode ser um tanto alarmante quando olhamos a nosso redor e descobrimos o quanto nos afastamos de sua liderança. Pondere sobre a declaração de um autor:

> É interessante dar ouvidos às palavras usadas para discutir o relacionamento da igreja com o Reino de Deus. Não é incomum ouvir conceitos como "a igreja é responsável por construir o Reino de Deus", ou "a igreja deve ampliar o Reino de Deus no mundo", ou "a igreja deve promover a obra do Reino de Deus" ou "a igreja deve ajudar a estabelecer o Reino de Deus no mundo". Essas imagens, que se ligam a construir, ampliar, promover e estabelecer estão em forte contraste com a imagem bíblica usada para definir o relacionamento da igreja com o Reino de Deus.
>
> A linguagem bíblica enfatiza nossa resposta ou reação ao Reino redentor de Deus. As palavras mais usadas são receber, entrar, buscar e herdar.[3]

Assim, nossas palavras destacam o "fazer", ao passo que as palavras de Deus ressaltam o "ser". Creio que é significativo o fato de que, quando Deus fala a respeito do tipo de cristãos que ele deseja que sejamos, ele normalmente use a metáfora do fruto. Reflita sobre os seguintes textos:

[3]Van GELDER, *The essence of the Church*, p. 87.

> Eu sou a videira; vocês são os ramos. Se alguém permanecer em mim e eu nele, esse dará muito fruto; pois sem mim vocês não podem fazer coisa alguma (Jo 15.5).
>
> Vocês os reconhecerão por seus frutos. Pode alguém colher uvas de um espinheiro ou figos de ervas daninhas? Semelhantemente, toda árvore boa dá frutos bons, mas a árvore ruim dá frutos ruins. A árvore boa não pode dar frutos ruins, nem a árvore ruim pode dar frutos bons. Toda árvore que não produz bons frutos é cortada e lançada ao fogo. Assim, pelos seus frutos vocês os reconhecerão (Mt 7.16-20).
>
> Mas o fruto do Espírito é amor, alegria, paz, paciência, amabilidade, bondade, fidelidade, mansidão e domínio próprio. Contra essas coisas não há lei (Gl 5.22,23).

Por que toda essa conversa acerca do fruto? Por que não usar a imagem de um carpinteiro fazendo um móvel seguro, ou um padeiro preparando um pão delicioso, ou mesmo um artesão formando um anel com sinete? Creio que a resposta é que Deus sabe que nunca seremos tudo o que podemos ser se nos concentrarmos no "fazer"; à medida que formos amadurecendo como homens e mulheres, nos tornaremos parecidos com Cristo. Isso só ocorrerá quando permitirmos que Deus desenvolva em nós as qualidades divinas que faz todo o céu sorrir. E essas qualidades crescem naturalmente à medida que permanecemos no jardim de Deus, enxertados na vinha de Deus, e não quando estamos muito ocupados na fábrica planejada por seres humanos.

No jardim de Deus, ser vem antes de fazer. E o resultado? O autor Stephen Macchia observa: "Quando a igreja é uma ilha de saúde e vitalidade, o fruto de Espírito é visível na vida dos membros".[4]

Timothy J. Keller, o pastor titular da Redeemer Presbyterian Church [Igreja Presbiteriana do Redentor] na cidade de Nova

[4]*Becoming a healthy Church*, p. 32.

York, observou o mesmo fenômeno em um artigo publicado recentemente no *The Journal of Biblical Counseling* [*Revista de Aconselhamento Bíblico*]. Ele escreve:

> No Sermão da Montanha, Jesus Cristo não contrasta dois caminhos — um caminho obviamente bom e o outro obviamente mau. Em vez disso, os dois caminhos parecem bons, no que concerne aos dois grupos de pessoas obedecerem às leis de Deus. Os dois grupos seguem os Dez Mandamentos, dão aos pobres, vão à igreja e estudam a Bíblia. No entanto, um está corrompido...
>
> Ele não está dizendo: "Eles são bons, e vocês são maus", ou "Vocês são bons e eles são maus", mas "Ambos estão buscando fazer o bem. Ambos estão tentando obedecer a Deus". Jesus está dizendo: "O cristianismo é muito mais amplo; ele excede a religião. O cristianismo é algo completamente diferente de religião...".
>
> Não troque o cristianismo pela religião. Não confunda cristianismo com adorar, orar e dar aos pobres. Não confunda o cristianismo com tudo isso. Você pode fazer todas essas coisas e, mesmo assim, estar corrompido, à caminho da destruição, em uma casa edificada sobre a areia.
>
> Em cada um desses casos, Jesus está dizendo: "Vocês pessoas religiosas, estão preocupadas com o exterior. Eu estou interessado no coração". Você pode ter as coisas exteriores e o seu coração ser semelhante a qualquer outro no mundo. Se seu coração é completamente novo, seu exterior também será renovado.[5]

Em suma, é por isso que o ser *precisa* vir antes do fazer. Você pode "fazer" e mesmo assim não "ser", mas você não pode "ser" e falhar em "fazer". Sua vida cristã não depende de conformar-se com algum sistema, mas de apresentar um novo coração que tem prazer em seguir o exemplo de seu Mestre. A breve discussão de Keller a respeito do mandamento de Jesus sobre "oferecer a outra face" demonstra de maneira concreta o que quero dizer:

[5]The inside-out kingdom, 19/2, Winter 2001, p. 43-5.

> Quando ele fala em oferecer a outra face e não se vingar, ele não quer dizer que devemos apenas nos abster de nos vingar, mas continuar esperando por uma reconciliação. Você tem esperança em relação àquela pessoa. Você deseja que um dia ela beije você. É por isso que você oferece a outra face. Você não aoferece para ser ferido novamente. O que Jesus procura mostrar ao oferecer a outra face é o seguinte: "Não ouse abster-se de se vingar apenas exteriormente. Não estou pedindo só isso. Estou dizendo que, quando você olhar para a pessoa que o prejudicou, não importa quão errada e maldosa ela foi, você precisa tratá-la com esperança; você precisa estar disposto a perdoá-la. Se você tiver de se opor a ela, nunca deverá fazê-lo a não ser com amor e boa vontade".[6]

Sei que isso não é fácil. Sei que elaborar um sistema para depois agir de acordo com ele exige muito menos de nós, além de ser mais simples. Mas, se você se concentrar no fazer antes do ser, poderá estar fazendo as "coisas certas" — e, mesmo assim, sentir-se vazio.

QUANDO O "FAZER" LEVA A "NADA"

Eu estava sentado diante de um homem desanimado enquanto ele abria o coração para mim. Ele havia participado da Calvary Church por um tempo, mas estava cheio de amargura, desapontamento e desilusão. "Entrei de cabeça", contou-me ele. "Entreguei minha vida a Cristo e depois dediquei-me completamente à igreja. Dei dinheiro, ajudei a arrecadar fundos, ensinei, testemunhei, sacrifiquei-me e, no processo, perdi aquele que eu mais amava. E quando pedi ajuda, foi-me dito que deveria orar com mais fervor e continuar trabalhando".

Fiquei comovido com esse homem. Ali estava um crente que ouvira: "Pois de que adianta ao homem ganhar o mundo inteiro,

[6]Ibid., p. 46.

e perder a sua alma?" — mas que, na verdade, deveria ter ouvido outra coisa semelhante como:

- De que adianta você encher a igreja, construir um auditório maior, mas perder toda sua família?
- De que adianta você levantar milhões de dólares, mas ficar cada vez mais decepcionado com Deus?
- De que adianta você procurar as coisas grandes, mas perder a dignidade?

É claro que todas essas perguntas são retóricas. Todas elas exigem a seguinte resposta: "De nada adianta". Não faz bem à igreja seguir o modelo empresarial, porque, se enfatizarmos o "fazer" acima do "ser", sairemos perdendo.

E nenhum de nós pode se dar ao luxo de ir ao encontro das coisas grandes e perder a dignidade.

Mas o alimento sólido é para os adultos, os quais, pelo exercício constante, tornaram-se aptos para discernir tanto o bem quanto o mal.

HEBREUS 5.14

3 Sopa de galinha... para a carne?

QUANDO AS PESSOAS PENSAM na igreja que sempre desejaram, elas normalmente pensam em uma igreja "baseada na necessidade", não "na alma". Um dos motivos para essa forma de pensar é a conhecida mentalidade da *sopa de galinha para a alma* que (em minha opinião) está afetando negativamente nossa cultura e igreja. Essa sopa deveria ser chamada de *sopa de galinha para a carne* — superficial e necessitando da verdadeira substância de transformação.

É claro, não existe absolutamente nada de errado com histórias que aquecem o coração, tocam as emoções, trazem lágrimas aos olhos e deixam um brilho suave e cálido no ar. No entanto, nunca deveríamos confundir essas emoções com a verdadeira obra do Espírito Santo. Uma história bem escrita pode tocar em algumas de nossas cordas emocionais profundas, porém, nos deixam basicamente inalterados quanto a mudanças. Jamais deveríamos esquecer que o Espírito Santo de Deus está muito mais interessado na transformação — em nos moldar à imagem de Jesus Cristo — do que em nos ver profundamente emocionados.

O que mais me incomoda acerca da mentalidade da *sopa de galinha* é que ela revela e exemplifica um problema muito mais complexo, um problema que talvez seja inevitável em uma cultura impulsionada pelo mercado como a nossa. Deixe-me explicar.

AUMENTANDO NOSSA PARTICIPAÇÃO NO MERCADO

As perguntas mais importantes em uma sociedade movida pelos interesses de mercado é esta: de que maneira posso aumentar o tamanho de meu mercado? De que maneira posso ser bem-sucedido em alcançar novos consumidores? Que estratégias funcionarão para melhorar minha participação no mercado?

Os "marqueteiros" sabem que uma das melhores maneiras de aumentar a base de consumidores é identificar e suprir as "necessidades" deles em potencial. Descubra o que essas pessoas acham que querem e depois anuncie ansiosamente como pretende repartir seu rendimento com elas.

A igreja tem usado legitimanente essa estratégia para levar as boas novas ao maior número possível de crentes em potencial. Assim, dizemos às pessoas de fora: "Você deseja um casamento sólido? Podemos ajudar você nessa área. Deseja ter uma segurança financeira. Podemos transmitir-lhe alguns princípios que o ajudarão a alcançá-la. Gostaria de ter mais amigos, mais felicidade, boa saúde, mais aventura? Não há problema. Venha, vamos tornar seus sonhos realidade".

Ora, nada há de errado nessas coisas... desde que não cheguemos a dar "nossas respostas" às "necessidades" deles como se já tivéssemos vencido o jogo de futebol. O grande perigo ocorre quando achamos que se o juiz apitou um pênalti a favor de nosso time, o gol já está garantido. A verdade é a seguinte, tanto no futebol como na vida: não existe gol enquanto a bola não balançar as redes. Isso quer dizer que devemos ajudar cada participante a passar das "necessidades sentidas" para as necessidades *reais*. Pondere sobre o que o autor Gary L. Thomas diz a respeito desse importante desafio:

> A fé cristã contém dois elementos — o bom (alegria e paz) e o mau (dor e sofrimento) — que nossa sociedade vê como uma contradição. Aqui encontra-se a tentação de tornar a fé mais aprazível.
>
> Se o alvo é fazer convertidos em vez de discípulos, somos tentados a reformular a vida cristã de acordo com as necessidades sentidas — a paz, a realização e o propósito que a vida em Cristo promove. Mas, falar dessas coisas é semelhante a tentar explicar a alguém a emoção de ganhar uma medalha olímpica de ouro — ou seja, a realização, a alegria e a empolgação — sem mencionar o treinamento exaustivo que faz parte da conquista dessa medalha.[1]

No zelo de ganhar para o Senhor tantas pessoas quantas forem possíveis, temos ressaltado o aspecto de "fazer convertidos" em vez de "fazer discípulos". Portanto, visto que fazer convertidos é nosso verdadeiro objetivo, faz todo sentido do mundo pôr as "necessidades sentidas" acima das "necessidades reais".

O problema é que Jesus nos chamou para fazermos discípulos, não convertidos. Ele nos disse:

> Foi-me dada toda a autoridade nos céus e na terra. Portanto, vão e *façam discípulos* de todas as nações, batizando-os em nome do Pai e do Filho e do Espírito Santo, ensinando-os a obedecer a tudo o que eu lhes ordenei. E eu estarei sempre com vocês, até o fim dos tempos (Mt 28.18-20; grifo do autor).

Ressalte-se que é uma coisa boa que na igreja estejamos dispostos a identificar e suprir as necessidades daqueles que ainda não conhecem a Cristo. Não existe nada de errado nisso — contanto que não paremos por aqui.

[1]*Seeking the face of God*, Eugene: Harvest House, 1994, p. 167.

BUSCANDO SUPRIR A NECESSIDADE REAL

Se estamos interessados no tipo de igreja que Jesus deseja de nós, então devemos lutar contra a orientação que nos encoraja a suprir as necessidades sentidas em vez de buscar resolver as necessidades reais. Mas, permita-me dar dois exemplos que poderão ajudar a esclarecer o que quero dizer.

Primeiro, pessoas entrevistadas em pesquisas dizem de modo coerente que, quando visitam uma igreja, preferem permanecer anônimas — essas são as necessidades *sentidas*. Mas as necessidades *reais* — algo que também aparece nas pesquisas — é que buscam relacionamentos fortes e saudáveis. Em outras palavras, o que dizem querer está em conflito com o que *realmente* querem e necessitam. Segundo, as pessoas normalmente contam aos pesquisadores que precisam de um "lugar seguro", quando o que realmente desejam é um lugar de crescimento e transformação — e isso significa que alguém deve sempre ficar alerta quanto a convicções e comportamentos equivocados.

Em ambos os casos, se concentrássemos toda nossa atenção na necessidade sentida em vez de na necessidade real, falharíamos em nossa missão dada por Deus — a de fazer discípulos. Pode até ser que muitas pessoas se convertam no processo, mas infelizmente acabaríamos com igrejas que... bem, se parecem muito com as igrejas de hoje.

O fato é que, se nos concentrássemos somente, *ou mesmo fundamentalmente*, nas necessidades sentidas do indivíduo, teríamos muita dificuldade em identificar a necessidade real dele. Portanto, se o verdadeiro pranto do coração humano continua sendo negligenciado em nossas igrejas, não é de admirar que nossos números crescentes pareçam ter tão pouco efeito. O pesquisador de opinião pública, George Barna, dá a impressão de chegar a essa mesma conclusão:

> Os Estados Unidos certamente não experimentaram o reavivamento espiritual que muitos cristãos esperavam que ocorresse na virada do

> milênio. Na verdade, parece que os americanos foram vacinados contra os fenômenos espirituais, os esforços evangelísticos e a busca de um desenvolvimento espiritual pessoal. De modo geral, o ministério cristão está preso em uma vala profunda. Nossa pesquisa continua ressaltando a necessidade de uma dependência urgente para com Deus para transformar a vida das pessoas.
>
> Muitos cristãos e igrejas nos Estados Unidos têm trocado a paixão espiritual por rituais vazios, métodos engenhosos e práticas tediosas. O desafio para a igreja de hoje não é metodológico, mas é um desafio de ressuscitar a paixão e fervor espiritual dos cristãos desta nação.[2]

Concordo plenamente com Barna em que não estamos diante de um desafio metodológico, mas espiritual. Então, como podemos "ressuscitar a paixão e fervor espiritual dos cristãos desta nação?". Existe somente uma forma, e esta, certamente, não é por meio de mais uma *sopa de galinha*. Também não ocorrerá por meio de estratégias sofisticadas para identificar e suprir as necessidades sentidas da população. A única forma de ressuscitar a paixão e o fervor espiritual dos cristãos dessa nação é trazer nossas igrejas de volta para o profundo "anelo do coração" de Deus, a saber, o próprio Deus.

UM FOCO CONCENTRADO EM DEUS

Cada alma precisa de Deus e de seu caráter, não de cinco dicas para um casamento saudável nem de três segredos para a segurança financeira.

A sopa pode manter você vivo, mas se você só tomar sopa de galinha por um longo período, acabará enfraquecendo e ficando doente, sem muita resistência para os tempos difíceis. É o "alimento sólido" do próprio Deus que desenvolve almas fortes. Todos

[2]On the American Church, *Barna Research Online*, 2000, report (grifo do autor).

precisamos de um pouco de sopa, mas enxergar a igreja primeiramente como uma distribuidora de sopa (isto é, baseada na necessidade) é não perceber a fonte da verdadeira força e poder.

Há milhares de anos, o escritor da carta aos Hebreus reconheceu a facilidade de optarmos pelo alimento líquido (*sem a necessidade de mastigar!*) em vez do sólido. Como ele disse: "Quem se alimenta de leite ainda é criança, e não tem experiência no ensino da justiça. Mas o alimento sólido é para os adultos, os quais, pelo exercício constante, tornaram-se aptos para discernir tanto o bem quanto o mal" (Hb 5.13,14).

Se permitirmos que nosso foco e dependência se afastem de Deus em favor de metodologias de ponta ou de estratégias em contínua mudança e baseadas nas descobertas da ciência social, como poderemos ter a esperança de crescer e nos tornar a igreja forte e saudável que Cristo deseja? Não me entendam mal. Não estou questionando o coração nem a motivação daqueles que usam esses métodos para atrair a Jesus dezenas de milhares de pessoas que desejam que seus interesses e necessidades sejam atendidos. O que eu *estou* questionando é a mudança de foco que esses métodos muitas vezes proporcionam. Estou bastante seguro de que o foco *realmente* mudou, intencionalmente ou não. Recentemente uma viagem de avião me convenceu disso.

Enquanto estava sentado no avião, comecei a ler a revista *Cristianity Today* [*Cristianismo hoje*], normalmente reconhecida como a principal revista do movimento evangélico. Ao correr os olhos pela seção dos classificados no final da revista, comecei a ler anúncios de igrejas que estavam "à cata" de novos pastores. Percebi que muitas congregações se autodenominavam de "seeker service" (igrejas voltadas aos interesses e necessidades das pessoas), ou especificações semelhantes; não vi um único anúncio em que a igreja se descrevesse como *God-sensitive* ou *God-driven* ou *God-focused* (i. e., voltada aos interesses de Deus ou voltadas para Deus).

Isso me deixou surpreso.

Não tenho dúvida de que se você entrasse em contato com qualquer uma dessas igrejas, cada uma delas poderia mostrar-lhe uma declaração de objetivos que honra a Deus e o coloca no centro de suas atenções e atividades. No entanto, de alguma maneira, muitas vezes acabamos nos esquecendo de Deus em nossa ocupação frenética com os programas, a evangelização e os ministérios. E isso ocorre especialmente quando nos concentramos nas necessidades sentidas em vez de nas necessidades reais.

O famoso autor Larry Crabb faz essa mesma observação em relação à emoção em seu excelente e transparente livro *O lugar mais seguro da terra*. Ele lamenta que no desespero de suprir nossas necessidades sentidas, tenhamos a tendência de deixar Deus de lado — só para descobrir que, ao fazê-lo, deixamos de suprir nossas necessidades mais profundas:

> Não temos o hábito de esperar que um Deus invisível realize de algum modo um plano magistral para glorificar-se. Preferimos uma versão diferente de espera. Seguimos princípios bíblicos ou buscamos aconselhamento para pôr nossos filhos na linha, para tornar nossas emoções mais equilibradas, para deixar nossos relacionamentos mais gratificantes. O que queremos, na verdade, é uma vida melhor.
>
> Muita gente dentro da igreja, talvez a maioria, trata desse desejo: eis o que fazer, eis o curso a ser feito, o conselheiro a consultar, os princípios a seguir, as regras a observar, as promessas bíblicas a reclamar. São poucas as pessoas que nos orientam à adoração ou que nos chamam a um novo patamar de fé. São poucas as que nos convidam a vivenciar conversas voltadas às coisas do espírito em uma comunidade espiritual.
>
> No entanto, você ouve seu coração clamando: "É o *Senhor* que eu quero. No *Senhor* eu me refugio. Não quero fugir para uma montanha de alívio. Leve-me à Rocha que é superior a mim, superior a

todos os problemas, que me eleva à presença de Deus. Tudo o mais é secundário!".[3]

Seu coração clama somente pelo Senhor, como Crabb descreve? Será que sua alma ressoa com o apelo: "Leva-me à Rocha que é maior do que eu"? Minha alma clama, estou quase certo de que a sua também.

Embora possamos legitimamente procurar suprir as necessidades sentidas para atrair homens e mulheres feridos a Cristo — como Jesus fez — nunca devemos esquecer que o que eles realmente precisam é de Cristo. O que mais precisam não é de um Cristo escondido, nem de um Cristo camuflado, nem de um Cristo oculto, mas de um Cristo majestoso, que desliza "sobre as asas do vento" e que, mesmo assim, morreu em uma cruz romana para nos tornar passíveis de ser eleitos como cidadãos do reino da luz. Nosso povo precisa de um vislumbre claro do Senhor da glória, diante de quem todo joelho se dobrará e toda língua confessará. Essa é a necessidade real deles. E os convertidos não se tornarão discípulos a não ser que estejamos dispostos a ajudá-los a suprir essa necessidade.

DIVERSÃO, FATOS, PLÁSTICAS ... OU FRUTOS

Nossa fascinação com as necessidades sentidas pode concentrar nosso desejo em atrair pessoas com interesses e necessidades pessoais (*seekers*), mas isso não pára por aqui, pois também influencia nossas ações para com aqueles que já pertencem ao corpo de Cristo.

Em nosso desejo sincero de conservar os crentes que atraímos, muitas vezes adaptamos nossos programas e ministérios a *suas* necessidades sentidas. Algumas igrejas desenvolvem seus ministérios em torno da idéia de que "os cristãos também têm o direito de se divertir". Outras se tornam conhecidas pela orto-

[3]São Paulo: Mundo Cristão, 2000, p. 42.

doxia teológica ou discernimento bíblico. Algumas parecem mudar seu foco depois de alguns anos, dependendo do interesse e da formação da maioria.

Mas será que é dessa maneira que realmente construímos igrejas fortes, descobrindo as necessidades sentidas de nosso povo para depois cuidar delas? Não creio. Jerry Vines, pastor e autor do livro *Spirit fruit: the grace of the Spirit-filled life* [*Fruto do Espírito: a graça de uma vida cheia do Espírito*] também não crê nisso. Ouça o seu conselho:

> Muitas vezes, pensamos que podemos empolgar as pessoas por meio do brilho e glamour dos dons espirituais. Mas, na maioria das vezes, ganharemos as pessoas pelo fruto do Espírito, sólido, constante e duradouro. Às vezes, as pessoas podem ficar impressionadas pelos fogos de artifício da fé, mas estou convencido de que elas são ganhas, na maioria dos casos, pelo fruto da fé.[4]

Concordo com Vines em que a manifestação mais importante da obra e do mover do Espírito Santo não está nas coisas que eu posso "fazer", mas no fruto que Deus produz em minha vida. Sem dúvida, os programas, sistemas e atividades devem existir, mas esses aspectos por si mesmos nunca podem levar a cabo a transformação pessoal que Deus deseja para nós e pela qual ansiamos.

Ken Hutcherson, pastor da Antioch Bible Church [Igreja Bíblica Antioquia] em Bellevue, Washington, chegou à conclusão de que a razão número um (e ele cita dez) para a deficiência da igreja e da anemia espiritual é que muitos de nós não estão cheios do Espírito Santo.[5] Desenvolvemos "rituais novos" e um sem-número de programas, normalmente concentrados em suprir alguma necessidade sentida, mas nos falta o fruto do Espírito.

[4]Nashville: Broadman & Holman, 2001, p. viii.

[5]*The Church:* what we are meant to be , Sisters: Mutnomah, 1998.

Nossa orientação voltada ao "fazer" tende a nos levar a pensar que a alegria e o prazer advêm da atividade, quer por meio dos fogos de artifício de sinais e milagres, quer por meio dos milagres dos dons do Espírito, quer por meio de uma mente capaz de guardar de maneira impressionante um sem-número de fatos bíblicos. Na verdade, a alegria de um cristão e da igreja não se encontra em nenhum tipo de atividade, mas em colher o fruto espiritual produzido por uma vida concentrada em Deus e dedicada a ele. A palavra "fruto", na verdade, vem do latim, *frui*, que significa "desfrutar ou ter prazer em algo".[6]

Não é de admirar que o apóstolo afirme que existe uma grande "fonte de lucro" na piedade com contentamento (1Tm 6.6)!

E, por que existe uma grande fonte de lucro na piedade? Porque, quanto mais piedosos nos tornarmos, tanto mais imitamos o caráter de nosso Pai celestial. Portanto, quando consideramos o fruto do Espírito, não devemos pensar nos aspectos agradáveis que tornam a vida mais digna de ser vivida (uma abordagem da necessidade sentida), mas, sim, nas qualidades que nos ajudam a tomar parte da natureza divina (2Pe 1.3-8). Nesse sentido , poderemos reorientar nosso pensamento da seguinte maneira (v. Gl 5.22,23):

amor	não recebendo, mas uma dádiva do Senhor
alegria	não diversão, mas aceitação no Senhor
paz	não resignação, mas dependência para com Senhor
paciência	não mal-humorado, mas persistente no Senhor
amabilidade	não bajulação, mas amizade vinda do Senhor
bondade	não puritanismo, mas presença em nome do Senhor
fidelidade	não teimosia, mas submissão ao Senhor
mansidão	não fraqueza, mas boa vontade para com o Senhor
domínio próprio	não negação, mas nossa devoção ao Senhor

[6]Jerry VINES, *Spirit fruit:* the graces of the Espirit-filled life, Nashville: Broadman & Holman, 2001, p. 2.

Devemos ter em mente que uma árvore boa dará frutos de acordo com sua espécie. Portanto, se queremos produzir crentes com o coração repleto do Espírito, que gerem muitos frutos espirituais, não podemos ressaltar as "necessidades sentidas" em detrimento das "necessidades reais". Nossa necessidade real não é a de realizar milagres nem exercitar um dom espiritual, tampouco ter domínio sobre a língua grega ou hebraica. Nossa necessidade real é conhecer e honrar a Deus, obedecê-lo, produzindo frutos espirituais. Isso quer dizer que, antes de perguntarmos: "De que maneira podemos promover o uso de certos dons espirituais?", ou, "De que maneira podemos encorajar a memorização do livro de Romanos?", devemos perguntar: "De que maneira podemos ajudar nosso povo a conhecer a Deus e produzir o fruto do Espírito?". Esse tipo de ênfase vai de encontro a todo conceito regido pela "função" ou "forma", passando das pessoas que buscam "sinais e maravilhas" para as pessoas que pensam apenas em "ensinar a Bíblia".

Embora faça sentido identificar e procurar suprir as necessidades sentidas de nosso povo, essa busca nunca pode se tornar nosso foco central. Gosto do conselho que o autor e pastor emérito Stuart Briscoe muitas vezes dá a pastores jovens e escritores: "Dê às pessoas o que elas precisam na forma do que elas pensam que querem". Em outras palavras, não paremos nunca na necessidade sentida, mas prossigamos implacavelmente até alcançarmos a necessidade real.

A boa notícia é que, quando deixamos o Espírito de Deus produzir seu fruto em nossa vida, nossas igrejas se tornam importantes portos seguros. E não é isso, na verdade, o que todos nós queremos?

ENCONTRANDO UM PASTO SEGURO

Aquilo de que realmente precisamos — aquilo por que ansiamos profundamente, aquilo com que sonhamos, pelo que estamos dispostos a morrer — é o que chamo de "pasto seguro".

O que é um "pasto seguro"? É um lugar seguro onde você sente uma ligação profunda com os outros, onde você é conhecido, encorajado e desafiado. É um lugar amplo onde você encontra profundo significado para sua vida e onde é ajudado de maneira prática a viver esse significado. É um lugar sagrado onde Deus têm prazer em tornar-se conhecido, onde ele instrui seu povo e onde eles se encontram para adorá-lo pelo que ele é. Trata-se de um lugar de amor, de vitalidade, de mudança, de risos e lágrimas, de silêncio e louvor em alta voz. É um lugar que se parece como um lar... porque *é* um lar.

Pasto seguro é um lugar de confiança, um lugar onde posso confiar minha vida espiritual a outros, na certeza de que eles me levarão a um conhecimento cada vez mais profundo de Deus. Estou certo de que não violarão seu chamado no processo, que não usarão minha vulnerabilidade para seu próprio proveito e não me manipularão para algum fim que possa me afastar da vida com meu Salvador. Pasto seguro é um lugar de proteção. Quando puder confiar em meus pastores e me sentir protegido em meu caminho, estarei disposto a segui-los nas verdades mais profundas e difíceis das Escrituras. A confiança conquistada que me faz "sentir seguro" valida a integridade do pastor de ovelhas.

Jesus, o grande Pastor de ovelhas, descreve o pasto seguro nestas conhecidas palavras:

> Eu sou a porta; quem entra por mim será salvo. Entrará e sairá, e encontrará pastagem. O ladrão vem apenas para roubar, matar e destruir; eu vim para que tenham vida, e a tenham plenamente (Jo 10.9,10).

John Maxwell — pastor emérito, autor prolífico e especialista reconhecido na área de liderança — menciona que Jesus, o líder maior, se relacionava com o povo como um pastor se relaciona com suas ovelhas. Comentando acerca de João 10.1-16, Maxwell escreve:

> Todo aquele que deseja liderar no Reino de Deus deve desenvolver certas capacidades do coração. A imagem de um pastor de ovelhas dá forma à essência de líder piedoso: pastores são carinhosos, sinceros, íntimos e amorosos. Eles guiam, corrigem, protegem e alimentam. João contrasta o bom pastor com o assalariado (ou mercenário). Um assalariado recebe o salário por seu trabalho, mas não trabalha de coração. Quando os benefícios acabam, ele deixa de cuidar das ovelhas.[7]

Maxwell depois contrasta o assalariado com o pastor:

O ASSALARIADO	O PASTOR
1. Trabalha somente pelo dinheiro (Mt 20.1-9)	1. Trabalha com amor
2. Não tem piedade das pessoas (Jo 10.13)	2. Tem piedade do povo
3. Vai embora quando surgem os problemas (Jr 46.21)	3. Dá a vida pelas ovelhas
4. É infiel a seu mestre (Jo 10.12)	4. Serve fielmente a seu mestre
5. Alimenta-se a si próprio, não as ovelhas (Ez 34.3)	5. Alimenta suas ovelhas
6. Negligencia as ovelhas (Ez 34.4)	6. Cuida carinhosamente das ovelhas
7. É duro com as ovelhas e falta-lhe misericórdia (Jr 23.2)	7. Orienta as pessoas com sabedoria

Visto que Jesus é o bom Pastor, ele provê um pasto seguro para seu povo — um lugar de segurança, um lugar de liberdade, um lugar de refrigério e vida com fartura. Não é um lugar de perda,

[7]The law of connection: Jesus relates like a shepherd to sheep, in: *The Leadership Bible,* Nashville: Thomas Nelson, comentários a respeito de João 10.1-16.

nem de morte, nem de desolação pessoal. No entanto, esse "lugar seguro" não deveria ser entendido como um lar sempre livre dos ataques dos lobos ou resguardado de moléstias. Em vez disso, é um lugar onde a verdadeira defesa pode ser encontrada. Jesus nunca nos deixa entregues a nossa própria sorte, tampouco apenas com os recursos pessoais que estão a nossa disposição. Ele sempre permanece conosco, defendendo-nos e capacitando-nos a vencer o mundo, a carne e o diabo. Esse é o tipo de "pasto seguro" que Jesus deseja prover para a igreja.

E, no entanto, demasiadas vezes, a igreja tem se tornado exatamente o que nunca foi seu desígnio ser.

> Ouvimos o Senhor dizer: "Peçam, e lhes será dado" (Mt 7.7*a*). *Mas nós temos pedido e temos recebido somente exigências.*
>
> Ouvimos o Senhor dizer: "Busquem, e encontrarão" (Mt 7.7*b*). *Mas nós temos buscado e encontrado somente desapontamento.*
>
> Ouvimos o Senhor dizer: "Batam, e a porta lhes será aberta" (Mt 7.7*c*). *Mas nós temos batido e somente visto a porta se fechar diante de nós.*

Como Tiago diz a seus amigos: "Meus irmãos, não pode ser assim" (Tg 3.10). E a verdade é que não *precisa* ser assim.

UMA CARTA QUE ABRE OS OLHOS

De que maneira podemos nos tornar parte da igreja que sempre desejamos? Ou melhor ainda, de que maneira podemos ajudar nossa igreja a se tornar a igreja que sempre desejamos?

Nas últimas décadas de meu ministério pastoral, tenho pensado muito acerca dessa pergunta e acredito que estou começando a ter algumas respostas reais. Meu pensamento tem sido influenciado tanto pelos erros como pelos acertos. Considere, por exemplo, uma carta que recebi há vários anos.

Um casal ativo em nossa igreja enviou-me um bilhete com palavras ásperas dizendo que estavam abdicando de todas as responsabilidades ministeriais e que estavam deixando nossa igreja para procurar uma congregação que não fosse constituída por "esnobes". Eles se sentiam esgotados, frustrados e pretendiam "abandonar o barco". As críticas severas desse casal causaram verdadeiro pesar a vários de nós da equipe de obreiros. Orei para que eles pudessem encontrar o que estavam procurando e que Deus lhe abrisse o coração para que ocorresse a mudança.

Nunca mais ouvi falar a respeito desse casal até algumas semanas atrás. Certa manhã, quando estava checando meu *e-mail*, os nomes desse homem e dessa mulher apareceram inesperadamente em minha lista de endereços. Dessa vez havia uma nota pedindo desculpas e a solicitação para um encontro — mas também perguntavam se, primeiro, poderiam descrever suas frustrações para mim e receber alguns conselhos sobre como evitar os desapontamentos do passado.

O *e-mail* deles me surpreendeu, me abençoou e não tenho palavras para descrever como me senti bem ao encontrar esse casal alguns dias mais tarde. Estava claro que ambos desejavam desesperadamente comunhão, relacionamentos íntimos e pessoas gentis em sua vida. Mas sempre que procuravam conselho sobre como realizar determinada coisa, ouviam as mesmas palavras: "Entre na roda e faça contato".

E foi o que eles fizeram. Reservaram um tempo cada vez maior para estar à frente de vários ministérios da igreja. Na verdade, bastava que as portas da igreja estivessem abertas para que estivessem lá. Eles eram exemplos naquilo que faziam... mas, apesar de se envolverem tanto, ambos tinham um profundo desejo interior de que alguém...

> simplesmente os convidasse para um jantar
> ou orasse com eles
> ou se interessasse por eles

"Pastor", perguntaram eles, desnorteados, com lágrimas nos olhos, "há alguma coisa errada conosco?".

Não, certamente que não. Em vez de se envolverem em relacionamentos profundos pelos quais tanto ansiavam e precisavam, era-lhes oferecido somente programas e atividades na igreja para suprir necessidades sentidas — e isso *nunca* traria paz e descanso ao "rebanho de Deus". Só um pasto seguro pode oferecer isso. Este casal finalmente encontrou uma outra igreja, mas dessa vez eles sabiam o que procurar. Eles não permitiram que o ressentimento tomasse conta de seu coração e evitaram a armadilha do "fazer". Hoje eles estão crescendo e amadurecendo em um saudável corpo de crentes.

Em parte, devido a encontros como esse, estou cada vez mais convencido de que, embora atividades e programas na igreja possam *atrair* pessoas, somente relacionamentos afetuosos *preencherão* e *amadurecerão* as pessoas. O pasto seguro é a maneira que Deus tem de alimentar seus filhos e filhas na fé e ajudá-los a crescer.

Essa é a maneira do Pastor — e funciona.

Nos últimos anos, vi inúmeros casais encontrarem cura e reconciliação depois de passarem por colapsos conjugais vexatórios. Recentemente, enquanto estava parado em uma fila para jantar, uma mulher me contou como Deus havia restaurado o casamento dela. Algumas semanas depois, quando preguei sobre o casamento, a mesma mulher me enviou uma carta para detalhar o que havia acontecido com ela. Para mim, parecia um milagre.

Por vários dias duvidei de que algo assim pudesse acontecer; a situação simplesmente parecia irreconciliável. Mas não era isso que eu estava lendo nesta carta. Esse casal havia tentado todos os tipos de remédios: diversos aconselhamentos, encontros para homens, seminários para mulheres, conferências para casais. Mas nada parecia funcionar. Finalmente, eles perderam a paciência. Apesar de todos os esforços, o casamento chegou ao fim.

Mas depois... o milagre.

O corpo de Cristo começou a envolver esse homem e essa mulher machucados, mas dessa vez de uma maneira diferente. As conversas, as orações e a presença das pessoas não se concentraram mais em lidar com o pecado e controlar o comportamento, mas em um relacionamento divino completamente capaz de transformar corações machucados. Por meses, essa atmosfera amorosa perfumou o ar da Calvary Church, insuflando os pulmões de homens e mulheres de força e esperança renovadas.

E agora, esse casal com "diferenças irreconciliáveis" estava parado diante de mim para renovar seus votos. Mais tarde, eu os vi descendo pelo corredor — de mãos dadas, com um sorriso de orelha a orelha, os olhos brilhando de esperança e louvor — e eu sabia que o casamento deles havia sido curado milagrosamente porque duas ovelhas perdidas finalmente haviam encontrado um pasto seguro.

Será que brigarão de vez em quando? Será que os lobos tentarão dispersar o que foi juntado? Será que ladrões tentarão roubar o que esse casal obteve depois de tanto labutar?

Sim, sim, *sim*! Mas... a diferença agora é que esses dois estão se alimentando em um pasto seguro, com o Pastor supremo cuidando da porta e com os vigilantes pastores subalternos (tanto leigos como obreiros de tempo integral) caminhando fielmente no meio do rebanho.

E isso, como já disse, é um milagre.

A JORNADA CONTINUA

Não posso dizer que descobri tudo acerca de como prover o pasto seguro descrito por nosso Senhor. Estou aprendendo com minhas ovelhas, acerca do que significa para nossa igreja tornar-se um pasto seguro.

Mas posso dizer que estou vendo uma "efervescência" de vida e vitalidade que esteve ausente por muito tempo de nossa igreja. Posso dizer que, quando os de fora começaram a ver o que estava acontecendo em nosso meio, muitos foram irresistivelmente atraídos para a vida familiar íntima que vêem aqui. Posso dizer que a maioria de meus amigos no ministério pastoral estão fazendo descobertas semelhantes e desfrutando de resultados semelhantes.

E posso afirmar com absoluta convicção que estamos vivendo a época áurea de nossa vida, alimentando-nos de pasto verde e bebendo as águas claras e puras que encontramos *exatamente onde Deus disse que elas estariam.*

A minha oração sincera é que você se una a nós nesse lugar amplo de refrigério, paz e descanso.

PARTE 2 O que ocorre no pasto seguro?

Jesus lhes disse: "Venham comigo para um lugar deserto e descansem um pouco".

MARCOS 6.31

4 Descanso para os cordeiros

QUANDO NOS MUDAMOS EM 1990 para Denver, Colorado, a fim de pastorear uma igreja, eu estava empolgado com as oportunidades. Também senti muita emoção quando um pastor e autor local convidou-me para almoçar. Eu havia lido seu livro, ouvido a pregação e acreditava em muitos dos princípios que ele transmitia. Considerei esse almoço uma oportunidade real para finalmente encontrar-me com esse "mestre" da igreja e aprender algumas coisas.

Desfrutei completamente de meu tempo com ele e retornei para meu estudo animado para implementar muitas das novas idéias que havia aprendido. Mas quando comecei a pregar, a ensinar e a aplicar esses princípios, obtive uma reação inesperada. Várias pessoas preocupadas se aproximaram de mim para dizer coisas tais como: "Pastor, estamos aqui porque deixamos a igreja do pastor 'Beltrano'. Começamos a participar dessa igreja para encontrar descanso, para sermos renovados e estimulados.

Viemos aqui para sermos edificados. Estamos cansados de sermos usados". Descobri que, nessa igreja, os cultos não eram momentos para encontrar-se com Deus, mas uma série de encontros motivacionais para manter os cristãos escalando a escada do "sucesso espiritual". Também encontrei crentes que abandonaram a igreja devido às experiências negativas que tiveram na igreja pastoreada pelo meu herói.

Qual era o problema? Embora estivessem implementando um excelente material, eles tinham colocado toda a ênfase no "fazer". Portanto, as pessoas não se sentiam edificadas, mas sim, estraçalhadas. Viver o caráter de Deus não fazia parte desse ministério.

Um casal descreveu sua experiência da seguinte maneira: "Glenn, apreendemos a visão. Foi como se pegássemos fogo, demos um passo de fé, confiamos em Deus, demos o melhor de nós, comprometemo-nos e rendemo-nos, deixamos tudo no altar [...] e entramos em um 'moedor de carne'. Passaram-se diversos anos antes que percebêssemos que tínhamos usado um conceito falso do que significa ser um cristão e ser igreja".

Não me lembro de quantas pessoas encontrei ao longo dos anos que acabaram desistindo do cristianismo, porque estavam completamente esgotadas. Um homem me disse: "Glenn, eu dei dinheiro e arrecadei fundos para aquela igreja e hoje ela parece ser bem-sucedida. Pensei que estava fazendo tudo para Deus e para sua glória. Mas fui *usado*". Propaganda de púlpito não produz pessoas santas. Nenhuma pessoa quer sentir que ela existe simplesmente para trabalhar para a igreja.

O pasto seguro, no entanto, é um lugar de descanso — não de inatividade, mas de descanso. O pasto seguro ajuda as ovelhas a renovar as energias, recuperar as forças e desfrutar a renovação. Esse tipo de pasto não exaure as ovelhas até que desfaleçam. E o que acontece quando os cordeiros estão descansados? Eles ficam quietos. Contentes. Satisfeitos. E ansiosos para servir o Senhor pela riqueza de seu Espírito.

Vi esse espírito em toda parte na Calvary Church — não porque fazemos tudo certo, mas porque creio que estamos no caminho certo. Pense na história de Bert Brinberry.

RENOVANDO AS ENERGIAS PARA DEUS

Bert contará a vocês que, em determinada época de sua vida, ele só tinha compulsão para ganhar dinheiro. Como um vendedor nato, ele criou um negócio de sucesso, instruindo outras pessoas na arte de vendas, muitas vezes usando filosofias da Nova Era como parte de seu material. Seus clientes gostavam muito dele; seu negócio valorizou-se rapidamente, e isso significava mais dinheiro para Bert. Ele pensou que tivesse alcançado o sucesso.

"Eu tinha o hábito de descer pela rua à noite e gritar para fora da janela do carro o montante de dinheiro que queria ganhar" disse ele. "Estava totalmente obcecado pelo dinheiro. Certo dia, estava em um aeroporto depois de ter ensinado uma turma que me deu um bom lucro. Estava lá, sentado, pensando em como me sentia cansado, mas também em como era gratificante ganhar tanto dinheiro em um único dia".

Os constantes compromissos decorrentes de seu negócio não permitiam que Bert, que fizera sua profissão de fé em Cristo aos doze anos, tivesse tempo para participar da igreja. Se ele ia ao culto dominical mais de uma vez por mês, conforme ele mesmo admite, achava que estava sobrecarregando. Por anos sua vida continuou nessa agitação frenética, até que um dia sua esposa conseguiu levá-lo à escola dominical. Ele desfrutou da comunhão, mas continuou resistindo à idéia de freqüentar a igreja regularmente.

"Para mim simplesmente não fazia sentido um relacionamento pessoal diário com o Senhor Jesus", disse ele. "Eu pensava que já era muito bem-sucedido com o que estava fazendo. Financeiramente, estava conseguindo tudo o que sempre desejara. Era incapaz de perceber a importância e o valor da igreja".

Levou mais alguns anos, mas, lentamente Bert começou a ver que sua busca incessante pela riqueza simplesmente o estava deixando esgotado. Ele começou a aprender como encontrar descanso em Cristo. Ao longo dos anos ele se tornou amigo do professor da escola dominical, e, em um dia em que os dois estavam conversando, em determinado momento, Bert, o vendedor de sempre, surpreendeu seu amigo dizendo que ele tinha como objetivo tornar-se um professor da escola dominical na igreja.

"Meu amigo ficou chocado", disse Bert. "Acredito que Deus havia colocado isso meu coração". Depois de algumas conversas com a equipe pastoral da igreja, decidiu-se que Bert — um homem que passou doze anos insistindo em não se envolver — começaria a ensinar uma turma sobre como se envolver. Que ironia!

"Deus tem um grande senso de humor", declarou Bert. "Ele basicamente disse para mim: 'Você está ensinando palavras. Agora quero que ensine *a* Palavra'. Ele tomou conta de mim e me transformou. No primeiro dia em que ensinei aquela turma, senti a presença de Deus desde o momento em que fiquei em pé diante deles. Sabia que era exatamente isso o que deveria fazer. E, daquele momento em diante, comecei a perceber uma vocação".

Depois de um ano, com a orientação do Senhor, Bert decidiu dar um passo ainda mais ousado. Ele deixou seu negócio para se envolver em um ministério cristão em tempo integral, o que, de acordo com seu planejamento, duraria apenas um ano. Hoje, passados vários anos, ele continua como ministro voluntário sem remuneração na Calvary Church. Ele recebe várias propostas para voltar para o mundo das vendas e fazer muito dinheiro, mas ele não tem nenhuma vontade de abandonar o que está fazendo.

"Acredito que nunca encontrei alguém tão materialista quanto eu", disse Bert. "A coisa mais importante para mim era ganhar dinheiro. Mas o Senhor Jesus me 'acertou em cheio'. Sou como um daqueles jogadores que recebem a bola no futebol americano corre pelo campo, mas é derrubado por um daqueles jogadores brutamontes da defesa. Eles tiveram de me tirar de maca. Agora, tudo o que quero fazer é estudar e ensinar a Palavra. Tudo isso é gratificante para mim. Só o Senhor Jesus pode operar esse tipo de transformação".

Posso dizer com gratidão que a história de Bert não é única. Por exemplo, dois outros homens na Calvary Church também participam de nossa equipe de obreiros como voluntários durante meio período. Eles também querem servir ao Senhor com força e visão renovada.

Como já disse, "descanso" não significa "inatividade"; mas ele certamente vem *antes* da atividade — e o descanso precisa vir depois da atividade também, como Keith e Melody descobriram.

UM LUGAR PARA "RECARREGAR"

Quando Keith, Melody e os três filhos retornam para Calvary Church de licença das tarefas missionárias com a *Wycliffe Bible Translators* [*Tradutores da Bíblia Wycliffe*] era para descansar e restabelecer as energias.

Os aspectos transculturais ao participar da igreja no sul das Filipinas — especialmente as barreiras da língua e as tradições — geram muito estresse. Keith e Melody dependem muito do apoio advindo da oração e da comunicação regular, principalmente dos *e-mails* de amigos com quem eles têm um relacionamento mais próximo na Calvary.

"Depois de alguns anos estamos prontos para voltar para casa", disse Melody. "Espiritualmente, você está pronto para voltar e ser alimentado por um tempo".

Eles anelam por uma igreja com música de adoração, um profundo ensino bíblico e um sólido ministério para homens e mulheres; mas, aquilo a que anseiam de forma especial é o refrigério espiritual. Melody admite que, durante os primeiros cultos após sua volta, ela apenas chora graças à mensagem inspirada por Deus e à recepção calorosa. Ela precisa descansar, ser recarregada, "para ser capaz de voltar e ser aceita como pessoa 'normal'", diz ela.

Keith e Melody são missionários desde 1981, e a Calvary Church é a casa deles nos Estados Unidos há décadas. Eles normalmente servem como missionários além-mar por três anos, depois retornam aos Estados Unidos por, no máximo, um ano. Como missionários, representando uma organização missionária baseada na fé, eles gastam boa parte do tempo levantando apoio financeiro e visitando membros da família e amigos.

A Calvary Church se comprometeu a promover descanso para a família de Keith e Melody no tempo em que estivessem em "casa". Como cortesia de amigos da igreja, esse ano essa família encontrou os armários da cozinha cheios e um carro na garagem de sua casa. Em vez de sentir pressão ou estresse para se envolver imediatamente no ministério da igreja, nós os encorajamos a tirar tempo para relaxar e se concentrar de novo em Deus.

"É muito restaurador e animador para a nossa vida", diz Keith. "Você recebe energia nova e começa a buscar maneiras de novamente começar a dar e se envolver no ministério", diz Melody.

A PAIXÃO DE DEUS POR DESCANSO

Filipenses 4.5 na versão Revista e Atualizada diz: "Seja a vossa moderação conhecida de todos os homens". Quando eu lia essa instrução na adolescência, pensava que Deus estava me ordenando que renunciasse solenemente à bebida alcoólica e permanecesse sóbrio. Mas não entendia o verdadeiro significado. A Nova Versão Internacional traduz este versículo da seguinte maneira: "Seja a amabilidade de vocês conhecida por todos". Isso significa basicamente uma coisa: *relaxe*!

Se existe um grupo de pessoas ansiosas que precisa prestar atenção a esse versículo, esse grupo é o de os cristãos comuns da igreja comum. Temos muita dificuldade em descansar. Precisamos aprender novamente a descansar no Senhor.

Paulo nos exorta a desenvolver um espírito amável, despreocupado, pronto a perdoar. Precisamos descobrir um modo de relaxar diante dos outros e de nos recusar a ficar agitados facilmente quando alguém diz algo indelicado ou ofensivo. Paulo chega a nos dizer como manter esse tipo de espírito. "Perto está o Senhor", ele nos lembra (Fp 4.5). O apóstolo liga nossa habilidade de relaxar, de descansar, à proximidade do Senhor.

De que forma Jesus está próximo? Os comentaristas defendem duas interpretações principais. Paulo pode estar se referindo à *parousia*, isto é, à vinda do Senhor em poder e grande glória. Essa interpretação certamente é razoável e possível, além de fornecer uma boa motivação para desenvolver e manifestar um espírito amável de uns para com os outros. Mas Paulo também pode estar simplesmente dizendo que o Senhor está perto, neste exato momento. Ele está presente entre nós o tempo todo.

Embora você entenda o versículo, a motivação fornecida pela idéia pode funcionar tanto no sentido positivo como no sentido negativo. Alguns acham que essa verdade é uma ameaça: "O Senhor está presente e sabe o que você está fazendo, seu desprezível; é melhor tomar cuidado". Mas não acredito que era isso que Paulo tinha em mente. Acho que ele quer nos incitar a desfrutar desse espírito de descanso. "O Senhor está aqui para ajudar você. Ele está próximo, não muito distante. Por isso, recorra a ele. Relaxe e descanse nele".

Mas isso não é fácil para nós, não é verdade? Descansar e deixar *tudo* com Deus, completamente — nosso futuro, nossos problemas, nossas provações? Só descansar e deixar "tudo" com ele? Quem consegue fazer isso?

No entanto, se Deus fala a verdade, deve ser possível.

Um dia, quando ainda era um jovem pastor, estava falando com uma mulher que se preocupava com tudo. Ela disse que daria tudo para parar de se preocupar.

— Muito bem — disse eu. — A Bíblia diz: "Não andem ansiosos por coisa alguma".

— Conheço este versículo — respondeu ela. — Mas continuo me preocupando.

— Mas a Bíblia diz: "Não se preocupe" — respondi. — Você pode dizer que isso é impossível, mas Deus diz em sua Palavra: "Não andem ansiosos por coisa alguma".

Ela abanou a cabeça, sorriu astutamente e respondeu:

— Você ainda é um pastor jovem e não conhece todas as dificuldades da vida. Você *precisa* se preocupar. Existem muitas coisas pelas quais você precisa se preocupar.

Pedi para ela mencionar as coisas que a preocupavam. Muitas das que ela mencionou ainda faziam parte de um futuro longínquo e era absolutamente impossível saber se essas dificuldades se tornariam realidade um dia. Outras preocupações se referiam a situações de um passado distante, e ela não podia fazer nada para mudá-las. Contudo, ela permitia que essas coisas continuassem a enxamear ao redor dela como nuvens de abelhas furiosas.

Então, o que podemos dizer a alguém que não consegue descansar na presença do Senhor?

Eu citaria a última parte de Filipenses 4.6, que diz: "com ação de graças". Estou convencido de que a solução para o descanso em Deus encontra-se na gratidão. Nossa expressão de gratidão a Deus serve como antídoto contra a ansiedade e o desassossego. Tenho observado homens e mulheres em meio a grande agonia clamar a Deus, agradecendo a ele e louvando-o por sua bondade no meio da provação, da dor e do sofrimento. E também tenho visto a raiva, a amargura e o ódio acumulado por anos simplesmente se dissolver e ser substituídos pelo descanso. Biblicamente, o descanso segue a gratidão. Se você tem tempo e energia para se preocupar, você tem tempo e energia para orar.

Deus leva essa questão do descanso muito a sério; não é uma escolha que podemos fazer ou deixar de fazer. Quando o Senhor ordenou guardar um dia em sete para descansar (Êx 23.12), ele o chamou de "santo" (16.23; 31.14) e ameaçou com morte todo aquele que o profanasse. Será que ele poderia falar mais sério do que isso? Séculos mais tarde, pouco antes de a Babilônia conquistar Judá e levar para uma terra estrangeira o povo acorrentado, Deus explicou que a desgraça ocorreria porque seu povo havia rejeitado suas instruções acerca do descanso (Jr 17.27).

Mesmo o Senhor Jesus, Filho do Deus Altíssimo, tratou de encontrar descanso para si mesmo e para seus seguidores. Marcos relata que depois de um dia bastante ocupado de ministério, com "muita gente indo e vindo, a ponto de eles não terem tempo para comer", Jesus disse a seus discípulos: "Venham comigo para um lugar deserto e descansem um pouco" (Mc 6.31). E ele continua dizendo a nós hoje:

> Venham a mim, todos os que estão cansados e sobrecarregados, e eu lhes darei descanso. Tomem sobre vocês o meu jugo e aprendam de mim, pois sou manso e humilde de coração, e vocês encontrarão descanso para as suas almas. Pois o meu jugo é suave e o meu fardo é leve (Mt 11.28-30).

Quão importante é para o Senhor que suas ovelhas encontrem descanso nos pastos seguros de nossas igrejas!

- Para *Moisés*, ele disse: "Eu mesmo o acompanharei, e lhe darei descanso" (Êx. 33.14).
- Para *Josué* e a nação de Israel, ele disse: "Mas vocês atravessarão o Jordão e se estabelecerão na terra que o SENHOR, o seu Deus, lhes dá como herança, e ele lhes concederá descanso de todos os inimigos que os cercam, para que vocês vivam em segurança" (Dt 12.10).
- Para *aqueles que morrem em Cristo*, ele disse: "'Felizes os mortos que morrem no Senhor de agora em diante'. Diz o Espírito: 'Sim, eles descansarão das suas fadigas, pois as suas obras os seguirão'" (Ap 14.13).

Mas Deus também tem palavras para os que se recusam a aceitar e desfrutar de seu descanso. Para seu povo desobediente, ele disse em certa ocasião: "'Este é o lugar de descanso. Deixem descansar o exausto. Este é o lugar de repouso!' Mas eles não quiseram ouvir" (Is 28.12). De que maneira Deus reagiu? Qual foi a palavra seguinte dirigida a eles? Infelizmente, parece uma descrição do que tem acontecido em tantas igrejas contemporâneas: "Por isso o SENHOR lhes dirá: 'Ordem sobre ordem, ordem sobre ordem, regra e mais regra, regra e mais regra; um pouco aqui, um pouco ali', para que saiam, caiam de costas, firam-se, fiquem presos no laço e sejam capturados" (v.13).

Temos quedas demais, feridos demais, presos no laço demais e escravidão demais. Deus deseja que descansemos; ele quer que encontremos esse descanso no pasto seguro de nossas igrejas.

DESCANSANDO NA PRESENÇA DOS INIMIGOS

A idéia do "pasto seguro" pode evocar imagens de um cenário idílico em alguma região bonita, longe dos problemas atuais, de possíveis calamidades ou tragédias passadas. A vida se torna uma caminhada com Deus no jardim chamado Éden e pode ser usufruída sem ansiedades, angústias, medos e dificuldades. Os problemas da vida são resolvidos, e a vida pode ser desfrutada.

Embora isso possa descrever o que nos espera no céu, certamente não é uma descrição bíblica para a vida aqui na terra. Se você fosse Moisés ou Josué vivendo na terra que foi prometida a Abraão, ou um apóstolo vivendo à luz do Cristo revelado, nunca houve a promessa de que você estaria livre das pressões do mundo e dos adversários em sua vizinhança. Os inimigos, prontos para devorar os filhos de Deus, rodeavam continuamente o pasto seguro prometido por Deus.

Davi, autor do Salmo 23, vivia sua vida solitária como menino pastor, cuidando e protegendo seu rebanho. Ele sabia o que significava manter seu rebanho tranqüilo em meio ao perigo. Mais tarde, Davi e seus homens foram perseguidos por Saul. Ele orou por proteção divina enquanto estava na presença de seus inimigos. Por isso, ele podia dizer a Deus: "Preparas um banquete para mim à vista dos meus inimigos" (Sl 23.5). Como podemos falar em "descanso" físico, emocional ou espiritual enquanto estamos correndo para salvar nossa vida?

Um pasto seguro na presença do inimigo requer uma perspectiva diferente da de um pasto seguro no jardim do Éden. A segurança desse pasto baseia-se na proteção e providência de Deus. Quando os pastores guardam seus rebanhos à noite, suas ovelhas permanecem totalmente dependentes deles para ter conforto e proteção. As ovelhas podem ouvir o uivar do lobo, "sentir" a aproximação do leão, ouvir o rugir de seus predadores e não ter outra proteção a não ser viver na presença de seu pastor para perceber a atenção carinhosa para com suas necessidades. A capacidade das ovelhas de descansar em um pasto seguro começa e termina com seu conhecimento e confiança em seu pastor. Assim, Davi começa o seu salmo com a declaração:

> O SENHOR é o meu pastor; de nada terei falta. Em verdes pastagens me faz repousar e me conduz a águas tranqüilas; restaura-me o vigor. Guia-me nas veredas da justiça por amor do seu nome (Sl 23.1-3).

A partir de sua compreensão do pastoreio, Davi afirma sua confiança e segurança no Senhor. Ele é capaz de descansar em pastos verdes porque desfrutou da orientação pessoal e do cuidado de seu Pastor enquanto passava com ele pelas experiências da vida. Para cear com Deus na presença dos inimigos, rodeado por eles, e encontrar descanso só é possível por meio de um relacionamento de confiança com o pastor. Podemos encontrar descanso na presença dos inimigos até mesmo quando:

- o câncer altera os sonhos terrenos pela esperança no céu;
- um emprego é perdido e não existe esperança imediata de se conseguir um novo trabalho;

- um adolescente passa por um período de rebeldia, e os pais precisam suportar a dor do amor não correspondido;
- uma casa é destruída pelo fogo.

Descansar na presença de meus inimigos significa que as questões fundamentais foram resolvidas:

- depositei minha confiança e esperança em Cristo como meu Salvador;
- sinto segurança no controle soberano de Deus em minha vida;
- creio em sua Palavra quando ele diz que nunca me deixará nem me abandonará;
- creio nas milhares de promessas que me asseguram de seu cuidado e amor constantes;
- dependo dessas promessas e vivo à luz de suas bênçãos e de sua paz;
- meu amor por Deus me motiva a fazer o que ele valoriza e julga importante.

Como uma ovelha descansa na presença de seu pastor, do mesmo modo podemos descansar diante da mesa de Deus. Nossa confiança está nele, e mesmo com as costas voltadas para os inimigos que nos rodeiam, desfrutamos de uma comunhão incomensurável porque ele é nossa esperança, nosso protetor, nosso Salvador, nosso provedor e nosso amigo. Por isso podemos descansar no pasto que ele provê e, seguramente, dizer com Davi: "Sei que a bondade e a fidelidade me acompanharão todos os dias da minha vida, e voltarei à casa do Senhor enquanto eu viver" (Sl 23.6).

DESCANSANDO NA PRESENÇA DE DEUS

Recentemente, ouvi a respeito de uma mulher em nossa igreja que estava prestes a passar por uma cirurgia do coração muito delicada. A Palavra de Deus foi uma grande fonte de conforto para ela nas semanas que precederam a operação, mas, quando ela foi para a cama na noite anterior à cirurgia, ela pensava nas possibilidades que a aguardavam.

Lá pelas 3h30 da madrugada, ela virou-se na cama para dizer ao marido que a graça e o descanso de Deus desceram sobre ela "na hora certa". Duas horas e meia mais tarde, quando chegou ao hospital, vinte e duas pessoas a saudaram no saguão; estiveram esperando pacientemente para orar com ela. Alguns minutos mais tarde, quando os assistentes do hospital apareceram para levá-la para a pré-cirurgia, um presbítero da Calvary, médico aposentado, estava lá para tranqüilizá-la. Na mesma hora, em uma sala três andares acima, vários membros da igreja haviam se reunido para orar por ela enquanto a cirurgia durasse e para dar apoio e força à família dela.

Descansamos na presença de Deus. Descansamos nas promessas de Deus. Mas também descansamos no apoio e na oração do povo de Deus.

Neste último domingo terminou uma longa semana emocionalmente exaustiva. Nos dias que o precederam, passei pelos altos e baixos de alegrar-me com os que se alegram e de chorar com os que choram. No ministério, muitas vezes nos sentimos como um esquizofrênico emocional.

Enquanto estava me preparando para pregar no primeiro culto, meus "homens de oração" se encontraram comigo e impuseram as mãos sobre mim. Eles oraram naquele momento e continuaram a orar durante todos os cultos. Senti a força e a presença de Deus enquanto proclamava a Palavra.

O descanso está à disposição e é encontrado por meio das orações do povo fiel de Deus, que por meio do Espírito ajuda a prover o "pasto seguro" que Deus deseja que seja desfrutado por todos nós.

De fato, vocês são a nossa glória
e a nossa alegria.

1TESSALONICENSES 2.20

5 Que meu coração cante

MINHA TIA ESTAVA MORRENDO de câncer. Um dia, durante minha visita, ela perguntou-me se estava disposto a pregar em seu culto fúnebre. Com temor no coração, concordei prontamente. Mas, como um jovem pastor, sabia que seria um desafio.

Vejam bem, minha tia Virginia ainda pertencia à igreja que meus pais haviam deixado há vários anos, quando o pastor informou a eles que as pessoas "renascidas" não eram bem-vindas. Eu sabia que o pastor não apreciaria minha presença nesse culto, quanto mais ver-me pregar. Dito e feito. Ele tentou frustrar o pedido de minha tia.

Finalmente, convenci esse pastor a não se opor ao desejo de minha tia (e de meu tio), e prosseguimos. Eu havia crescido com a maioria das pessoas presentes naquele funeral e o que vi no culto me chocou por um lado, mas me deixou maravilhado por outro. Ficou *muito* óbvio quem estava experimentando a alegria do Senhor e quem estava enfrentando a perda sozinho. Enquanto muitos enlutados choravam brandamente, outros pareciam estar fora de si, de tanta aflição. Percebi naquele dia que a alegria pode estar presente até mesmo em meio aos padecimentos da vida.

O pasto seguro cria um sentimento penetrante de alegria no meio do rebanho. As ovelhas e as crianças que crescem com um sentimento de separação do rebanho ou da família desenvolvem todo tipo de distúrbio. Eles se tornam ansiosos, carrancudos, retraídos... ou simplesmente maus. Certamente, eles nunca sentem a verdadeira alegria.

Mas os que encontram o pasto seguro não conseguem evitar se alegrar com a vida autêntica de que desfrutam. Não podem deixar de expressar seu prazer no modo como se relacionam uns com os outros e com Deus.

À PROCURA DE UM RUMO

Jody veio à Calvary Church, com o coração partido e pensando em suicídio, depois de seu marido ter sofrido um ataque cardíaco fulminante e morrido em seus braços. Estavam casados há cinco anos. Ela descreve seu breve casamento com Eric como um relacionamento extremamente feliz. Eles eram cristãos verdadeiros que consideravam um ao outro o melhor amigo. Os dois estavam constantemente juntos, visto que Eric trabalhava fora de casa. Jody, que sofre de esclerose múltipla e está incapacitada, confessa que não tinha amigos além de seu marido. Ela tinha 48 anos quando Eric faleceu.

Jody queria morrer, mas sabia que Deus não planejava isso para ela. Então, ela veio para a Calvary em busca de orientação e de uma possível razão por seu marido ter sido tirado dela quando a vida do casal havia apenas começado. Ela precisava de uma alegria para vencer a tristeza que ameaçava tomar conta dela.

"Cheguei aqui muito mal", diz ela. "Não conseguia encontrar o Senhor. Tudo o que conseguia fazer era chorar. Estava histérica, fora de controle. Ninguém, na verdade, sabia quão séria [a idéia sobre suicídio] realmente era. Minha vida já não fazia mais sentido. Tudo tinha acabado. Eric tinha partido e minha saúde já não era tão boa como quando o encontrei. Quem iria querer uma velha com esclerose múltipla?".

Mas, por meio do cuidado compassivo de várias pessoas da nossa igreja, Jody descobriu que sua vida realmente não havia acabado. Ela começou a participar da classe de escola dominical para solteiros e ficou surpresa em descobrir que essa classe não parecia um "clube social" semelhante a outros grupos de solteiros que ela conhecia. As pessoas ali pareciam realmente interessadas nela e oravam por ela. No primeiro aniversário da morte de Eric — data que ela não se recorda ter falado a alguém na classe — recebeu vários cartões, bexigas e telefonemas dos membros da igreja, que só queriam que ela soubesse que estavam pensando nela.

"Havia sinceridade neles", diz Jody. "Eles não queriam apenas saber como eu estava. Queriam saber qual seria a melhor maneira de orar por mim. Eles realmente queriam saber! Eles tinham entusiasmo, vibração e alegria".

Por meio dos relacionamentos sinceros que desenvolveu, bem como por meio da jovialidade dos participantes daquela classe de solteiros — muitos dos quais estavam passando pelo processo de divórcio ou enfrentando a morte de seus próprios cônjuges — Jody encontrou um novo lar, novos amigos que amavam o Senhor, um novo rumo e uma perspectiva para o futuro. Em resumo, ela encontrou alegria.

"Hoje sou capaz de olhar para o que aconteceu e sentir-me abençoada pelo tempo que vivi com Eric", diz ela. "Desde essa época, tento perceber, como o Senhor quer que olhe para tudo isso. Satisfaço-me com o que tenho".

A recém-descoberta alegria de Jody a ajudou a usar a história da morte de seu marido no ministério. Ela ministra várias vezes por semana em uma clínica para pessoas idosas, concentrando-se principalmente nas viúvas e viúvos. "Elas choram porque o cônjuge delas faleceu", diz ela. "Posso falar-lhes porque meu marido também faleceu".

É claro que Jody continua sentindo muita falta de Eric, e, embora seja doloroso falar abertamente acerca de sua partida prematura, também existe uma marca inconfundível de alegria em sua voz à medida que ministra aos outros que também estão sofrendo. Essa é a verdade acerca da alegria — ela pode vicejar e florescer mesmo nos solos mais áridos.

ALEGRIA: UM MANDAMENTO?

Às vezes, devido às provações e pressões, é quase impossível sentir-se feliz. Mas Deus não nos diz para sermos "felizes". Ele diz o seguinte: "Alegrem-se sempre no Senhor. Novamente direi: Alegrem-se!" (Fp 4.4).

Felicidade e alegria não são a mesma coisa, visto que a felicidade não é ordenada, enquanto que a alegria é. Deus nos diz claramente: "Alegrem-se!". Embora o autor de Filipenses, o apóstolo Paulo, estivesse passando por circunstâncias difíceis (prisão), e seus amigos de Filipos estivessem enfrentando perigos terríveis (perseguição), Deus não queria ocultar a alegria cristã como a marca da fé .

O que significa "alegrar-se"? Não acredito (nem você) que signifique contar uma piada. Também não acredito que signifique forçar um sorriso para ajudar alguém (embora não seja uma má idéia sorrirmos mais). O termo grego para essa palavra não se refere a uma felicidade que é proveniente de circunstâncias externas. Então, o que significa esse mandamento divino de "alegrar-se"?

Quer dizer que Deus provoca um borbulhar, no mais fundo de nosso coração, de um sentimento profundamente agradável que partilhamos com Jesus sempre que agimos de acordo com a vontade do Pai. Essa alegria centraliza-se em Jesus Cristo e faz com que em todos os momentos, em todas as circunstâncias, em todas as situações tenhamos grande prazer em Deus por meio de seu Filho. Não nos alegramos em nossas circunstâncias, mas *nele*. Essa alegria irrompe de dentro, não de fora. É por isso que normalmente não é difícil perceber a diferença entre os que se alegram verdadeiramente no Senhor e os que criam uma "fachada".

Gosto da descrição do autor John Piper acerca da alegria em seu livro *Desiring God* [*Desejando Deus*]. Piper insiste que existe uma diferença radical entre alegria e diversão, e para deixar isto claro, ele nos remete à experiência de Jesus Cristo nas horas que antecederam a sua crucificação:

> Creio que quando Jesus se levantou depois de sua última oração no Getsêmani, com a determinação de morrer, fluiu através de sua alma um sentimento glorioso de triunfo sobre a tentação daquela noite. Ele não disse: "A minha comida é fazer a vontade daquele que me enviou e concluir a sua obra" (Jo 4.34)? Jesus apreciava fazer a vontade de Deus como nós apreciamos uma boa comida. Seu alimento era terminar a obra do Pai; abandonar esse objetivo seria o mesmo que escolher morrer de fome. Creio que havia alegria no Getsêmani quando Jesus foi levado embora — não prazer ou riso, nada disso. *Mas existia um sentimento aprazível no coração de Jesus de que sua ação estava agradando a seu Pai, e que a recompensa que viria excederia toda a dor*. Esse sentimento profundamente aprazível é a alegria que ajudou Jesus a fazer por nós o que ele fez.[1]

Quem não sente uma verdadeira alegria ao cumprir uma promessa difícil, ou ao perseverar diante de um desafio, ou ainda ao persistir na determinação de restaurar um relacionamento deteriorado? Piper diz: "Sei que nos momentos da vida em que decidi fazer as boas obras mais difíceis, senti (mesmo sofrendo) uma alegria muito profunda em fazer o bem".[2]

Você já não sentiu esse mesmo tipo de alegria? Eu senti, e acredito que seja o tipo de alegria que Deus deseja para cada um de nós.

[1]Sisters: Multnomah, 1996, p. 115-6.
[2]Ibid., p. 115.

Talvez você possa dizer: "Mas não consigo me alegrar no Senhor. Se você soubesse o que está acontecendo em minha vida, entenderia por que não posso fazer o que você sugere". Mas esse tipo de objeção falha em compreender o objetivo de Paulo. Ele não está dizendo que devemos alegrar-nos em todas as coisas velhas, mas em alegrar-nos (ou regozijar-nos) *no Senhor*. Na língua original, o texto inclui a idéia de que devemos nos alegrar não na esfera das circunstâncias, mas em Cristo. Existe uma enorme diferença entre esses dois aspectos.

Qualquer um está sujeito a tornar-se infeliz se acha que deve alegrar-se em todas as circunstâncias. Vamos ao trabalho e percebemos que tudo deu errado, desintegrou-se, fracassou. Será que Deus espera que falemos: "Obrigado, Senhor, por ter sido despedido. Obrigado pelo fato de meu gerente ter amaldiçoado seu nome por dez minutos intermináveis. Eu te louvo por que alguém desviou todo o dinheiro de meu fundo de pensão e por que todos aqui zombam de seu Filho?". Se acreditamos que esse é o objetivo desse mandamento de Deus, estamos completamente enganados.

Nosso Senhor diz para nos alegrarmos *em Cristo*, não em nossas circunstâncias. Se nosso dia foi um completo desastre, mesmo assim podemos alegrar-nos nele. Deus nos diz para pensar nas coisas do alto, onde Cristo está sentado à direita de Deus. Nunca nos desapontaremos se nos concentrarmos no Senhor, e Deus deixa essa promessa explícita: "Então você saberá que eu sou o Senhor; aqueles que esperam em mim não ficarão decepcionados" (Is 49.23).

Essa é a forma certa de se alegrar!

Com que freqüência isso "funciona"? Com que freqüência devemos seguir essa direção? A Palavra de Deus diz: "Sempre". Anote isto: se não for "sempre", é porque desviamos os olhos de Jesus. Nunca deveria haver um período em que não podemos nos alegrar nele, mesmo quando as coisas se tornam difíceis. *Sempre*. Se desviarmos nossos olhos dele, não vamos nos regozijar nele nem ter uma vida marcada pela alegria.

Os crentes realmente podem regozijar-se no Senhor em todos os momentos. Não compreendemos plenamente o que significa alegrar-se no Senhor até entendermos que podemos nos alegrar mesmo quando nosso coração está sendo dilacerado. Podemos nos alegrar mesmo quando perdemos nosso melhor amigo. Podemos ter alegria diante de qualquer calamidade, porque as coisas do Senhor e o próprio Senhor nunca mudam. A força e a alegria no Senhor não advêm do entendimento sobre o que está acontecendo conosco, mas do quanto nos lembramos *dele*!

Há vários anos, durante uma série de testes, um submarino teve de ficar submerso por várias horas. Quando voltou para o porto, alguém perguntou ao capitão: "De que maneira a terrível tempestade da noite anterior afetou vocês?".

"Tempestade?", perguntou o capitão surpreso. "Nem ao menos ficamos sabendo que havia uma tempestade".

O submarino descera a tal profundidade que alcançou uma área conhecida pelos tripulantes como "travesseiro do mar". Embora ventos fortes possam açoitar a superfície do oceano com grandes ondas, as águas no fundo permanecem calmas e imperturbadas. Da mesma maneira, quando nos refugiamos na intimidade do Senhor, as perturbações externas simplesmente são incapazes de roubar nossa alegria.

UM DEUS PLENO DE ALEGRIA

Crentes saudáveis e igrejas saudáveis têm isto em comum: estão cheios de alegria. Irradiam alegria, não porque a situação sempre garante essa alegria, mas porque o Espírito de Deus está sempre vivo dentro deles.

A alegria pode manar do mais profundo de nosso ser, mesmo em tempos de grande tristeza e luto, porque nosso Deus é um Deus pleno de alegria. "O esplendor e a majestade estão diante dele", exclamou o rei Davi, "força e alegria na sua habitação" (1Cr 16.27). Visto que Davi caminhava com Deus, ele conhecia a alegria mesmo em tempos perigosos e circunstâncias difíceis. Ele se regozijava por Deus ter lhe dado a alegria de sua presença (Sl 21.6) e agradeceu a Deus regozijando-se e exclamando: "Tu me farás conhecer a vereda da vida, a alegria plena da tua presença, eterno prazer à tua direita" (16.11).

Qual era a base da alegria de Davi? A presença de Deus, encontrada na adoração.

É claro que esse segredo não era conhecido apenas por Davi. Vários séculos antes de seu tempo, enquanto os israelitas estavam no deserto, lemos o seguinte: "Saiu fogo da presença do SENHOR e consumiu o holocausto e as porções de gordura sobre o altar. E, quando todo o povo viu isso, gritou de alegria e prostrou-se, rosto em terra" (Lv 9.24).

Qual era a origem da alegria deles? Originava-se na presença de Deus, encontrada na adoração.

Muitos anos mais tarde, quando o Senhor trouxe seu povo de volta do cativeiro para recolonizar sua própria terra e reconstruir o templo, lemos: "Então o povo de Israel, os sacerdotes, os levitas e o restante dos exilados, celebraram com alegria a dedicação do templo de Deus" (Ed 6.16).

Qual era a origem de sua alegria? Ela também se originava na presença de Deus, encontrada na adoração.

Em toda a Bíblia, encontramos esse tema consistente de que a alegria pode ser encontrada na presença do Senhor no meio do povo de Deus. "Alegrem-se, porém, todos os que se refugiam em ti", diz o salmista, "cantem sempre de alegria! Estende sobre eles a tua proteção. Em ti exultem os que amam o teu nome" (Sl 5.11). De modo semelhante, o apóstolo Paulo diz aos tessalonicenses: "Como podemos ser suficientemente gratos a Deus por vocês, por toda a alegria que temos diante dele por causa de vocês?" (1Ts 3.9).

A alegria é a resposta natural dos que percebem que se reúnem em nome do Deus Altíssimo, criador dos céus e da terra: "Gritem bem alto e cantem de alegria, habitantes de Sião, pois grande é o Santo de Israel no meio de vocês" (Is 12.6). E essa alegria de Deus em sua presença pode misturar-se de maneira surpreendente com outras emoções, não tão agradáveis, como ocorreu com as mulheres que foram as primeiras a descobrir a ressurreição de Jesus no domingo pela manhã: "As mulheres saíram depressa do sepulcro, amedrontadas e cheias de alegria" (Mt 28.8).

Jesus planejou que suas ovelhas e sua igreja transbordassem de alegria, independentemente da situação em que estivessem. "Se vocês obedecerem aos meus mandamentos, permanecerão no meu amor, assim como tenho obedecido aos mandamentos de meu Pai e em seu amor permaneço", disse o Mestre pouco antes de voltar para o céu. "Tenho lhes dito estas palavras para que a minha alegria esteja em vocês e a alegria de vocês seja completa" (Jo 15.10,11). Essa expressão de alegria é tão crucial para a igreja, que Deus relata em sua Palavra: "Pois o Reino de Deus não é comida nem bebida, mas justiça, paz e alegria no Espírito Santo" (Rm 14.17). Por esse motivo, o apóstolo Paulo lembra aos coríntios: "Não que tenhamos domínio sobre a sua fé, mas cooperamos com vocês para que tenham alegria" (2Co 1.24).

A alegria que Deus dá por intermédio de sua presença no meio de seu povo é muito mais profunda do que a mera felicidade. Se isso não fosse assim, o salmista não poderia ter dito: "Quando a ansiedade já me dominava no íntimo, o teu consolo trouxe alívio (ou *alegria*) a minha alma" (Sl 94.19). O apóstolo Paulo também não poderia ter escrito aos coríntios: "Minha alegria transborda em todas as tribulações" (2Co 7.4).

Não pense nem por um momento que se trata de um mero palavreado teórico ou de uma propaganda teológica típica destinada a manter as ovelhas quietas (ou, pelo menos, fazerem-nas se sentir culpadas quando não ficam quietas). Deus realmente quer que seu povo e sua igreja sintam sua alegria, até mesmo em tempos difíceis. Sou lembrado disso enquanto escrevo.

ALEGRIA ATÉ MESMO EM MEIO À DOR

Tempos atrás, uma senhora especial de nossa igreja faleceu e foi ao encontro do Senhor. Sonya, a esposa de um antigo presbítero, exercera grande influência sobre a vida de muitas pessoas dessa cidade e além. Encontrei-a pela primeira vez quando considerava a possibilidade de pastorear a Calvary Church. No encontro dos presbíteros e suas esposas, comigo e minha esposa Susan, vi seu "sorriso legendário". Esse sorriso me impressionou profundamente e parecia que nunca deixava seu rosto.

Eu a vi pela última vez alguns dias antes de sua partida para a glória... e mais uma vez o sorriso dela me abençoou. Ela estava deitada na cama com os familiares; e o pessoal do hospital estava por toda parte, e eu pensei: *Meu Deus, como ela está bonita.*

Posso dizer que já ministrei e tenho estado com muitos pacientes de câncer ao longo dos anos, e a maioria deles dirá que não se *sente* muito bonita. Com freqüência, perdem o cabelo, emagrecem muito e muitas vezes admitem que se sentem feios. No entanto, Sonya irradiava beleza e uma amabilidade atraente que se originava da "alegria do Senhor". Sua paz em meio à dor produzia um resplendor que era inconfundivelmente belo.

Observei a alegria de Cristo na face de Sonya naquele dia, e também tenho visto o mesmo em outras pessoas que passam por situações semelhantes. É uma coisa autêntica. É a qualidade de vida em um crente e em uma igreja que permite as pessoas passar por cima de todas as dificuldades da vida e do ministério e seguir em frente. Foi a alegria proposta a Jesus que permitiu que suportasse a cruz, desprezando a vergonha (v. Hb 12.2).

Quando vejo um grupo de crentes com essa alegria, sei que não permitirão ser derrotados pelas coisas deste mundo; não brigarão em razão do estilo de música e das formas culturais; não vão lutar por seus "direitos", mas cederão voluntariamente à opinião dos outros; não se aterão ao que divide, mas escolherão seguir a Deus, que une a família (v. Ef 4).

Essa é a alegria que ajuda uma família a se reunir ao redor da cama de uma matriarca, que está pronta para entrar na glória do céu, e cantar, sorrir, chorar e animá-la a se entregar nos braços de Jesus.

Essa é a alegria que permite à pessoa ministrar em uma das áreas mais difíceis desse país e mundo, sem lamento nem desespero.

Essa é a alegria que permite a uma esposa com um casamento difícil não sucumbir à amargura nem ao ressentimento.

Essa alegria permite que uma criança de pais negligentes cresça e amadureça e se torne uma mãe ou pai exemplar.

Essa alegria pode crescer e florescer nos lugares mais obscuros. Ontem pela manhã recebi uma chamada telefônica, informando que um de nossos "recepcionistas", Larry, morrera de câncer depois de lutar contra essa doença por vários anos. Ele era um dos "recepcionistas" preferidos de minha família e desde o início ajudou-nos a nos sentir em casa. Nessa manhã, ouvi que um outro homem querido de nossa igreja havia morrido aos noventa anos. E passei todo o dia de ontem com uma mulher à beira da morte e com o marido dela, que é um de nossos amigos especiais. Em pouco mais de uma semana, creio que acompanharei não menos do que quatro funerais.

Será que é possível regozijar-se em situações tão difíceis como essas? É possível alegrar-se de alguma maneira em meio à dor, à doença e à morte?

Sim!

Existe grande alegria em saber que esses seres amados estão partindo para estar com Jesus, "o que é muito melhor" (Fl 1.23).

Existe uma enorme alegria em celebrar suas vitórias na fé, obtidas ao longo de muitos anos de serviço fiel.

Existe uma alegria inconfundível em ter participado da vida terrena deles.

Existe uma alegria genuína em olhar para frente a fim de nos reunir um dia com todos esses maravilhosos santos no mundo glorioso — sem lágrimas, nem tristeza, nem adeus.

ALGO EXTRAORDINÁRIO ACONTECE

Meu bom amigo Bob Pace diz com freqüência que o funeral de seu pai proporcionou uma das ocasiões mais alegres de sua vida.

"Nenhuma outra situação coloca você diante de sua mortalidade como o faz a morte do pai ou da mãe" diz ele. "É 'sua carne' que está deitada naquele caixão e é sua ligação biológica com aquela carne que deixa bem claro para você que um dia será a sua vez".

A natureza humana, por si só, deveria sentir medo e solidão diante da morte. Humanamente não é natural "sentir alegria" nesse momento. E, no entanto, o crente pode honestamente falar em alegria, conforto, paz e graça diante dos momentos finais. Palavras estranhas e contrárias à lei da natureza — a não ser que algo extraordinário esteja ocorrendo.

Na maioria das vezes, a família fixa um horário de "visita", um momento para receber amigos e pessoas queridas. A igreja prepara refeições, cuida das necessidades, senta com a família, chora e conforta. Esse é o momento em que os amigos mais íntimos preenchem o vazio ajudam você a passar pela tempestade e caminham com você pelo vale. Esse também é o momento em que você precisa de Deus e de sua promessa de esperança mais do que em qualquer outro momento da vida. E esse é o momento em que o Senhor vem:

> Bendito seja o Deus e Pai de nosso Senhor Jesus Cristo, Pai das misericórdias e Deus de toda consolação, que nos consola em todas as nossas tribulações, para que, com a consolação que recebemos de Deus, possamos consolar os que estão passando por tribulações. Pois assim como os sofrimentos de Cristo transbordam sobre nós, também por meio de Cristo transborda a nossa consolação (2Co 1.3-5).

A alegria que os crentes expressam em momentos de tristeza e perda advém da presença de Deus que se faz sentir e de sua *visitação* nesses momentos de necessidade. Essa manifestação de sua graça traz conforto ao coração, segurança à alma e paz que ultrapassa todo o entendimento e guarda o coração e a mente em Jesus Cristo. Dor extrema suplica por ajuda além de suas próprias capacidades.

A própria visita de Deus à igreja não apenas fornece o suave bálsamo da cura, mas o testemunho para a realidade da ressurreição e a esperança assegurada de que a pessoa amada está com ele na glória. Ruth Howel manifestou essa esperança como poucos crentes que já conheci.

Encontrei Ruth e Marshall Howell pela primeira vez há quase três anos e meio. Eles estavam começando a participar da Calvary Church e tinham pedido para encontrar-se comigo. Enquanto estávamos sentados e conversando em meu escritório, começaram a "despejar" sua história.

Eles aceitaram Cristo como seu Salvador, mas, depois de uma situação difícil em suas vidas, afastaram-se de Deus. Nesse tempo de rebeldia, Ruth fundou uma empresa e a transformou em uma das maiores empresas dirigidas por uma mulher nos estados da Carolina do sul e do norte.

Eles sabiam que deveriam voltar para o Senhor, mas continuaram a resistir a ele. Então, em uma cirurgia opcional, os médicos encontraram câncer em Ruth. Ela iniciou imediatamente o tratamento e com o marido começou a avaliar sua vida. Se não tivesse realizado a cirurgia opcional, esse câncer, que crescia rapidamente, tomaria conta de seu corpo em poucos meses.

Nunca esquecerei seu olhar quando me perguntaram: "Pessoas como nós, que se afastaram do Senhor, são bem-vindas na Calvary Church?". Eles acrescentaram que não tinham intenção de se envolver nem de estar no caminho de ninguém; eles só gostariam de adorar ao Senhor e crescer nele.

Convidei-os imediatamente para se unir ao restante de nós, seres humanos falhos, e crescer em Cristo.

Deus fez uma obra poderosa de graça e cura na vida deles, e os dois começaram a usar seus dons e talentos para tocar muitas pessoas. Na verdade, poucas pessoas sentiram o impacto que esses dois tiveram em um período tão curto.

Mesmo depois de o câncer em Ruth ter voltado, sua fé e alegria no Senhor eram evidentes. Enquanto estava no hospital para o tratamento, ela, muita vezes, visitava outros pacientes, levando seu porta-soro com ela.

Na última semana, Ruth foi se encontrar com seu Senhor e Salvador. Lágrimas e alegria tomaram a sala quando ela parou de respirar. Ela me havia dito que estava pronta para se encontrar com o Senhor, estava tão sedenta, que a primeira coisa que queria fazer quando chegasse no céu era tomar um grande gole da água da vida.

Ruth havia planejado seu próprio culto fúnebre. Ela queria que fosse uma celebração e testemunho do Senhor Jesus Cristo. Como cresceu em Nova Orleans, ela queria uma banda de jazz que mostrasse às pessoas a alegria de conhecer o céu. Assim, com uma carruagem puxada por cavalos, uma banda, cantores e dançarinos, celebramos e adoramos a Deus.

O que me tocou profundamente foi a alegria que tomou conta das pessoas quando tiveram sua atenção dirigida ao modo como devemos nos portar na presença de Deus. Medos, dúvidas e preocupações começaram a se dissipar à medida que pensamentos acerca de Deus e de sua presença, tomavam conta de nossa mente. Isso, sim, tem que ver com pasto seguro.

Mais tarde, naquela noite, depois do culto, passei para ver como Marshall e a mãe de Ruth estavam indo. Vovó Ruth tem andado com o Senhor por mais de sessenta anos. Ela olhou para mim e disse: "Pastor, estive em muitas igrejas em minha vida, mas nunca estive em um lugar como este. As pessoas estão sentindo o amor de Deus aqui — e é isso que importa. Quando elas virem o amor de Deus, serão atraídas a Jesus".

Talvez, como igreja e como um povo, pensei, *estejamos chegando lá... uma vida por vez.*

Assim, volto meu coração partido a Deus, grato por não me deixar nadar no luto nem afogar-me em tristezas seguidas. Em meio às lágrimas, ergo as mãos para o céu e clamo com o salmista:

> Mudaste o meu pranto em dança, a minha veste de lamento em veste de alegria, para que o meu coração cante louvores a ti e não se cale. SENHOR, meu Deus, eu te darei graças para sempre (Sl 30.11,12).

Sobretudo, amem-se sinceramente uns aos outros, porque o amor perdoa muitíssimos pecados.

1PEDRO 4.8

6 Realçando o amor e a graça

ANDY COOK CONTA A HISTÓRIA DE um soldado ferido que foi enviado a um hospital militar próximo. Quando o homem chegou à entrada do hospital, viu duas portas. Uma indicava: "Para ferimentos leves". A outra: "Para ferimentos graves".

Ele entrou pela primeira porta e caminhou até o final de um longo corredor, onde viu mais duas portas. A primeira dizia: "Para oficiais". A outra dizia: "Para soldados do exército". Ele passou pela segunda porta.

Outra vez, caminhou por um longo corredor que terminava diante de duas portas. Uma dizia: "Para membros do partido". A outra dizia: "Para não-membros". O soldado escolheu a segunda porta e subitamente percebeu que estava do lado de fora do hospital, na rua.

Depois de ter voltado para sua unidade, seus companheiros perguntaram:

— Como foi sua ida ao hospital?

Ele disse:

— Para falar a verdade, as pessoas ali realmente não me ajudaram muito. Mas acreditem, são muito organizadas![1]

Infelizmente, muitas de nossas igrejas seguem o exemplo frio desse hospital eficiente nessa história fictícia. Inúmeras vezes nos "aperfeiçoamos" em organização e sistemas, mas oferecemos pouca ajuda aos que vêm a nós sangrando e quebrados pelas batalhas da vida. Estamos armados até os dentes com programas atraentes, publicações cativantes, anúncios otimistas e análises demográficas avançadas, mas somos tristemente privados de pasto seguro.

Onde não existe pasto seguro, em pouco tempo cada conflito praticamente passa a ser um causador de cismas na igreja. As pessoas escolhem lados e se tornam leais a uma ou a outra facção. Os membros têm a tendência de não revelar seus problemas porque não querem se arriscar a ser "expostos" pelos rivais.

No entanto, onde existe pasto seguro, os crentes se esforçam para infundir amor e graça quando surgem as inevitáveis dificuldades. Eles sabem que "o amor cobre uma multidão de pecados" (1Pe 4.8; v. Tg 5.20), e estão dispostos a prover "cobertura" em vez de ser rápidos em "dar um jeito" nas coisas.

ELE NÃO MUDARIA NADA

Julie Atkins sempre teve orgulho de sua casa. Ela sentiu grande alegria quando, com seu marido, Richard, e suas três filhas, mudaram-se para aquela casa. Nos vários anos em que moraram ali, remodelaram, acrescentaram quartos e pintaram outra vez quase tudo para que a casa ficasse "perfeita". "Amava aquela casa", admitiu Julie.

Mas um dia, em um instante, a casa desapareceu em uma coluna de fumaça preta e densa. Alguns dias antes do Natal, uma lâmpada da árvore toda enfeitada explodira, transformando a casa de

[1]*The search for God's own heart*, Grand Rapids: Kregel, 2001, p. 61-2.

seus sonhos em um inferno. Apesar do esforço dos bombeiros e dos vizinhos, o fogo espalhou-se rapidamente, e eles não puderam salvar praticamente nada. Somente a família foi poupada.

"Quando cheguei do trabalho, a casa já estava sendo engolida pelas chamas", disse Richard. "Havia carros de bombeiros por toda parte, um caminhão com uma enorme escada na frente e muitas pessoas. Algumas reconheci como meus vizinhos; outras não sabia quem eram. A parte de trás da casa já havia sido queimada, e o calor era tão intenso, que os bombeiros não podiam permanecer ali".

A família dos Atkins começou a receber imediatamente amor e apoio de diversas setores — dos vizinhos (com alguns deles, Richard e Julie nunca haviam conversado), de pessoas da comunidade e de irmãos da igreja.

"Eu estava maravilhado", disse Richard. "Um pastor da Calvary estava lá. Os diáconos e presbíteros da igreja estavam lá também. Eles começaram a nos ajudar na mesma noite do incêndio. Como posso olhar para isso, sabendo que minha família havia sobrevivido e não estar cheio de alegria ao ver tanta gente se importando? O que mais me impressionou com relação a essa tragédia foi o fato de as pessoas terem tentado ajudar de todas as formas possíveis. Tudo aquilo de que minha família precisava naquela noite foi providenciado".

As bênçãos estavam apenas começando. Dois construtores e vendedores de casas da região ofereceram várias casas para que essa família pudesse morar temporariamente. Richard e Julie decidiram mudar-se para uma casa menor enquanto reconstruíam a que havia sido queimada. Alguns dias depois do incêndio, a família se mudou para essa nova casa com os poucos pertences que lhes restavam.

Eles não tinham como prever o que estava para acontecer em seguida.

"Minha melhor amiga, uma irmã da igreja, fora comprar camas para nosso quarto e para os quartos de nossas três filhas", disse Julie. "Quando nos mudamos, já havia lençóis nas camas, acolchoados, toalhas no banheiro, tudo. Ela organizou *tudo*. A cozinha estava mobiliada. Havia uma árvore de natal com um cenário natalino debaixo dela. Na cornija da lareira havia um quadro de nossa família. Em nosso banheiro havia objetos para a penteadeira, para maquiagem, sabonete. Quando abri a porta da despensa, havia mantimento. Quando abri a porta de debaixo da pia, havia produtos de limpeza. Todas as necessidades haviam sido supridas. Até mesmo meu cachorro e meu gato receberam ração e camas — tudo o que vocês puderem imaginar".

Hoje, Richard e Julie não mudariam nada do que aconteceu. Relacionamentos abalados foram resolvidos, lições foram aprendidas e o caráter foi desenvolvido. Eles aprenderam que ter uma casa perfeita não é nem de longe tão importante quanto ter um relacionamento íntimo com o Senhor. Além disso, eles aprenderam a receber.

"Ainda não sei de onde algumas destas coisas vieram", disse Richard. "Ganhei mais do que tinha antes. Recebemos vales-refeição, tudo o que se precisa em uma casa. Deram-nos tanto dinheiro, que mandamos um cheque para as vítimas do terremoto na Índia; parecia-nos errado ficar com aquele dinheiro. Provavelmente teríamos conseguido nos virar sem a ajuda das pessoas, mas não seria o mesmo. Qual deveria ser o papel de uma igreja? Aquilo que ela foi para nós".

O pasto seguro ajuda Deus a cuidar de suas ovelhas quando as tempestades vêm com fúria. Bens danificados e perdidos e memórias apagadas se tornam a base para o ministério no corpo de Cristo. O resultado é o amor expresso, conforto, encorajamento e louvor a Deus. Perda grande? Sim. Potencial para uma verdadeira devastação emocional? Sim. Mas, e quanto ao resultado ministerial? Pasto seguro para a alma.

UMA FAMÍLIA QUE SE IMPORTA

Deus nos chama para realçarmos o amor e a graça uns para com os outros no corpo de Cristo. A igreja deve ser uma verdadeira família que cuida de seus entes. Todos sofremos privações, oposição, reveses e dificuldades no mundo fora da igreja; precisamos estar aptos a participar da comunhão dos santos e receber a ajuda e o encorajamento de que necessitamos.

Sempre me questiono: o que poderia acontecer se por apenas um ano nós, como igreja, procurássemos obedecer a um breve texto do Novo Testamento? Esqueça o estudo de livros, mensagens com tópicos específicos, esboços biográficos ou uma série de ensinamentos práticos. Imagine que, por um ano inteiro, concentrássemos toda nossa atenção em cumprir um único texto de apenas três breves versículos. O que aconteceria a nossas igrejas se levássemos a sério o seguinte texto?

> Portanto, como povo escolhido de Deus, santo e amado, revistam-se de profunda compaixão, bondade, humildade, mansidão e paciência. Suportem-se uns aos outros e perdoem as queixas que tiverem uns contra os outros. Perdoem como o Senhor lhes perdoou. Acima de tudo, porém, revistam-se do amor, que é o elo perfeito (Cl 3.12-14).

O que aconteceria? Acho que você sabe. Se nós, na igreja, fôssemos viver de maneira coerente segundo esses versículos, não veríamos apenas milagres na igreja, mas uma multidão de pessoas do "lado de fora" clamando para "entrar".

O evangelista Luis Palau conta sobre um amigo pastor de Toronto, Canadá, que decidiu pôr em prática esse texto não só em sua congregação mas também em outras igrejas locais. No último domingo de cada mês, ele pega o dízimo de todo o dinheiro que a igreja recebe como oferta no culto matinal e o destina a uma outra igreja. Ele começou com a lista de todas as igrejas da cidade, iniciando sua campanha de doação com as congregações mais pobres, e agora está trabalhando com as não tão carentes.

Na segunda-feira cedo ele pega um cheque, dois dos seus diáconos, e bate à porta da igreja vizinha: "Olá, pastor", diz ele.

"Sou o pastor Davi da Igreja X. Esses são dois de nossos diáconos. Ontem recebemos uma oferta e este cheque é para você. Deus o abençoe".

Fale de reavivamento! Imagine qual não seria sua surpresa se, em uma segunda-feira cedo, um pastor local (um concorrente seu) aparecesse diante de *sua* porta com um cheque e dissesse: "Esse é o dízimo da oferta de nossa igreja. Oramos por você no domingo pela manhã. Deus o abençoe! Aqui está o cheque!".

No entanto, em essência, tudo o que esse pastor fez foi encontrar uma maneira singular de praticar o mandamento de Deus para que a igreja se torne o agente que "realça" o amor e a graça. Ele está ensinando seu rebanho a aplicar Romanos 15.1-3 no mundo real:

> Nós, que somos fortes, devemos suportar as fraquezas dos fracos, e não agradar a nós mesmos. Cada um de nós deve agradar ao seu próximo para o bem dele, a fim de edificá-lo. Pois também Cristo não agradou a si próprio, mas, como está escrito: "Os insultos daqueles que te insultam caíram sobre mim".

Em seu livro *Seeking the face of God* [*Buscando a face de Deus*], o autor Gary Thomas nos lembra acertadamente que amor e graça são marcas de maturidade espiritual, quer na vida de um indivíduo quer na vida de uma igreja. "Maturidade espiritual", diz ele, "quer dizer que buscamos viver um cristianismo autêntico enquanto procuramos ser graciosos com os outros. Quando sabemos que fomos perdoados e não estamos nutrindo pecado em nosso coração, não é difícil oferecer uma palavra de cura e graça a outras pessoas que estão passando por dificuldades".[2]

Esse conselho também se aplica aos que estão lutando com o pecado, com a doença ou com qualquer outro tipo de dificuldade da vida nesse mundo decaído.

[2]P. 137.

À BUSCA DE UMA IGREJA ACESSÍVEL

A principal preocupação de Paula Ladnier, quando visita uma igreja, é ver se sua filha extrovertida de nove anos, Rachel, pode entrar facilmente com a cadeira de rodas. Isso significa que uma igreja precisa ter um estacionamento para deficientes físicos, elevadores, amplos corredores, rampas e outras facilidades. Para ela, o entusiasmo da igreja acerca da Bíblia e um relacionamento cada vez mais íntimo com Deus precisa estar associado à acessibilidade para o "deficiente".

Na Calvary Church, Paula, seu marido, Mark, e seus três filhos acreditam que encontraram a igreja que sempre desejaram. É claro que nem tudo é positivo. Algumas pessoas da igreja arregalaram os olhos ou mostraram certo receio quando viram Rachel, uma tetraplégica com paralisia cerebral. Paula gostaria de ver bebedouros acessíveis a pessoas em cadeiras de roda e voluntários para ajudar Rachel na escola dominical e no culto infantil para que ela não dependesse tanto de sua irmã mais velha, Emily.

Mas ela reconhece que a Calvary tem feito um esforço consciente a fim de ministrar às pessoas com deficiência física e às famílias delas. Por meio da ênfase da igreja em Deus, nas Escrituras, na comunidade e no ministério, o casal e seus filhos (incluindo Mateus de cinco anos) estão se desenvolvendo em seu relacionamento com Deus. Eles também estão vendo outras pessoas dispostas a participar do ministério para deficientes.

Mark olha para nosso santuário e diz: "Sei que é enorme e que é cor-de-rosa, mas eu me recordo das experiências que tivemos ali. Eu fiquei maravilhado pela presença do Espírito Santo, ao entrar no santuário". Desde o início ele tem observado os pequenos detalhes, por exemplo, aqueles que, alegremente, abriam as portas e acompanhavam sua família até os elevadores.

Os Ladniers começaram a participar da Calvary há alguns anos, depois de ficarem insatisfeitos com a doutrina da igreja na qual se casaram e que freqüentaram por anos. O nascimento de

Rachel causou um grande abalo em seu relacionamento com Deus à medida que aprendiam a depender dele durante o sofrimento. E Rachel — que ainda bem nova concluiu que Deus pedira a ela que fosse paralítica para ele — é considerada pela família como um presente de Deus, porque ela causa enternecimento na vida de muitas pessoas. Na verdade, Paula e Mark brincam que Rachel conhece mais pessoas da igreja do que eles.

A família descobriu a Calvary depois de participar de um jantar natalino para deficientes e suas respectivas famílias, patrocinado pelo "Ministério Lucas 14" de nossa igreja. A primeira vez em que participaram, uma mulher sentada ao lado de Rachel deu de comer a ela. Dessa maneira, Paula teve a chance de comer sem ser interrompida. "Isso foi uma alívio tão maravilhoso para mim", lembra Paula. "Não pude acreditar que alguém que não conhecia Rachel faria algo assim. Foi um gesto muito nobre, porque pude comer sem me preocupar com minha filha".

Os Ladniers continuaram a perceber essa disposição de aceitar e servir quando decidiram colocar Rachel na escola dominical. Paula ficou impressionada com o caráter afável da professora. "Olá, Rachel", disse a professora, "entre!". Para Paula, isso foi muito diferente das experiências negativas que tivera em outras igrejas. Ela suspira quando lembra de uma escola bíblica de férias, em que a professora perguntou para Rachel — diante de toda classe — se ela podia comer a mesma comida dos outros e se ela precisava de cuidados especiais para ir ao banheiro.

"Você acaba ficando nervosa ao passar por essas coisas", diz Paula. "É difícil quando você não tem uma deficiência, e é mais difícil quando você a tem, imaginando que você não será aceito. Acredito que o que a ceia do "Ministério Lucas 14" tem feito para a Calvary é tornar as pessoas mais acessíveis às portadoras de deficiência. As pessoas sentem-se mais à vontade. Não têm tanto medo".

Os Ladniers também estavam procurando uma igreja que estivesse disposta a abrir espaço para mais ministração às pessoas com certa limitação. Paula tinha liderado um grupo de oração para mães de pessoas com limitação na igreja anterior e, quando sua família veio à Calvary, ela perguntou se podia começar um grupo aqui. Sem muita delonga, a igreja cedeu a ela uma sala e um dia para essas reuniões, que normalmente atrai cerca de quinze mães.

Mark diz que continua sentindo-se maravilhado com os ministérios na Calvary centrados em Deus, não só para os deficientes, mas também em relação a outros ministérios. Isso, somado ao enfoque nas Escrituras e na oração, tem mudado seu relacionamento com Deus. Esse casal também quer contar a outras pessoas, especialmente a famílias com deficientes, acerca de Deus e de nossa igreja.

"O tamanho e a cor do santuário realmente nos mantiveram afastados", diz ele. "Lamento ter perdido tantos anos, deixando de fazer parte de uma igreja centrada em Deus e na Palavra".

AMEM UNS AOS OUTROS

O que estou advogando, obviamente, não é nenhuma novidade. Está a anos-luz da última moda. Mas talvez seja a coisa mais radical que possamos fazer na igreja a fim de revitalizar nossos ministérios e nos tornar o sal e a luz que Deus quer que sejamos.

Talvez esteja na hora de não procurarmos os ministérios mais recentes, maiores e cientificamente pesquisados e testados, mas de nos lembrar dos mandamentos básicos que Deus já nos deu. Ele nos diz para:

- *Amar uns aos outros*: "Um novo mandamento lhes dou: Amem-se uns aos outros. Como eu os amei, vocês devem amar-se uns aos outros. Com isso todos saberão que vocês são meus discípulos, se vocês se amarem uns aos outros" (Jo 13.34,35).
- *Dedicar-se uns aos outros*: "Dediquem-se uns aos outros com amor fraternal" (Rm 12.10).

- *Preferir dar honra aos outros*: "Prefiram dar honra aos outros mais do que a si próprios" (Rm 12.10).
- *Cuidar uns dos outros*: "Compartilhem o que vocês têm com os santos em suas necessidades" (Rm 12.13).
- *Viver em harmonia uns com os outros*: "Tenham uma mesma atitude uns para com os outros" (Rm 12.16).
- *Agir com humildade uns com os outros*: "Não sejam orgulhosos, mas estejam dispostos a associar-se a pessoas de posição inferior. Não sejam sábios aos seus próprios olhos" (Rm 12.16).
- *Aceitar uns aos outros*: "Portanto, deixemos de julgar uns aos outros" (Rm 14.13).
- *Concordar uns com os outros*: "Concordem uns com os outros no que falam, para que não haja divisões entre vocês; antes, que todos estejam unidos num só pensamento e num só parecer" (1Co 1.10).
- *Servir uns aos outros*: "Sirvam uns aos outros mediante o amor" (Gl 5.13).
- *Perdoar uns aos outros*: "Sejam bondosos e compassivos uns para com os outros, perdoando-se mutuamente, assim como Deus os perdoou em Cristo" (Ef 4.32).
- *Ministrar uns aos outros*: "Falando entre si com salmos, hinos e cânticos espirituais, cantando e louvando de coração ao Senhor, dando graças constantemente a Deus Pai por todas as coisas, em nome de nosso Senhor Jesus Cristo" (Ef 5.19,20).
- *Sujeitar-se uns aos outros*: "Sujeitem-se uns aos outros, por temor a Cristo" (Ef 5.21).
- *Suportar uns aos outros*: "Suportem-se uns aos outros e perdoem as queixas que tiverem uns contra os outros" (Cl 3.13).

- *Exortar uns aos outros*: "Exortem-se e edifiquem-se uns aos outros" (1Ts 5.11).
- *Incentivar uns aos outros*: "E consideremos uns aos outros para nos incentivarmos ao amor e às boas obras" (Hb 10.24).
- *Viver em harmonia uns com os outros*: "Quanto ao mais, tenham todos o mesmo modo de pensar, sejam compassivos, amem-se fraternalmente, sejam misericordiosos e humildes. Não retribuam mal com mal, nem insulto com insulto; ao contrário, bendigam" (1Pe 3.8,9).
- *Ser mutuamente hospitaleiros*: "Sejam mutuamente hospitaleiros, sem reclamação" (1Pe 4.9).

Deve ser bem mais fácil implementar um novo programa ou tentar um novo método de evangelização do que viver o "uns aos outros" que Deus já ordenou à igreja — e nada "funciona" tão bem quanto o original. Então, por que não tentar? Bill Harding está feliz porque vários amigos cristãos decidiram colocar o "uns aos outros" em prática.

UM MINISTRO A QUEM SE MINISTRA

Bill e Elaine Harding passaram a maior parte de seus 49 anos juntos, como uma equipe ministerial. Na Etiópia, nos Estados Unidos ou no lar, eles serviram a Cristo, aconselhando, consolando e ensinando outras pessoas. Exceto pelo tempo que serviram como missionários na Etiópia, o casal morou a maior parte do tempo na cidade natal. Depois de retornar do campo missionário, Bill viajou por todos os Estados Unidos, como parte de seu trabalho missionário, e Elaine organizou e liderou um estudo bíblico para mulheres. Centenas de mulheres participaram dos estudos em diversas oportunidades, e Bill, por meio de sua obra missionária, tocou muitas vidas em sua comunidade.

Mas quando um câncer foi diagnosticado em Elaine um ano antes de seu qüinquagésimo aniversário de casamento, eles precisaram que sua igreja ministrasse a eles. "Diáconos, presbíteros, pastores e outras pessoas sempre estavam em nossa casa, orando conosco e ministrando para nós", disse Bill. "Eles serviram de apoio emocional e todos ali se uniram a nós".

Depois da cirurgia inicial e subseqüente quimioterapia, parecia que Elaine se recuperaria. "Achávamos que a cirurgia tinha sido um sucesso", disse Bill. Mas o câncer reapareceu nos pulmões, e ela morreu em 29 de novembro de 1999, oito meses antes de completar cinqüenta anos de casamento. O apoio que tinha sido tão evidente durante a doença de Elaine surpreendeu Bill nas semanas após a morte de sua esposa.

"Todas as pequenas coisas significaram muito", disse Bill. "As pessoas sempre estiveram presentes e nos serviram no período que culminou com a morte da Elaine e, principalmente, nos dias e semanas seguintes. Algumas pessoas vieram até nossa casa apenas para estar conosco. Eles não precisavam dizer nada enquanto estavam lá. Sabíamos que eles se importavam pelo simples fato de aparecer em nossa casa. Certamente fomos amados".

Três dias depois da morte de Elaine, mais de mil pessoas participaram do culto em sua memória na Calvary. Bill ficou de pé para receber as pessoas por quase três horas — mas ele não estava lá sozinho. Eu não poderia permitir isso. Fiquei ao lado dele, tentando atender a suas necessidades, confortando-o e encorajando-o.

"O pastor estava bem do meu lado", contou Bill a seu amigo. "Os amigos continuavam chegando, e ele me pastoreou naquela noite. Ele ficou comigo, perguntando se eu precisava de uma cadeira para sentar ou se tinha sede. Nunca me esquecerei disso".

Posteriormente, várias mulheres da Calvary prepararam um lanche. Parecia um fato ocorrido no tempo de Jesus, quando ele alimentou uma multidão. Havia mais do que o suficiente.

"Também fui auxiliado de um modo pessoal por uma série de pessoas naquela época", disse Bill. "Senti a presença de Deus".

Não é esse o objetivo?

E consideremos uns aos outros
para nos incentivarmos ao amor
e às boas obras.

HEBREUS 10.24

7 Deixando de ser invisível

A MAIORIA DE NÓS SENTE UM conflito vociferando em nosso coração: o desejo de permanecer anônimo (e, portanto, "protegido" de mágoas), e, ao mesmo tempo, um anseio por relacionamentos profundos (em que podemos ser conhecidos e amados da maneira mais completa possível). Desde o tempo em que Adão e Eva se cobriram com folhas de oliveiras e se esconderam de Deus, essa batalha interior "é travada" em nós. Por isso, é sempre uma batalha nas "igrejas movidas por programas" fazer as pessoas "sair das sombras" e participar da vida da igreja.

Mas quando encontram um pasto seguro, a batalha vai diminuindo e começam a optar por relacionamentos. Vêem amizades reais e saudáveis vicejando por toda parte e passam a procurar desenvolver seus próprios relacionamentos. Assim, acabam fortalecendo-se e tornando-se doadoras da graça divina a outras pessoas.

DISPOSTOS A DESAPARECER

Como presbítero de uma igreja que passou por cismas três vezes em dois anos, Ron King queria que sua próxima igreja fosse um lugar onde pudesse simplesmente sentar no banco, passar uma hora no anonimato aos domingos pela manhã e ir para casa. Ele estava cansado das desavenças da igreja e das "pessoas que se diziam cristãs, mas que faziam coisas que não considerava muito cristãs". Quando a agitação de sua igreja alcançou a ele e sua esposa, Bárbara, Ron decidiu que estava disposto a tentar se ocupar com uma igreja do tamanho da Calvary.

"Estávamos feridos", disse Bárbara. "Estávamos magoados e arrasados; decidimos que queríamos ir a algum lugar e nos perder na multidão".

Isso acabou não sendo fácil. O casal já estava participando do estudo bíblico para homens e mulheres na Calvary e ficaram impressionados com o apoio em oração das pessoas que conheciam as dificuldades da igreja deles. Eles, na verdade, simplesmente oraram muito por nós enquanto estávamos no meio daquela confusão", disse Bárbara.

Quando o casal decidiu permanecer na Calvary, o apoio em oração e o encorajamento continuaram. As pessoas os convidaram a passar algum tempo desenvolvendo relacionamentos, quer lavando vidraças em um dia de trabalho na igreja quer dividindo responsabilidades com os companheiros. Tudo isso era bem diferente do que eles haviam observado nas igrejas que freqüentaram anteriormente.

"O tamanho da igreja não tem nada que ver com isso", diz Ron hoje. "Trata-se do modo pelo qual você se liga às pessoas e elas se ligam a você. Não importa quão interessado você esteja ou quão dedicado você seja, se as pessoas basicamente o ignoram, você é um solitário. Infelizmente existem muitas igrejas que encorajam o desenvolvimento de 'panelinhas' ou grupinhos".

A ligação desse casal com os amigos na Calvary tornou-se ainda mais forte quando a filha de 37 anos, Cindy — uma cristã ativa, que Ron e Bárbara descreviam como "uma pessoa que mantinha a família unida", uma mulher vibrante que planejava reuniões em família e mantinha contato com um grande número de parentes —, subitamente morreu de meningite. Em vez de lidar sozinho com o choque e a dor da morte de Cindy, o casal sofrido viu-se cercado pelo amor e apoio de amigos.

As mulheres do estudo bíblico de Bárbara queriam conhecer a vida de Cindy. Elas vieram para o almoço, e Bárbara foi buscar as roupas mais antigas de bebê de sua filha e álbuns com fotos. "Achei isso tão maravilhoso", disse Bárbara. "Elas estavam tão interessadas em conhecer mais a respeito de Cindy".

Pessoas que esse casal mal conhecia vieram ao encontro deles na igreja, dizendo que estiveram orando por eles. Na época, visto que Bárbara e Ron estavam cansados e tristes, saber que as pessoas da igreja se importavam verdadeiramente com eles, isso os incentivou a continuar participando dos cultos, mesmo quando não estavam muito animados.

"Continuamos a participar, embora, às vezes, a dor fosse tão forte, que eu chorava durante todo o culto", disse Bárbara. "Mas persistimos em vir assim mesmo. Eu queria estar aqui pois sabia que éramos amados. Essa, provavelmente, era a única razão pela qual insistia. Sabia haver pessoas ali que nos queriam bem e que estavam orando por nós".

POR QUE PERMANECER INVISÍVEL?

Por que tantos preferem permanecer separados e anônimos, entrar e sair "escondidos" da igreja? Às vezes isso é resultado de mágoas e maltratos, como aconteceu com Ron e Bárbara King; queremos só "dar um tempo", sem sentir que estamos abandonando a Deus. Outros permanecem na periferia porque não querem "expor-se" e ser arrastados para alguma atividade que detestam. Outros, simplesmente porque não sabem o que fazer.

Independentemente dos motivos por trás de nosso desejo de permanecer "invisíveis", um desejo competitivo e mais profundo gentilmente nos arranca da escuridão e nos leva à verdadeira luz. Por mais que possamos gostar do anonimato, detestamos a solidão — e quem é mais solitário do que a pessoa "invisível"?

A pessoa "invisível" pode evitar aborrecimentos, mas também se afasta de ligações significativas. Ao evitar possíveis mágoas, a pessoa "invisível" elimina qualquer possibilidade de relacionamentos que enriquecem a vida. O mestre de Eclesiastes resume esse dilema como ninguém:

> Se um cair, o amigo pode ajudá-lo a levantar-se. Mas pobre do homem que cai e não tem quem o ajude a levantar-se! E se dois dormirem juntos, vão manter-se aquecidos. Como, porém, manter-se aquecido sozinho? Um homem sozinho pode ser vencido, mas dois conseguem defender-se. Um cordão de três dobras não se rompe com facilidade (Ec 4.10-12).

Os anônimos normalmente são pessoas que não têm amigos e, embora não precisem lidar com eventuais aspectos confusos dos relacionamentos humanos, eles também não desfrutam dos aspectos auto-realizadores e prazerosos das ligações pessoais profundas. Eles não conseguem compreender o que o escritor de Provérbios tinha a intenção de dizer quando escreveu: "O amigo ama em todos os momentos; é um irmão na adversidade" (Pv 17.17). Essas pessoas não conseguem aceitar a verdade que aquele que "tem muitos amigos pode chegar à ruína, mas existe amigo mais apegado que um irmão" (18.24). Elas têm grande dificuldade em entender que aquele que "fere por amor mostra lealdade, mas o inimigo multiplica beijos" (27.6).

Se alguém perguntasse a você: "Você tem um amigo que ama em todos os momentos?", o que você diria? Deus realmente quer que tenhamos e desfrutemos esses amigos dentro da igreja. Assim, se alguém lhe pedisse para apontar um amigo cristão que é "mais apegado do que um irmão", você teria alguém que pudesse citar?

Debbie não podia.

SAINDO DA PERIFERIA

Debbie e sua família participavam regularmente das programações da Calvary. Mas quando uma outra mulher da igreja perguntou a Debbie quem eram suas amigas (ou com quem ela passava seu tempo), ela precisou responder honestamente: "Não tenho amigos".

Essa conversa, que ocorreu há alguns anos, despertou em Debbie a necessidade de sair da sombra e ir ao encontro de outras mulheres na Calvary que deram a mesma resposta. Ela estava curiosa para descobrir se não poderia fazer algo para que outras mulheres não se sentissem tão solitárias em uma cidade e igreja novas, como acontecera com ela. Portanto, ela começou a ponderar sobre como poderia ajudar a criar relacionamentos significativos entre as mulheres da Calvary.

Hoje, ela é responsável por um café mensal para mulheres recém-chegadas. Ela e outras voluntárias nesse ministério respondem perguntas acerca da igreja e seus ministérios e oram umas pelas outras. Um dos aspectos mais importantes desse encontro ocorre após o encerramento "oficial", quando Debbie e suas colegas respondem a todas as perguntas que as recém-chegadas possam fazer, desde onde fica o centro comercial mais próximo até preocupações acerca dos filhos. Essas voluntárias convidam as mulheres recém-chegadas a participar de um café, almoço ou jantar. Quando vêem mulheres recém-chegadas na igreja, cumprimentam-nas e convidam-nas para se sentar com elas durante o culto. Cerca de vinte mulheres participam do café da manhã mensal e uma reunião semelhante começou recentemente à noite para mulheres que não podem participar da reunião matinal.

Brenda, que ajudou a formar o grupo com Debbie, diz que perceberam a importância de usar o café para as recém-chegadas como uma maneira de formar relacionamentos, não apenas para criar um outro programa na igreja. Elas nunca usam o grupo como uma forma de recrutar alguém para se tornar membro da igreja.

"Quando nos mudamos para Charlotte, acho que a maioria de nós percebeu que a coisa mais importante que deixamos para trás foram nossos relacionamentos", disse Brenda. "Não foi um cargo, não foi um lugar aonde ir. Foram os relacionamentos. Não foi o prédio; foram as pessoas que deixamos para trás. Percebemos que as pessoas são a parte mais significativa quando nos envolvemos em uma igreja".

Hoje Debbie se sente bem diferente da pessoa que era na época em que começou a participar da igreja. Suas filhas são agora pré-adolescentes e adolescentes. "Esta é uma fase muito importante", diz ela. "Você conhece pessoas em quem pode confiar graças à ligação com Cristo, mas com quem você não precisa manter uma amizade diária. A questão realmente é: 'Para quem precisamos telefonar hoje?'".

CRISTÃOS OU PESSOAS RELIGIOSAS?

As profundas relações que uma igreja saudável promove entre seus membros parecem funcionar, e funcionam, de um modo bem diferente dos relacionamentos desenvolvidos entre pessoas meramente "religiosas". Relacionamentos agradáveis, "doadores de vida", preenchem o vazio na vida daqueles que os desenvolvem. Esses relacionamentos certamente não fazem ninguém se sentir pior.

Uma das principais maneiras de identificar uma congregação espiritualmente madura é observar a diferença entre ligações "religiosas" e relacionamentos verdadeiramente "cristãos". Pense na análise fornecida por um pastor da cidade de Nova York:

> Um cristão é alguém que sempre vê seu pecado como uma trave e os pecados dos outros como ciscos. Pessoas religiosas, no entanto, sempre vêem seus pecados como ciscos e os pecados dos outros como trave. Essa é a razão por que as pessoas sempre fazem você se sentir pior e condenado. Esse também é o motivo por que o cristianismo é sal e luz.

> Quando digo que a bondade do evangelho é atraente, refiro-me à *bondade* do evangelho. Não estou falando do evangelho em si. O evangelho continua sendo repulsivo às pessoas. No momento em que você abre a boca para falar do que crê, logo se encontra em alguma dificuldade. Eis a diferença.
>
> Se você traz a bondade do evangelho em si mesmo, você nunca age de modo superior nem se sente superior a ninguém, principalmente com respeito àqueles que são diferentes de você. Por isso, a sua atitude em relação à cidade de Nova York é uma das melhores maneiras de provar se você é um cristão ou uma pessoa religiosa. Ao observar a cidade de Nova York, verá duas coisas. Antes de tudo, algumas delas se desintegrando. As pessoas religiosas dirão: "Quem vai querer morar aqui?". Isso mostra que você não tem nenhuma "salinidade". Pessoas religiosas olham ao redor e dizem: "O que essas pessoas têm de errado?". Isso, na verdade, equivale a dizer: "Meu pecado é um cisco, e o seu é uma trave". Além disso, quando você começa a olhar mais para essa cidade, uma das coisas que chama sua atenção é que existem aqueles que não seguem os Dez Mandamentos. Os cristãos não são repelidos por isso, mas as pessoas religiosas são.[1]

Nosso objetivo na igreja sempre deve ser encorajar e estimular o crescimento de cristãos, não de simples religiosos. Será possível que, às vezes, alguns permaneçam na "periferia" da igreja por perceber mais religião do que realidade? Talvez tenham tentado sair da periferia e se expor, mas imediatamente tenham se sentido piores, quando um religioso "carola" apontou para uma trave que parecia estar no olho dessas pessoas.

No entanto, o que ocorre quando os que estão na periferia começam a ver relacionamentos *verdadeiros* entre indivíduos que realmente amam a Cristo e uns aos outros? Por quanto tempo você acredita que essas pessoas querem permanecer invisíveis?

[1]KELLER, *The inside-out kingdom*, p. 45.

DEIXANDO DE SER ANÔNIMA

Uma jovem mãe solteira com três filhos veio para a Calvary em circunstâncias traumáticas. Rebeca escapara por pouco de um relacionamento com um homem perigoso que, segundo suspeitas do FBI, matara outras namoradas (por dinheiro); ela queria muito começar uma vida nova. Rebeca tentara participar de uma outra igreja local, mas disse: "Estivemos nessa igreja por quase quatro meses e não me relacionei com uma única alma. As pessoas não falavam umas com as outras".

Um dia, enquanto estava no trabalho, um homem entrou para tratar de negócios no escritório em que ela trabalhava e perguntou qual igreja ela freqüentava. Quando ela descreveu sua situação, Jeremy sugeriu que ela tentasse a Calvary.

—Você quer dizer aquela igreja enorme?— perguntou ela. — Não vou lá porque não é católica.

—Você vai amá-la — insistiu Jeremy. — Posso levá-la até lá, se você quiser.

Rebeca pensou:

— Você é doido.

Ela continuou relatando sua história: "Eu ainda não estava no estágio de confiar em alguém. Fui tão enganada, que não conseguia confiar em ninguém. Desconfiava de todas as pessoas. Nem mesmo permitia que meus vizinhos levassem meus filhos a uma lanchonete".

Rebeca tinha bons motivos para não confiar nas pessoas pois, havia algumas semanas, os agentes do FBI tinham vindo até ela para dizer que, apesar de estarem pondo em risco as investigações, deviam preveni-la de que a vida dela estava em risco. "Estamos convencidos de que seu namorado quer matá-la... em breve", disseram eles. "Achamos que você estará morta dentro de um mês".

Com um episódio tão assustador em seu passado recente, não é de admirar que ela não tenha dado o número de seu telefone a Jeremy. Depois de certo tempo, ela se arriscou e deu-lhe essa informação . “Foi a primeira vez que confiei em alguém desde que cheguei aqui”, disse Rebeca.

Naquele sábado à noite, Jeremy ligou e a convidou para participar de um culto na igreja. Ela aceitou.

“Eu estava parada do lado de fora da igreja”, disse ela, “e as pessoas entravam. Todas tinham um sorriso largo e carregavam suas Bíblias. Dentro de mim uma voz dizia: *É isso que quero*. Fiquei pasma com o culto. Estava lá, sentada, em completa admiração”.

No final da semana seguinte, Rebeca veio para a Calvary com seus filhos. À noite, ela visitou a outra igreja. Quando voltaram para casa, ela perguntou aos meninos:

— E aí, o que vocês acham?

— Eu gosto mais da igreja grande — respondeu o filho mais velho.

— Por quê? — perguntou ela.

— Eu aprendi alguma coisa hoje — disse ele.

A seguir, ela anunciou:

— Vamos mudar de igreja.

Mesmo assim, nem tudo correu sem contratempos. Nos dois domingos seguintes, ela preencheu a ficha de visitantes... mas não recebeu nenhum tipo de reposta da Calvary. No domingo seguinte, preencheu a mesma ficha pela terceira vez. Na segunda-feira finalmente recebeu um telefonema em sua casa de nosso pastor responsável pelos solteiros. Depois de alguns telefonemas, Jonathan explicou o evangelho para ela.

“Enquanto estávamos conversando”, disse Rebeca, “descrevi minha primeira experiência na Calvary, vendo as pessoas com aqueles sorrisos largos no rosto. E disse: ‘Não tenho isso, mas também quero sentir essa mesma alegria’”.

Naquela noite, pelo telefone, ela entregou sua vida a Cristo. Mais tarde, tive o privilégio de telefonar-lhe e dizer que ela era bem-vinda à família de Deus. Jonathan deu uma Bíblia para Rebeca e a convidou a participar da classe especial para solteiros, embora essa classe estivesse na metade do caminho. Ele queria que ela tivesse contato com um grupo de pessoas que pudesse ajudá-la em suas dificuldades.

Na semana subseqüente, Rebeca precisou ir para Chicago de avião, a fim de testemunhar diante do tribunal acerca do relacionamento com o ex-namorado. "Então todos oraram por mim e Jonathan deu-me um certificado de minha nova vida em Cristo", disse ela. "Tinha sido "fisgada". Nada do que lia era suficiente. Sempre queria mais. Amo a Calvary Church. É como uma igreja pequena. Sinto-me em casa. Sinto que, pela primeira vez em minha vida, *pertenço* a algum lugar. Sinto que as pessoas gostam de mim e me aceitam, não porque sou extrovertida ou tenho cabelos loiros. Elas simplesmente me acolheram. Apaixonei-me pelo corpo de Cristo da Calvary".

Rebeca progrediu muito desde seu primeiro contato, em que teve medo até mesmo de fornecer seu número de telefone. Certamente, poderíamos ter feito mais, contatando-a logo depois de ela ter preenchido a primeira ficha de visitante em vez de fazê-la preencher mais duas fichas. Nossos sistemas poderiam funcionar melhor — mas não foram os sistemas que, em última análise, fizeram com que Rebeca se ligasse à igreja. Foram os relacionamentos que ela encontrou aqui que fizeram isso.

E ela deixou de ser invisível.

E todos nós, que com a face descoberta
contemplamos a glória do Senhor,
segundo a sua imagem estamos sendo
transformados com glória cada vez maior,
a qual vem do Senhor, que é o Espírito.

2Coríntios 3.18

8 Mais do que lidar com o pecado

COMO CORPO MINISTERIAL DA Calvary, com freqüência falamos acerca do que significa ver nosso povo sendo transformado de dentro para fora. Todos percebemos que é possível chegar a Cristo e nos libertar de certos comportamentos errados por meio de programas, de relacionamentos e da pressão do pessoal da igreja.

No entanto, se isso é tudo o que temos, podemos criar um cristianismo do tipo "panela de pressão". Mais cedo ou mais tarde, se o fogo continuar aquecendo e a tampa estiver bem fechada, algo acabará estourando.

Um de nossos pastores contou a história que exemplifica bem o que estou tentando transmitir. Ele ainda meneia a cabeça quando lembra que seu mentor e um dos principais presbíteros em uma igreja anterior vieram a ele com uma revelação chocante.

Charlie tinha a aparência de um homem cristão maduro com uma excelente reputação. Ele por vezes gostava de partilhar a maneira como, no momento de sua conversão, "todos" seus pecados se dissiparam: o vício do cigarro, o vício do álcool, a farra e assim por diante. E por trinta e cinco anos tudo isso parecia verdade.

"Um dia Charlie marcou um encontro comigo. Isso parecia estranho, porque normalmente só passava para me ver. Ele veio a meu escritório e imediatamente começou a chorar. E, a seguir, desabafou".

Acabou confessando que tinha um problema sério com a pornografia. Na verdade, desde que passara a assinar uma televisão a cabo, ele ficava acordado a maior parte da noite para assistir filmes pornográficos. Era um pecado que ele manteve em segredo por mais de trinta anos e agora ele queria negociar com Deus. A parte mais espantosa de toda a história é que Charlie tinha *83 anos* quando confessou o seu problema!

Está mais do que na hora de admitirmos que nosso povo não é transformado por meio de programas; no máximo, os programas podem ensinar aos crentes "artimanhas" para lidar com o pecado. Muitos de nós achamos que estamos indo bem enquanto conseguimos manipular o grande pecado "externo" em nossa vida. É por isso que tantos grupos de prestação de contas falham. Conheço diversos pastores que participam de grupos de prestação de contas, a quem foram feitas perguntas difíceis — e que mesmo assim caíram em pecado. Por quê? Porque esse tipo de sistema permite o "fazer de conta". Este é um processo exaustivo. Mais cedo ou mais tarde, o seu "eu" miserável vem à tona.

Mas o evangelho não nos oferece apenas a capacidade de lidar com nosso pecado; ele nos concede o poder da ressurreição (Ef 1) para transformar nosso coração, capacitando-nos a mudar nosso comportamento de dentro para fora. Um dos principais modos para alcançarmos esse objetivo é por meio de relacionamentos vitais e crescentes com outros cristãos. Isso é muito mais do que participar regularmente dos cultos ou envolver-se em uma classe de escola dominical, ou de estudo bíblico, ou ainda em um grupo pequeno. Isso é, na verdade, encontrar e alimentar-se em um pasto seguro.

UM REBELDE VOLTA PARA CASA

Fui pastor pela primeira vez na igreja em que fui criado. Foi uma grande bênção começar meu ministério pastoral entre pessoas que me amavam, a maioria das quais passaram muito tempo orando por mim durante minha adolescência instável. Eu as conhecia, e elas me conheciam.

Uma família tinha um filho chamado Tom, que era mais ou menos da mesma idade de meu irmão mais novo. Ele fora para uma faculdade e tornara-se profundamente rebelde. Certa noite, em uma festa, alguém conseguiu colocar uma droga na bebida de Tom. Quando a droga se misturou com o álcool que já havia consumido, ele ficou "fora do ar". A polícia o prendeu, e os tribunais o colocaram em uma instituição para doentes mentais. Eu o visitei nessa instituição e tinha a difícil tarefa de contar para a família dele que não tinha certeza se ele era capaz de voltar à normalidade.

Quando os ataques violentos diminuíram, Tom foi transferido para um centro de reabilitação para drogados. Foi ali que ele contou à família que recebera Cristo como seu Salvador. Com notícias tão alentadoras, as esperanças aumentaram... mas o progresso foi lento.

Em um determinado dia, depois de ele ter concluído o programa de reabilitação, Tom apareceu na porta de meu escritório e contou-me que estava indo para a faculdade bíblica e planejava entrar no ministério. Perguntei se essa era uma boa idéia. Lembrem-se todo dia era difícil para Tom; muitos de seus hábitos nocivos simplesmente não desapareceram no momento em que ele veio para Cristo. Todo dia, um episódio a mais era acrescentado ao processo muitas vezes penoso do trabalho de Deus em sua vida.

Nesse período árduo, não era incomum ouvir cristãos mais "maduros" questionarem a salvação de Tom; na opinião deles, as coisas velhas já deveriam ter passado a essa altura e o novo já deveria estar presente em sua vida. Tom ainda não pusera totalmente em ordem seu vocabulário e continuava lutando com uma série de outros problemas. Será que isso não era um sinal claro do "crer em vão"?

Mas o que vi acontecendo com Tom, surpreendeu-me. À medida que conversávamos e orávamos juntos enquanto ele cursava uma única matéria na faculdade bíblica (que tratava do crescimento espiritual pessoal), nossas discussões lentamente passaram do "pôr em ordem seus atos" para o crescer no amor por Cristo. Começamos a ver que o Senhor Jesus estava tirando seus desejos pecaminosos e mudando até sua maneira de pensar. Observei maravilhado o processo de transformação. Embora Tom continuasse tendo pequenas falhas em seu processo mental, não restava a menor dúvida de que ele estava crescendo em Cristo. Bem diante de meus olhos, vi uma lagarta se transformar em borboleta (uma borboleta de 120 quilos!).

A história de Tom mostra que, embora os parâmetros de comportamento, os relacionamentos de "prestação de contas" e várias disciplinas possam nos ajudar a controlar pensamentos e comportamentos errados e antibíblicos por um tempo, não devemos parar aí. Tom precisou parar de ir a certos lugares e ver alguns de seus velhos amigos, e eu o questionava regularmente quanto a isso; mas não podia continuar a ser seu "guarda-costas" pessoal para sempre. Mais cedo ou mais tarde, ele precisaria amadurecer e mudar para que pudesse reconhecer a voz do Espírito de Deus em vez de dar ouvidos às vozes terrenas.

Com o passar do tempo Tom aprendeu a pôr isso em prática. Foi o pasto seguro que permitiu que experimentasse a transformação pessoal de que tanto precisava.

OS PASTOS FALSOS DE RITUAL E RIGIDEZ

Gostamos de nossos "três passos para a santificação", ou das "cinco chaves para um viver cristão bem-sucedido", ou ainda dos "doze passos para se tornar um homem ou uma mulher de Deus". Vários desses "princípios" podem ser úteis — mas em minha vida, normalmente a prática ficou aquém do que esses princípios prometeram.

O motivo por trás desses programas é correto: ajudar os participantes a crescer na fé e ter sua vida transformada. Na verdade, é exatamente isso que leva a igreja a dar várias guinadas e reviravoltas, procurando orientar as pessoas na direção certa.

Entendo a tendência legalista de "controlar a situação" por meio de regras e regulamentos. Também entendo as pessoas que enfatizam em demasia a graça a ponto de absolver os indivíduos de qualquer responsabilidade. Entendo as pessoas que dizem: "É a respeito da Palavra. Estude a Bíblia com mais afinco. Aprenda a língua grega e a hebraica. Pesquise mais a Bíblia". Entendo as pessoas que ressaltam a adoração: "Entregue seu coração a Deus. Cante hinos de amor a ele". Entendo as pessoas que destacam a oração e o jejum: "Basta fazermos isso para que Deus nos liberte de nós mesmos e se agrade de nós".

Entendo porque eu mesmo estive lá e participei de tudo isso. Fiz o que todos faziam. Descobri que essas coisas não são erradas, mas são coisas boas empregadas com freqüência em um contexto errado.

Por que tantos cristãos nunca conseguem deixar de "administrar" o pecado? Por que acabam desistindo da fé depois de um tempo? Parece-me que aterrissaram em "pastos falsos".

Alguns vieram parar no pasto que eu chamo de *ritual*. Ritual simplesmente significa que você define seu cristianismo e maturidade espiritual pelas coisas que faz e deixa de fazer. Conforme o uso que faço desse termo, ele não se refere necessariamente a formas de adoração nem a grandes quantidades de velas e togas. Na verdade, mesmo os que se reúnem em um depósito velho, em que o pastor vem de *jeans* e o louvor é dirigido por uma banda, podem ser encontrados nesse pasto chamado ritual.

Basicamente, os que vivem no pasto do ritual aprenderam a controlar sua vida. Eles são vistos como "bons cristãos" e controlam seu comportamento por meio de uma programação regular de vida cristã. O pecado é administrado, e a vida deles parece estar sob controle.

O outro pasto é definido pela *rigidez*. Esses indivíduos são devotos. Eles participam de todos os seminários e conferências que são oferecidos. O lema deles é: "A pessoa com a maior Bíblia e com as marcações e anotações mais coloridas vence". Eles crêem que a vida deles mudará se receberem mais informações. O "algo mais" está lá em algum acontecimento; algum pregador ou orador tem *a* palavra. Poderia ser uma palavra do grego ou do hebraico, talvez um segredo no aramaico ou uma nova descoberta arqueológica. Esse "algo mais" certamente acabará com as dúvidas e com o medo. Certa capacidade ou técnica, juntamente com a oração, "dará um jeito" em seu casamento ou em seu filho.

Mas este também é um pasto falso. Algumas coisas boas... mas infelizmente empregadas em um contexto errado.

Tanto o ritual como a rigidez resultam no que chamo de ciclo de administração ou manipulação do pecado. Isso funciona da seguinte maneira: Estou insatisfeito com alguma coisa em minha vida; leio ou ouço uma mensagem e sou convencido do pecado; a seguir, arrependo-me. Peço perdão e me comprometo a nunca mais repetir esse pecado... depois, volto a cometê-lo. Talvez passe mais tempo antes de acontecer outra vez, mas infelizmente acabarei fracassando novamente e, mais um *round*, o grande ciclo evangélico de frustração chega ao fim.

Será que eu preciso de um milagre? Será que eu preciso de libertação? Será que isso é demoníaco? Será que isso é hereditário?

Será...

será...

será...?

Será que estamos procurando por *algo* quando deveríamos estar procurando por *Alguém*? Embora muitos desses princípios, processos e disciplinas possam, na verdade, ser verdadeiros e necessários para passar da "administração" do pecado para a transformação de vida, precisamos abandonar o pasto da rigidez e do ritual e passar ao pasto do *relacionamento*.

AS MESMAS COISAS, EM UM CONTEXTO DIFERENTE

É claro que algumas coisas no pasto do relacionamento são parecidas com as dos pastos do ritual ou da rigidez. Existe a Bíblia, a adoração e a oração. Também são praticados o jejum e o retiro. Ah, sim, também existe a comunhão e a adoração. As atividades são idênticas. Então, o que é diferente?

O contexto.

Em vez de olhar para essas atividades e disciplinas como formas de administrar ou obter controle de minha vida, elas se tornam instrumentos de transformação ao me ajudar a buscar um relacionamento mais profundo e satisfatório com o Amado de minha alma. Ele quer me transformar de dentro para fora. É nesse pasto que Deus e seu caráter são formados em mim.

Cristo quer mudar nossa natureza e nos transformar de dentro para fora. De que maneira ele pode fazer isso? A resposta está em Mateus 5.17: "Não pensem que vim abolir a Lei ou os Profetas; não vim abolir, mas cumprir".

Em outras palavras, Jesus está dizendo a seus seguidores: "Quero ser muito claro a respeito de uma coisa. Tudo o que está na Lei e nos Profetas se cumpre em mim. Vim para cumprir as exigências da Lei de Deus. Quando permitem que eu viva por meio de vocês, vocês também podem viver uma vida que verdadeiramente agrade a Deus".

Quando admitimos nossa necessidade desesperada por Deus e humildemente pedimos o perdão, a purificação e a mudança que só ele pode dar, algo realmente revolucionário ocorre. O Espírito de Deus se apossa de nosso coração e sua graça penetra o âmago de nosso ser para nos vivificar. Ele opera nossa mudança de dentro para fora. Não é só uma nova vida; é uma vida totalmente nova. Pense em Deus se encarregando do assunto, começando com a antiga aliança e progredindo para a nova:

> Darei a vocês um coração novo e porei um espírito novo em vocês; tirarei de vocês o coração de pedra e lhes darei um coração de

> carne. Porei o meu Espírito em vocês e os levarei a agirem segundo os meus decretos e a obedecerem fielmente às minhas leis (Ez 36.26,27).
>
> Portanto, se alguém está em Cristo, é nova criação. As coisas antigas já passaram; eis que surgiram coisas novas! (2Co 5.17).
>
> Vocês já se despiram do velho homem com suas práticas e se revestiram do novo, o qual está sendo renovado em conhecimento, à imagem do seu Criador (Cl 3.9,10).
>
> Bendito seja o Deus e Pai de nosso Senhor Jesus Cristo! Conforme a sua grande misericórdia, ele nos regenerou para uma esperança viva, por meio da ressurreição de Jesus Cristo dentre os mortos, para uma herança que jamais poderá perecer, macular-se ou perder o seu valor (1Pe 1.3,4).

Deus quer criar homens e mulheres cuja espiritualidade emana de um coração radicalmente transformado, crentes que sejam totalmente justos. Deus não está interessado na forma sem substância.

ELEVANDO O NÍVEL

Jesus nos diz: "Pois eu lhes digo que se a justiça de vocês não for muito superior à dos fariseus e mestres da lei, de modo nenhum entrarão no Reino dos céus" (Mt 5.20). O padrão de Deus excede a *tradição* e requer *transformação*. Mateus 5 registra de que modo Jesus comparou seis dos tópicos mais controversos de seu dia para demonstrar com o que se parece esse novo tipo de justiça. Para isso ele nos deu seis antíteses ousadas, seis contrastes incríveis. Ele contrastou o padrão *tradicional* através das épocas com o padrão *transformacional* do reino de Deus. Em cada caso ele elevou o nível para nós.

Elevando o nível do *relacionamento*:
Padrão tradicional: não matarás (sexto dos Dez Mandamentos)
Padrão de transformação: desenvolva relacionamentos saudáveis (reconciliação)
Elevando o nível da *sexualidade*:
Padrão tradicional: não cometerás adultério (sétimo dos Dez Mandamentos)
Padrão de transformação: frua a pureza interior
Elevando o nível do casamento:
Padrão tradicional: divórcio legal
Padrão de transformação: casamento vitalício
Elevando o nível da integridade:
Padrão tradicional: honestidade calculada
Padrão de transformação: honestidade total
Elevando o nível da *vingança*:
Padrão tradicional: retaliação limitada
Padrão de transformação: graça e misericórdia
Elevando o nível do *amor*:
Padrão tradicional: amor seletivo
Padrão de transformação: amor inclusivo

Nós e nossas igrejas estamos correndo perigo se não fizermos uma distinção entre a administração do pecado e a transformação. A percepção mais importante necessária para tornar-se um homem ou mulher (ou igreja) saudável é chegar à raiz da questão. Nossos atos só mudarão quando tivermos um coração transformado.

Então, o que é necessário para mudar o coração humano? Qual é a questão mais importante na transformação? O estudo da Bíblia, a oração e a adoração são, sem dúvida, indispensáveis; mas nós temos igrejas repletas de estudiosos da Bíblia, de pessoas que oram e adoram, mas que não experimentaram a transformação. Por quê? Qual é o aspecto indispensável para passar da administração do pecado para a transformação?

SÓ UMA MANEIRA

Entendo que existe só *uma* maneira de alcançar a transformação pessoal, e isso se dá por meio do que o apóstolo Paulo chama de "sincera e pura devoção a Cristo". Como ele escreveu aos coríntios:

> O zelo que tenho por vocês é um zelo que vem de Deus. Eu os prometi a um único marido, Cristo, querendo apresentá-los a ele como uma virgem pura. O que receio, e quero evitar, é que assim como a serpente enganou Eva com astúcia, a mente de vocês seja corrompida e se desvie da sua sincera e pura devoção a Cristo (2Co 11.2,3).

Sei que isso não é novo, mas grande parte de minha tese está baseada nisso. Acredito que, na igreja, *estamos* sendo enganados, como Eva, por termos nos afastado da devoção simples a Cristo. Temos dificuldade em criar o tipo de pasto seguro que ressalta relacionamentos amorosos com Deus e com os outros, por isso procuramos outras abordagens que prometem resultados mais rápidos, maiores e mais eficientes quanto ao custo. No entanto, essas outras abordagens simplesmente não "funcionam". Elas não são capazes de produzir a transformação pessoal que estamos buscando.

O autor Gary Thomas nos lembra por que isso ocorre, dizendo: "Os pais espirituais nos ensinaram que a verdadeira santidade tem como fundamento um amor indiscutível por um Deus verdadeiro e santo, não por regras, princípios ou normas".[1] Então, qual é o "segredo" da santidade e da transformação pessoal? "A santidade sagrada concentra-se em se aproximar mais de Deus", responde Thomas.[2]

[1]*Seeking the face of God*, p. 67
[2]Ibid.

Esse parece ser um ensinamento bíblico coerente no que diz respeito à transformação pessoal. "E todos nós, que com a face descoberta contemplamos a glória do Senhor", escreve Paulo, "segundo a sua imagem estamos sendo transformados com glória cada vez maior, a qual vem do Senhor, que é o Espírito" (2Co 3.18). Estamos sendo transformados à imagem de Cristo à medida que, coerente e habitualmente nos aproximamos dele. A chave é uma ligação vital com o Senhor. Observe o forte tom de relacionamento no seguinte texto conhecido acerca da transformação pessoal:

> Portanto, irmãos, rogo-lhes pelas misericórdias de Deus que se ofereçam em sacrifício vivo, santo e agradável a Deus; este é o culto racional de vocês. Não se amoldem ao padrão deste mundo, mas transformem-se pela renovação da sua mente, para que sejam capazes de experimentar e comprovar a boa, agradável e perfeita vontade de Deus (Rm 12.1,2).

Compare essa abordagem de relacionamento centrada em Deus com o sistema mais orientado para tarefas, baseado em programas. Por que uma técnica baseada em mera atividade não pode, em última análise, produzir uma transformação pessoal? Ouça mais uma vez o que Thomas tem a dizer:

> Os cristãos que se baseiam no desempenho dizem: "Quero fazer isso, mas sei que não deveria. Preciso encontrar uma maneira de não fazê-lo ou de não ser apanhado". Os cristãos que se baseiam no relacionamento perguntam: "Quem desejo agradar? Meu Senhor ou este pecado?".[3]
>
> Quando ansiamos pelo nosso Criador "como a corsa anseia por águas correntes" (Sl 42.1), quando aprendemos a amar ao Senhor nosso Deus de todo o nosso coração, de toda a nossa alma, de todo o nosso conhecimento e de todas as nossas forças (Mc 12.30),

[3]Ibid., p. 65.

> então a santidade será o subproduto de nossa paixão. Abstemo-nos do pecado, não só porque somos disciplinados, mas porque encontramos algo melhor. Isso não quer dizer que os princípios não podem nos ajudar; quer dizer que os princípios não podem nos salvar.[4]

Pasto seguro diz respeito a criar uma rede de relacionamentos amorosos centralizados no Senhor e em regozijar-se nele. À medida que o conhecemos de uma maneira mais plena, começamos a amar uns aos outros de maneira mais profunda. À medida que o Senhor revela mais de si mesmo por meio de nossas ações recíprocas, passamos a tratar as outras pessoas como trataríamos o Senhor. À medida que amamos os outros por amor ao Senhor, descobrimos que nosso amor por ele também cresce.

É dessa forma que o pasto seguro leva naturalmente à transformação pessoal.

MOSTRAR O CARÁTER DE DEUS

Ensinamos que aquilo de que esse mundo precisa é da transformação de nossa cultura, ao passo que Deus insiste que *nós* é que precisamos de transformação. Os não-cristãos estão cansados de ouvir o mais recente testemunho de uma experiência religiosa. Eles ouvem essas histórias dos ortodoxos, dos heterodoxos, dos não-ortodoxos, das diferentes seitas e de todos os "ismos". Damos o testemunho de nossa experiência religiosa, e o mundo responde: "Está bem, mas isso não me parece diferente do que ouvi das Testemunhas de Jeová, nem dos cientólogos, nem de quem quer que tenha partilhado comigo".

Isso é verdade. Mas só a igreja, como comunidade de fé, pode expressar o caráter do Deus vivo.

[4]Ibid., p. 68.

Temos um pequeno *slogan* em nossa igreja que diz o seguinte: "É o que está dentro que conta". Isso também é verdade, como um jovem da Calvary testemunhou esses dias:

"Minha vida mudou quando conheci Cristo e comecei a caminhar com outros irmãos da igreja", disse ele. "Meu coração agora deseja ansiosamente que outras pessoas também conheçam o que conheço, que outras pessoas saibam como Jesus pode mudar nossa vida e que conhecer o Salvador pessoalmente — e viver essa experiência na prática — pode transformá-las completamente ".

Você está vivendo a vida de Cristo ou você vê a si mesmo como alguém que vive de acordo com os ensinamentos de Cristo? Os discípulos de Jesus procuraram seguir esses ensinamentos por vários anos sem perceber muitas mudanças em sua vida. Somente depois do Pentecostes, depois de encontrar o Cristo ressuscitado, ocorreu a transformação; só depois disso a vida deles começou a entrar em choque com o mundo.

A transformação não ocorre apenas quando vivemos "próximos" dos ensinamentos de Cristo. A transformação de vida ocorre quando vivemos na prática a vida de Cristo — ou como o jovem acima disse: "Conhecer o Salvador pessoalmente — e viver essa experiência na prática". "Viver essa experiência na prática" pode significar que não me envolverei em situações libidinosas, não porque sei que não deveria fazê-lo nem porque estou com medo de ser apanhado. De preferência, evito essas situações ou pensamentos lascivos porque sei que interromperão a comunhão com meu Salvador. Eles desonrarão a santidade de meu relacionamento e desviarão meus pensamentos e minha afeição daquele que amo e que me ama. É o *relacionamento* que conduz o processo de tomada de decisão.

Quando sei que alguma coisa pode fazer com que minha mulher, Susan, se sinta incomodada ou apreensiva ou chateada, o amor e o relacionamento me dizem que é uma atitude sábia evitar essa situação. Por quê? Porque não quero estragar nosso relacionamento!

Piloto uma moto Harley com um grupo de pessoas que alguns observadores podem considerar cristãos "repulsivos". Recentemente, uma mulher mencionou que teria prazer em ir de carona comigo em uma Harley alguma dia. Não pensei muito no assunto nem estava levando essa possibilidade em conta. (Não teria sido muito inteligente de minha parte ser visto com uma mulher, que não fosse minha mulher ou minha filha, no assento de trás da motocicleta. Posso não ser a pessoa mais esperta do mundo, mas *isso* estava claro para mim.) De algum modo, a vontade que essa mulher tinha veio à baila em uma conversa com Susan acerca dos acontecimentos do dia. Mais tarde, ela me contou como o fato de uma mulher ter tido a coragem de pedir algo assim a incomodou... e seus olhos me disseram que, se tivesse dado carona àquela mulher, isso teria prejudicado nosso relacionamento. Isso não era nem uma questão de pecado nem de falta de confiança nem de qualquer coisa nesse sentido. Meu relacionamento com Susan guia meus padrões e procuro me empenhar ao máximo para não fazer certas coisas devido à importância que dou a nosso relacionamento.

O "viver na prática" não funcionará se você gastar seu tempo apenas com os *ensinamentos* de Jesus. Você pode conhecer seus ensinamentos perfeitamente; você pode conhecer todos os estudos de determinadas palavras da Bíblia ou com todos os comentários conhecidos pela humanidade; você pode ter cadernos de anotações repletos de comentários exegeticamente corretos; mas "proximidade" não é o mesmo que "permanecer" ou "estar" ("se vocês permanecerem em mim", Jo 15.7).

O conhecimento de Deus deve levar você ao caráter de Deus. Este deve levá-lo ao amor de Deus, porque Deus é amor. E o amor *de* Deus deve levar você a amar *por* (graças a) Deus. É esse amor de Deus que faz de nosso relacionamento com ele a base para a transformação espiritual — um amor que se rende a seus desejos, um amor que protege a familiaridade com ele, um amor que se fortalece ao permanecer e descansar na segurança de seu Criador.

Isso é transformação, amigos. E essa transformação tem mais chance de ocorrer em um pasto seguro.

O SENHOR *cumprirá o seu propósito*
para comigo! Teu amor, SENHOR,
permanece para sempre.

SALMO 138.8

9 O propósito de tudo isso

LEMBRO-ME DO TELEFONEMA como se fosse ontem. Uma família da igreja que eu pastoreava tinha acabado de ser notificada de um sério acidente de carro e queria que eu os encontrasse no hospital. A tinta de meu certificado de ordenação mal havia secado e já tinha de me dirigir rapidamente ao hospital, cheio de confiança e ansiedade, disposto a usar as habilidades que havia adquirido no seminário.

No caminho para o hospital, comecei a ponderar quanto ao modo de ministrar a essas pessoas. Para meu espanto, quanto mais me aproximava do hospital, menos versículos bíblicos me ocorriam. Eu "quebrava minha cabeça", pensando: *Santo Deus! tenho um curso de teologia e deveria ser capaz de me lembrar de* ***alguma coisa!*** Mas logo o medo começou a tomar conta de meu coração, forçando-me a clamar a Deus por sabedoria e orientação. "Deus... se o Senhor não me ajudar, como poderei guiá-los para o Senhor?", supliquei.

Quando cheguei ao hospital, havia uma mistura de atividade frenética e profundo sofrimento. Os membros da família corriam por toda parte, chorando e procurando consolar uns aos outros. A lista de detalhes que precisavam de atenção parecia interminável, incluindo fazer os arranjos para o funeral e comunicar os parentes da morte de um ente querido. E todos olhavam para *mim* em busca de conforto, encorajamento, orientação prática e conselho sábio. Quando cheguei em casa naquela noite, sentia-me tão esgotado, que tive dificuldade de me lembrar de muitas coisas que dissera. Perguntava-me se de fato havia ajudado *alguém*.

Para minha surpresa, recebi, semanas depois do funeral, uma série de mensagens tranqüilizadoras da família e dos amigos, agradecendo-me por ter ministrado a eles com tanta eficiência. Fiquei impressionado. Apesar de ter todo o treinamento que um jovem pastor poderia desejar, o que Deus havia usado de fato naquela situação caótica foi simplesmente a fé que eu tinha nele. A fé no Senhor supera a habilidade e o treinamento.

A lição — ou o perigo, dependendo do ponto de vista — que aprendi a partir dessa experiência foi a seguinte: *Quanto mais tempo fazemos uma coisa — e quanto melhor a fazemos — mais somos tentados a depender de nossa capacidade e competência em vez de depender de Deus*. É uma lição que tem se tornado cada vez mais real com o passar do tempo.

Embora devêssemos procurar constantemente melhorar nossa capacidade e *competência* como ministros de Cristo, creio que deveríamos nos aprimorar no cultivo de uma *dependência* humilde em nosso Deus gracioso. Como a Bíblia diz em Provérbios 3.5,6: "Confie no SENHOR de todo o seu coração e não se apóie em seu próprio entendimento; reconheça o SENHOR em todos os seus caminhos, e ele endireitará as suas veredas".

OS PERIGOS DA COMPETÊNCIA

Como muitas outras pessoas no ministério, fico alarmado com o grande número de pastores que lutam com a pornografia e uma série de outros problemas referentes à questão sexual. Os casos de fracasso moral entre os pastores e missionários têm aumentado muito. O que aconteceu de errado na vida deles? Será que eles são pessoas más? Lobos em peles de cordeiro?

Alguns, talvez — mas duvido que sejam muitos. Acho que em grande parte o colapso moral entre pastores, missionários e líderes leigos, muitas vezes ocorre em razão do esforço em buscar um "significado" naquilo que fazem em vez de em quem são em Cristo. Muitos de nós têm caído na armadilha de "um tipo de excelência" que nega a realidade (v. 2Tm 3.5). Essa é a questão que ressalto.

Quando um indivíduo, ou um casal, aceita um chamado para o ministério em tempo integral, normalmente sente muita emoção e alegria em saber que Deus tem um propósito específico para ele. É daí que surge o significado para sua vida. Porém, no meio do treinamento para realizar esse ministério, às vezes começam a se concentrar no que *fazem*. Isso se dá de um modo muito sutil, à medida que procuram ampliar o conhecimento e a capacidade pessoal com o intuito de conseguir um ministério bem-sucedido.

Não existe nada de errado em aumentar nossa eficiência — mas, à medida que a capacidade e o conhecimento são ampliados, muitas vezes caímos na armadilha de achar que nossa aceitação, valor e motivação estão em nosso desempenho. Quando isso acontece, começamos a confiar cada vez mais na capacidade e no conhecimento e cada vez menos no Senhor que nos chamou. Isso acaba gerando o sentimento de esgotamento e frustração e a perda de objetivo, de significado e de satisfação. O autor Bruce Wilkinson admitiu isso quando recebeu o *feedback* de seu *best-seller*, *A oração de Jabez*.

O GOSTO DA SERRAGEM

Bruce Wilkinson, fundador do ministério Walk Thru the Bible [Caminhada pela Bíblia], conta como, em uma certa manhã, um simples olhar de relance para um Corvette preto conversível desencadeou uma situação de emergência pessoal e ministerial.

"Quando cheguei a meu escritório", confessou ele, "estava em uma crise profunda —, considerando a idéia de renunciar ao meu ministério e talvez arranjar um emprego em um estacionamento. O ministério que até aquele momento parecia tão importante, passou a ter gosto amargo".[1]

Ele e sua esposa achavam que o problema poderia ser um esgotamento, visto que ele admitiu que "estava trabalhando mais arduamente havia meses e, no entanto, parecia que todo esse trabalho não produzia resultados concretos".[2] Ele orou com determinação para que Deus mostrasse a causa de seu descontentamento e logo marcou um encontro com um amigo de confiança e um mentor respeitável na área de liderança que vivia do outro lado do país. Alguns dias mais tarde, Wilkinson voou para a Califórnia para ver seu amigo, George.

Não demorou muito para George diagnosticar o problema. "Quando você começou a servir ao Senhor", disse ele a Wilkinson, "seu relacionamento com ele era vigoroso e vibrante. E isso era necessário, visto que sua competência era limitada. Mas, ao longo do tempo, essa competência aumentou. Nesse estágio, a satisfação que você sentia em relação a suas próprias capacidades praticamente se igualava à satisfação que sentia em seu relacionamento com o Senhor. Não demorou muito para que sua competência se tornasse conhecida por todos. Você nunca foi tão produtivo para Deus. Mas sua caminhada com ele começou a ser prejudicada. Sua satisfação diminuiu. Bruce, é nesse ponto que você se encontra".[3]

Algumas horas depois, enquanto Wilkinson abalado preparava-se para voltar para casa, George o advertiu de que a menos

[1]*Secrets of the vine*, Sisters: Multnomah, 2001, p. 89.
[2]Ibid., p. 90.
[3]Ibid., p. 91-2.

que sua amizade com Deus se tornasse a prioridade principal de sua vida, ele nunca cumpriria seu verdadeiro destino como líder cristão. Wilkinson levou a advertência a sério e, mais uma vez, procurou conscientemente colocar o Senhor no centro de sua vida — logo, o contentamento e o sentido que ele perdera reapareceram. À medida que seu amor por Deus cresceu, sua eficiência e influência seguiram o mesmo caminho. Sou influenciado por Bruce até hoje e foi ele quem sugeriu ao comitê de eleições da Calvary Church a telefonar para mim. E continuamos amigos!

JÁ VIMOS TUDO ISSO ANTES

Como ocorre com os indivíduos, assim ocorre com as igrejas. Nas que se baseiam em programas, mesmo os crentes mais fiéis acabam dizendo coisas do tipo: "Pastor, já vimos tudo isso, já fizemos tudo isso. Fomos os primeiros em quase todos os eventos. Mas, e daí? Onde estão as pessoas que "andam pelos corredores" e chegam ao altar semana após semana? *Isso* é tudo? Será que existimos apenas para 'ganhar pessoas para Jesus?' Será que Deus não tem outras coisas para nós além de ganhar pessoas para Cristo e evitar o pecado?".

Essas pessoas, com freqüência, acabam desapontadas e desanimadas porque seus líderes as cercam com uma abordagem empresarial "programada", em que a *atividade* se torna o símbolo de espiritualidade e discipulado. Elas querem relacionamentos, comunhão e pessoas que participem de sua vida. Mas, quando perguntam como alcançar essas coisas, sempre recebem a mesma resposta: "Entre na roda e faça contatos".

O pasto seguro, no entanto, traz um profundo significado para a vida por meio dos fortes relacionamentos que fomenta — primeiro, uma íntima conexão com Deus e depois com outros. Os programas não são maus, mas muito facilmente permitimos que "tomem conta" e esquecemos que existem programas para servir as pessoas, e não o contrário.

Onde existe um pasto seguro, a adoração está no centro de tudo. Quando as pessoas tomam posse de uma visão *pessoal* de Deus, cada vez maior e majestosa, os preconceitos diminuem. Eles encontram em Deus o propósito e o destino final de suas vidas. Para gerar fiéis é necessário ajudar as pessoas a se relacionar, ao passo que para produzir trabalhadores é necessário apenas envolvê-las no trabalho. Fiéis se tornam trabalhadores alimentados por um relacionamento apaixonado, não executores motivados pela culpa nem pela vergonha.

CHAMADOS PARA UM PROPÓSITO

Nenhum crente deveria questionar se ele é importante para Deus ou se o Senhor tem um propósito para sua vida. A Bíblia ensina que todos os filhos de Deus têm um propósito especial a cumprir no Reino de Deus, e é o grande privilégio da igreja ajudar cada filho de Deus a encontrar esse propósito específico.

De que modo sabemos que cada crente em Cristo tem um propósito específico para sua vida, designado por Deus? A Bíblia deixa claro essa maravilhosa verdade em vários textos-chave. Pense em Romanos 8.28, que expõe esse princípio em linhas gerais: "Sabemos que Deus age em todas as coisas para o bem daqueles que o amam, dos que foram chamados de acordo com o seu propósito". Se você foi "chamado" por Deus para um relacionamento com seu Filho, Jesus Cristo (v. Rm 1.6), então você foi chamado "de acordo com o seu propósito". Ele tem um propósito para sua vida!

E, graças a Deus, podemos estar certos de que, se estivermos dispostos, seu propósito para nós será cumprido. Ouça o que o salmista tem a dizer: "O SENHOR cumprirá o seu propósito para comigo! Teu amor, SENHOR, permanece para sempre; não abandones as obras das tuas mãos" (Sl 138.8). Por que o salmista clamou a Deus: "Não abandones as obras das tuas mãos"? Acho que esse é um medo comum. Acreditamos que algum erro que cometemos, algum passo em falso que demos nos impedirá para sempre de experimentar o melhor de Deus e teremos de nos conformar com uma vida sem sentido. Mas Deus nos lembra aqui que isso *nunca* acontecerá, enquanto estivermos dispostos a segui-lo. Ele cumprirá seu propósito nas pessoas que desejarem isso.

Como é esse propósito? Qual é seu chamado específico para nós? Embora a Bíblia nos ensine que o propósito *geral* de Deus seja o mesmo para todos nós (para glorificá-lo ao sermos seus cooperadores no triunfo de seu reino), ela também insiste que o propósito *específico* de Deus varia para cada um de nós. Em 1Coríntios 3.5-8, isso fica bem claro:

> Afinal de contas, quem é Apolo? Quem é Paulo? Apenas servos por meio dos quais vocês vieram a crer, conforme o ministério que o Senhor atribuiu a cada um. Eu plantei, Apolo regou, mas Deus é quem fez crescer; de modo que nem o que planta nem o que rega são alguma coisa, mas unicamente Deus, que efetua o crescimento. O que planta e o que rega têm um só propósito, e cada um será recompensado de acordo com o seu próprio trabalho.

Quando Paulo fala do homem "que planta" e do homem "que rega", ele está falando de diferentes servos trabalhando de acordo com tarefas divinas distintas (conforme o ministério que o Senhor atribuiu a cada um). No entanto, ambos "têm um só propósito", a saber, tornar-se cooperador de Deus no crescimento do ministério da igreja.

Como é maravilhoso saber que podemos nos tornar cooperadores de Deus (v. 1Co 3.9) para cumprir nosso propósito específico na terra! Se nos concentrarmos nele e desejarmos servi-lo e adorá-lo "de modo aceitável, com reverência e temor" (Hb 12.28), podemos chegar no fim de nossa vida e herdar o mesmo tipo de epitáfio recebido por Davi: "Tendo, pois, Davi servido ao propósito de Deus em sua geração, adormeceu" (At 13.36).

Será possível deixar escapar o propósito de Deus para sua vida? Infelizmente, isso é possível — mas só se você rejeitar voluntariamente sua orientação e direção. Um dos versículos mais tristes da Bíblia se acha em Lucas 7.30, em que lemos: "Mas os fariseus e os peritos na lei rejeitaram o propósito de Deus para eles". Veja bem: eles não deixaram escapar o propósito de Deus acidentalmente nem por meio de um passo em falso ou de um erro, mas por meio de uma escolha consciente e deliberada: os fariseus e os peritos na lei "rejeitaram" o propósito de Deus para eles. Não devemos seguir esse exemplo!

Em vez disso, Deus nos convida a entrar em seu propósito para nós, um propósito que dá sentido e significado a esta vida e uma esperança ilimitada para a próxima. Os propósitos de Deus em nós não terminam com os poucos anos nesta terra, mas se prolongam pela eternidade:

> Sabemos que, se for destruída a temporária habitação terrena em que vivemos, temos da parte de Deus um edifício, uma casa eterna nos céus, não construída por mãos humanas. Enquanto isso, gememos, desejando ser revestidos da nossa habitação celestial, porque, estando vestidos, não seremos encontrados nus. Pois, enquanto estamos nesta casa, gememos e nos angustiamos, porque não queremos ser despidos, mas revestidos da nossa habitação celestial, para que aquilo que é mortal seja absorvido pela vida. Foi Deus que nos preparou para esse propósito, dando-nos o Espírito como garantia do que está por vir (2Co 5.1-5).

Qual é o propósito de Deus para nossa vida? Ser "absorvido pela vida" e "revestidos da nossa habitação celestial!". E para não deixar dúvidas quanto a seu nobre propósito, Deus nos deu o Espírito Santo "como garantia do que está por vir".

Nosso Senhor não quer que nenhum de seus filhos viva sem propósito, sem sentido nem valor. Ele quer que, *em nossas igrejas*, cada um de nós encontre o propósito específico para o qual ele nos criou. A igreja não é apenas um lugar de atividades, mas uma mina de profundo significado que leva ao serviço inteligente, o que resulta em grande satisfação. Nunca é tarde demais para encontrar esse propósito, esse significado e essa satisfação.

UM BEIJO NO ROSTO

Há vários meses, uma mulher veio ao meu encontro, deu-me um abraço bem forte e um beijo no rosto. Depois começou a contar para mim e para Susan como um curso específico na Calvary fora uma bênção para ela. Essa mulher recebeu Cristo como seu Salvador pessoal ainda menina tinha sido criada na igreja em que servia, trabalhava, orava e da qual participava. "Eu estava lá quando as portas foram abertas", disse. Mas ela nunca acreditou nem sentiu que realmente tinha alguma importância para Deus ou para os propósitos de seu Reino.

Um dia, ela e seu marido decidiram participar de uma classe da escola dominical para "mudar a rotina do domingo". Foi nessa classe que ela começou a ouvir que Deus não apenas a chamara para ele, mas que ele também tinha um propósito e um plano para sua vida — e ele a havia dotado de maneira singular e lhe "telegrafara" para que cumprisse esse propósito.

"Pastor", disse ela, "foi como se fogos de artifício começassem a estourar em minha mente. Deus não só me amou o bastante para me salvar, mas ele também me amou o bastante para realizar seu propósito em minha vida!".

Sua alegria em encontrar significado em Cristo a deixou maravilhada. Embora fosse "crente" há mais de quarenta anos, ela ainda não compreendera que Deus tinha outros planos para ela além da salvação do pecado: o de "trabalhar na igreja". Foi somente quando descobriu o propósito de Deus para sua vida que encontrou o verdadeiro sentido para a vida de fé. Para ela, essa descoberta fez toda a diferença.

O GRANDE "E DAÍ?"

Todos nós precisamos adorar, servir e ministrar a partir de uma profunda convicção de nosso propósito na vida. Bem no fundo, anelamos por esse propósito até mesmo antes de nos tornarmos cristãos. Um homem de nossa igreja fez sua profissão de fé em

Jesus aos 37 anos. Embora não tenha crescido em um lar cristão, ele disse que durante toda sua vida ele sentira um profundo anseio pelo propósito divino, "Um grande: 'e daí?'", em sua mente que insistia em não deixá-lo. "Queria saber onde estava meu propósito", disse ele.

Uma mulher que participa da Calvary há alguns anos, confessou: "Eu sabia que queria muito o Senhor. Sabia que ele estava ali e que havia uma razão. Vim para a igreja em busca de um rumo. Era isso o que realmente queria — um rumo".

As pessoas da Calvary (não eu!) mostraram-lhe como ter um relacionamento com Cristo; em seguida, encorajaram-na e ajudaram-na em seu crescimento. Não demorou muito para ela se envolver no ministério, visitando pessoas doentes ou debilitadas em asilos de idosos e encorajando vítimas da AIDS. Ela encontrou o Senhor, e a igreja a ajudou a encontrar seu propósito. Agora, sua vida transborda de sentido e esperança.

"Agora sei que tenho um rumo a seguir", disse ela. "Consigo sentir o tipo de coisas que Deus quer que eu faça. Sinto um profundo desejo de ter relacionamentos do tipo um 'para o outro' com as pessoas. Tenho grande prazer em visitar os asilos, ir até os quartos dos pacientes, falar com eles e ler histórias da Bíblia. Também estou me envolvendo no ministério com aidéticos. Estou muito animada com tudo o que está acontecendo. Esta igreja salvou minha vida. Posso sorrir outra vez. As pessoas aqui parecem tão cheias de alegria. Existe tanta energia. A Calvary me deu o sentido de vida que eu buscava; ela salvou minha vida. Ela me mostrou a direção".

TODA A GLÓRIA PARA DEUS

É claro que estou grato pelo fato de que Deus usou a Calvary Church para ajudar essa estimada mulher a encontrar o propósito e sentido que ela procurou tão desesperadamente. Estou muito entusiasmado por ela ter encontrado um pasto seguro aqui e por ministrar com a força e confiança que o alimento nos campos de Deus deve proporcionar.

Mas devemos deixar algo bem claro. A Calvary Church nunca indicou um rumo a ser seguido a ninguém. A Calvary Church nunca salvou a vida de ninguém. A Calvary Church nunca conferiu sentido de vida a ninguém. Se a Calvary Church tentasse em algum momento fazer qualquer uma dessas coisas, tornar-se-ia apenas mais um ídolo no coração de alguém, disputando o lugar que pertence somente a Deus.

Deus chama a Calvary Church, como todas as demais igrejas, a prover um pasto seguro onde ele pode suprir as necessidades mais profundas de seu povo e encher os corações ansiosos com paz, alegria e significado. Somente Deus salva a vida dos que estão morrendo. Somente Deus nos proporciona propósito, sentido e esperança.

A verdadeira pergunta é: estamos direcionando nosso povo para a única fonte de vida? Estamos continuamente direcionando o olhar desse povo para o único capaz de lhe suprir as necessidades mais profundas e lhe satisfazer os maiores anseios? O pasto seguro tem por objetivo possibilitar às ovelhas necessitadas a vir, conhecer, seguir e deleitar-se no grande pastor. Quando nós, pastores subalternos, entendermos e sabermos lidar com isso, podemos ter certeza de que estamos de fato cumprindo o propósito de Deus.

Eles se dedicavam ao ensino dos apóstolos e à comunhão, ao partir do pão e às orações [...] Partiam o pão em suas casas, e juntos participavam das refeições, com alegria e sinceridade de coração, louvando a Deus e tendo a simpatia de todo o povo. E o Senhor lhes acrescentava diariamente os que iam sendo salvos.

ATOS 2.42-47

10 Uma força bem atraente

UMA DAS GRANDES IRONIAS DA igreja atualmente é que nos tornamos tão ocupados em fazer "os perdidos" se sentir à vontade em nossos cultos, que esquecemos que todas as pesquisas mostram que eles, na verdade, não estão procurando bem-estar, mas relacionamentos e realidade. O que de fato precisam ver são crentes vitalmente conscientes de Deus e de seu amor por eles, pessoas crescendo em seus relacionamentos com o Senhor e seu povo. Não precisamos de cultos voltados ao entretenimento, em que evitamos alusões à Bíblia, e sim de celebrações de adoração que exaltam o Deus vivo.

Recentemente, preguei um sermão sobre a glória de Deus na oração, no qual abordei diretamente o aspecto da imoralidade sexual. Um homem não-salvo na platéia, trazido para a igreja por amigos crentes, deixou cair sua caneta no chão e disse aos seus amigos que ficou impressionado. Embora ainda não tenha confiado em Cristo como seu Salvador, ele comentou com seus amigos: "Estou 'dando um tempo' para meu divórcio, bem como para meu relacionamento extraconjugal. Tenho estado com muitas pessoas que se dizem cristãs, mas não gostaria de trabalhar com elas, nem mesmo estar perto delas, visto que não vejo muita diferença entre a vida delas e a minha. Mas o que eu vi e experimentei nesta manhã parece *real*".

A CHAVE PARA A EVANGELIZAÇÃO

Nosso amor por Deus e pelos seus santos é a chave para que o mundo venha a conhecê-lo, não nossa paixão pelos perdidos. Jesus disse: "Com isso todos saberão que vocês são meus discípulos, se vocês se amarem uns aos outros" (Jo 13.35). A evangelização cavalga nas asas dos relacionamentos amorosos dentro da igreja. É por meio da comunidade que alcançamos a comunidade maior.

Lauren era uma atleta muito ocupada e não se envolvia ativamente no grupo de jovens da Calvary até seu penúltimo ano do segundo grau. Precisando lidar com as pressões de uma adolescente na sociedade de hoje, ela gostava do ambiente positivo e dos líderes de jovens legais. Esses líderes não eram apenas confiáveis e "ouvintes genuínos", mas também mentores que ofereciam conselhos bíblicos.

Ela começou a levar para a igreja colegas estudantes que também eram atletas. Depois do treino de basquete, elas se apressavam para participar do culto jovem na quarta-feira à noite e ocuparam um banco todo. Duas de suas melhores amigas entregaram vida a Cristo. Outras colegas participaram de forma mais ativa na Calvary e em outras igrejas locais.

O desejo de Lauren de levar amigas para a igreja era conseqüência da compreensão de sua importância no corpo e da conscientização de que ela precisava aproveitar as oportunidades que Deus estava lhe dando para levar suas amigas a Cristo. "Percebi o quanto a minha participação no grupo de jovens me ajudou a crescer, além de evitar que me envolvesse em problemas", disse ela. "Se guardasse tudo isso só para mim, estaria enganando muita gente. Se realmente me entusiasmo com alguma coisa, quero que todos saibam disso".

À medida que o relacionamento dela com Deus se aprofundava, despertado pelos relacionamentos que via em outras adolescentes e nos líderes de jovens, ela começou a procurar descobrir os dons que Deus havia lhe dado. "Deus dá a você algumas qualidades em sua personalidade", disse ela. "Acredito que Deus me deu o dom da liderança. Sou uma grande líder. As pessoas parecem dar ouvidos ao que digo. Também tenho um imenso amor pelas pessoas, especialmente pelas colegas de minha equipe de basquete. Sentia que se elas tinham a mesma necessidade que eu de ir para a igreja, era minha tarefa, ajudá-las ou, pelo menos, encorajá-las a participar da igreja".

O QUE É AMOR?

Se a chave para a evangelização está nos relacionamentos de amor, então o que é amor, biblicamente falando? Muitos em nossa geração parecem ter confundido o amor com "ser legal". Eles não conseguem conceber que o verdadeiro amor também pode agir de maneira que não pareça agradável, meiga, gentil e *legal*. Mas o tipo de amor que Deus demonstra por nós nem sempre parece meigo; às vezes, seu amor parece literalmente cruel. O Salmo 136 lembra-nos que foi por amor que Deus:

- matou os primogênitos do Egito (v. 10);
- lançou faraó e seu exército no mar Vermelho (v. 15);
- conduziu seu próprio povo pelo deserto hostil e árido (v. 16);
- matou reis poderosos (v. 18).

O profeta Isaías, relembrando toda a história de Israel até aquele momento — incluindo os anos de escravidão no Egito, os anos de opressão debaixo dos filisteus, os anos de terror incitados pelos amorreus, jebuseus, heteus e outros — ainda podia dizer acerca de Deus: "Em seu amor e em sua misericórdia ele os [Israel] resgatou; foi ele que sempre os levantou e os conduziu nos dias passados" (Is 63.9). Em seu amor Deus *sempre* conduziu seu povo nos dias passados, não somente em dias agradáveis.

Nós vemos a mesma coisa no Novo Testamento. Em 2Coríntios, o apóstolo Paulo tenta convencer seus amigos transgressores a voltar para Deus valendo-se de súplicas pessoais, ameaças, elogios, chegando a apelar para a vergonha. Lembra-os de quanto tinha sofrido por eles e diz: "Tão certo como a verdade de Cristo está em mim, ninguém na região da Acaia poderá privar-me deste orgulho. Por quê? Por que não amo vocês? Deus sabe que os amo! E continuarei fazendo o que faço..." (2Co 11.10-12). Pode até não parecer amor, conforme Paul o diz, mas o amor é assim mesmo.

O amor sempre quer o melhor para o amado, e isso significa convencer essa pessoa a voltar para Deus, mesmo que a maneira às vezes possa parecer rude ou desagradável. Foi por amor, não por raiva nem rancor, que o Espírito Santo de Deus inspirou o apóstolo a orientar a igreja de Corinto a chamar um homem adúltero dentre eles e entregar "esse homem a Satanás, para que o corpo seja destruído, e seu espírito seja salvo no dia do Senhor" (1Co 5.5). Foi o amor de Deus, não a cólera divina, que chegou a inspirar o seguinte versículo cruel: "Se alguém não ama o Senhor, seja amaldiçoado" (1Co 16.22).

Amor bíblico — quer humano quer divino — significa importar-se a ponto de persuadir os outros a se voltar para Deus, mesmo que isso signifique colocar o relacionamento em risco. Se, em nosso desejo de sermos legais ou simpáticos, falharmos em enfrentar as atitudes e ações que afastam as pessoas de Deus, não estamos demostrando amor genuíno. É possível ser simpático sem dar mostras de uma pitada de amor verdadeiro. Quando as pessoas vêem o amor genuíno em ação, elas naturalmente gravitam em direção a ele — mesmo que esse amor aponte as falhas, em vez de consolar.

Meu amigo ainda lembra vividamente de um incidente de "amor em ação" que, na época, chamou sua atenção. Isso ocorreu quando estava na faculdade. Sem perceber o que estava fazendo, ele se habituara a tornar piada todo elogio que recebia. Na verdade, fazia pouco caso de cada palavra de elogio que vinha de uma pessoa. Um dia, fez isso com a pessoa errada.

Ou seria a pessoa *certa*?

Cindy, a amiga com quem serviu em um ministério na época da faculdade, o elogiou por algo que ele havia feito (ele não lembra mais o que era). Respondeu como de costume... e ouviu algo que não esperava .

"Por que você precisa fazer uma piada ou uma brincadeira toda vez que alguém o elogia?", perguntou ela. "Estava falando sério quando expressei minha admiração por aquilo que você fez. Por que você não consegue receber meu elogio e dizer: 'Obrigado'?".

As palavras de Cindy acertaram em cheio meu amigo. Tocaram-lhe o fundo da alma. Ele não havia percebido que havia desenvolvido esse mau hábito. Os comentários dela em relação a esse comportamento não foram exatamente "legais", mas foram amorosos. Brotaram de uma preocupação genuína. Ela preferiu o melhor para ele, a permitir que continuasse com aquela atitude. Se não o desafiasse, essa certamente não seria uma expressão de amor. Até hoje, mais de vinte anos depois, meu amigo normalmente recebe elogios, respondendo de maneira cortês: "Muito obrigado. Isso foi gentil de sua parte". As piadas ou brincadeiras já não fazem mais parte de seu mau hábito. Por quê? Não porque alguém foi "legal", mas porque uma colega arriscou-se a amar.

O melhor programa de evangelização que podemos desenvolver não advirá de um programa novo , mas de uma congregação que aprendeu a amar de maneira genuína — mesmo que isso nem sempre pareça "legal".

ALGO QUE VEM DO CORAÇÃO

Deus diz que ele nos deu "o ministério da reconciliação" (2Co 5.18). Somos "embaixadores de Cristo, como se Deus estivesse fazendo seu apelo por nosso intermédio" (v.20).

À medida que amadurecemos em Cristo e aprendemos a apreciar de maneira mais profunda o amor e a grandeza de Deus, naturalmente vamos entoando com o salmista: "Cantem louvores ao Senhor, que reina em Sião; proclamem entre as nações os seus feitos" (Sl 9.11). Esse tipo de evangelização começa com os relacionamentos amorosos na congregação e se propaga para fora: "Eu proclamo as novas de justiça na grande assembléia; como sabes, Senhor, não fecho os meus lábios" (40.9). Começamos testemunhando para nossos irmãos e irmãs em Cristo e depois para os de fora: "Não oculto no coração a tua justiça; falo da tua fidelidade e da tua salvação. Não escondo da grande assembléia a tua fidelidade e a tua verdade" (40.10). Nosso testemunho irrompe daquilo que Deus tem feito e está fazendo em nossa vida, como expressa o salmista:

> Uma geração contará à outra a grandiosidade dos teus feitos; eles anunciarão os teus atos poderosos. Proclamarão o glorioso esplendor da tua majestade, e meditarei nas maravilhas que fazes. Anunciarão o poder dos teus feitos temíveis, e eu falarei das tuas grandes obras (Sl 145.4-6).

Procuramos alcançar os outros no mesmo espírito e pelo mesmo Espírito que moveu nosso Senhor a ministrar às ovelhas perdidas de Israel:

> O Espírito do Soberano, o SENHOR, está sobre mim, porque o SENHOR ungiu-me para levar boas notícias aos pobres. Enviou-me para cuidar dos que estão com o coração quebrantado, anunciar liberdade aos cativos e libertação das trevas aos prisioneiros, para proclamar o ano da bondade do SENHOR e o dia da vingança do nosso Deus; para consolar todos os que andam tristes, e dar a

> todos os que choram em Sião uma bela coroa em vez de cinzas, o óleo da alegria em vez de pranto, e um manto de louvor em vez de espírito deprimido. Eles serão chamados carvalhos de justiça, plantio do SENHOR, para manifestação da sua glória (Is 61.1-3).

Despendemos tempo em orações, tanto sozinhos como com outros cristãos, para pedir que o Senhor nos use para alcançar outras pessoas em amor além de nossa comunidade. Precisamos ter em mente o conselho do apóstolo Paulo:

> Dediquem-se à oração, estejam alerta e sejam agradecidos. Ao mesmo tempo, orem também por nós, para que Deus abra uma porta para a nossa mensagem, a fim de que possamos proclamar o mistério de Cristo, pelo qual estou preso. Orem para que eu possa manifestá-lo abertamente, como me cumpre fazê-lo. Sejam sábios no procedimento para com os de fora; aproveitem ao máximo todas as oportunidades. O seu falar seja sempre agradável e temperado com sal, para que saibam como responder a cada um (Cl 4.2-6).

Confiamos no poder e orientação do Espírito, não em nossa própria inteligência e capacidade. Esperamos que o Senhor cumpra sua promessa a seus seguidores: "Mas receberão poder quando o Espírito Santo descer sobre vocês, e serão minhas testemunhas em Jerusalém, em toda a Judéia e Samaria, e até os confins da terra" (At 1.8).

Quando seguimos a orientação de Deus e nos dedicamos a nosso bem-estar mútuo, percebemos que nossa experiência começa a espelhar o que ocorreu com a igreja dos primórdios: "Da multidão dos que creram, uma era a mente e um o coração. Ninguém considerava unicamente sua coisa alguma que possuísse, mas compartilhavam tudo o que tinham. (At 4.32,33).

Repare como esse processo operava na igreja de Tessalônica. Paulo passou apenas algumas semanas com esses crentes novos na fé antes que a perseguição o forçasse a sair da cidade. No entanto, o foco deles em Cristo e o cuidado de uns para com os outros produziu resultados além da expectativa humana:

> Sabemos, irmãos, amados de Deus, que ele os escolheu porque o nosso evangelho não chegou a vocês somente em palavra, mas também em poder, no Espírito Santo e em plena convicção. Vocês sabem como procedemos entre vocês, em seu favor. De fato, vocês se tornaram nossos imitadores e do Senhor, pois, apesar de muito sofrimento, receberam a palavra com alegria que vem do Espírito Santo. Assim, tornaram-se modelo para todos os crentes que estão na Macedônia e na Acaia. Porque, partindo de vocês, propagou-se a mensagem do Senhor na Macedônia e na Acaia. Não somente isso, mas também por toda parte tornou-se conhecida a fé que vocês têm em Deus. O resultado é que não temos necessidade de dizer mais nada sobre isso, pois eles mesmos relatam de que maneira vocês nos receberam, e como se voltaram para Deus, deixando os ídolos a fim de servir ao Deus vivo e verdadeiro" (1Ts 1.4-10).

O pasto seguro não nutre apenas as ovelhas de Deus. Ele também atrai, de maneira irresistível, ovelhas errantes em busca de um pasto seguro. Essa foi a experiência de um homem jovem que chamarei de Roberto.

"NUNCA TINHA VISTO ALGO ASSIM"

"Quando cheguei aqui na Calvary Church", disse Roberto, "fui convidado para participar da escola dominical. Observei a comunhão — eu nunca tinha visto algo assim. E sabia que queria o que eles tinham. Deram-me o número de telefone deles e perguntaram se eu não estava disposto a visitá-los e conversar. Já havia estado em outras igrejas, mas o calor e o cuidado genuíno das pessoas foi algo que nunca havia experimentado".

Mesmo depois de ter sido levado a Cristo por um amigo e de perceber que havia se tornado uma nova criatura, ele admitiu: "Não me sentia um cristão no início de minha caminhada. Realmente não sabia como um cristão deveria agir. Não sabia me alimentar sozinho. Não sabia como estudar a Palavra. Precisava de um modelo, alguém que pudesse me ensinar a caminhar e a falar. Ouvi muita gente falando; vi algumas pessoas caminhando e queria fazer o mesmo. Agora, por meio de meu relacionamento com alguns crentes fiéis, sei o que significa estar envolvido em um corpo de Cristo funcional".

Outra nova convertida, uma mulher chamada Beth, trabalha em um "ministério de *e-mail*" para solteiros que alcança um número cada vez maior de homens e mulheres (cerca de 160 pessoas na última contagem, em estados como a Califórnia, Texas e até a ilha de Rodes). Ela informa às pessoas acerca de acontecimentos futuros e envia todo tipo de mensagens encorajadoras.

Beth foi batizada em fevereiro. "Queria contar minha experiência publicamente", explicou ela. "Oro para ter oportunidades de falar a respeito de Jesus. Tenho realmente um grande desejo de ajudar as pessoas. Creio que ele está usando este ministério de *e-mail* para alcançá-las ".

Como esse interesse começou? De que maneira ela tem sido avivada ? "Tenho realmente sido ajudada em tempos de necessidade", disse Beth . "Mesmo antes de reconhecer quem Deus era, muitas pessoas me ajudaram. Desde o primeiro dia, fui absorvendo o amor das pessoas. Logo me senti em casa. Quando estou na igreja ministrando, sinto a maior paz, o maior amor e sinto-me totalmente em casa. Anseio por mais. Se pudesse trabalhar na igreja o tempo todo, seria o céu na terra. Você não precisa estar em um prédio para ministrar e ter esse tipo de sentimento; também tenho o mesmo sentimento quando não estou nas dependências do templo. Mas a maior alegria da minha vida é poder falar de Deus. É por isso que oro diariamente por oportunidades para falar a respeito do senhor. Não envio todos esses *e-mails* porque sinto que *preciso* fazê-lo. Existe dentro de mim um profundo desejo de ajudar outras pessoas".

Em março, o filho mais novo da Beth entregou a vida a Cristo. Em janeiro, outro filho deu o mesmo passo. Ela lembra: "É uma experiência maravilhosa ver o que está acontecendo na vida deles. Deus está no controle de tudo. Ele me amou tanto, que deu seu Filho em sacrifício por mim".

Enquanto Beth orava para alcançar outras pessoas, ela estava organizando um evento que chamamos de "Verão na Cidade". "Orei", disse ela, "e Deus nos deu o projeto".

Desde essa época, no encontro de solteiros às sextas e na escola dominical, Beth procura se aproximar dos recém-chegados. Ela diz que quer que todos se sintam tão em casa como ela se sentiu. "Mesmo que estejam apenas nos visitando por uma noite, terão pelo menos uma pessoa que se interessou por eles. Eu estava com medo na primeira vez que fui para a igreja. Olhava para aquela construção e pensava: *É tão grande — e se eu ficar aqui sozinha?* Mas um grupo de pessoas veio a meu encontro e me cumprimentou, e isso me tocou profundamente. Por isso, me esforço para lembrar o nome da pessoa na próxima vez que a vejo".

SIMPLES NÃO SIGNIFICA FÁCIL

O programa de evangelização espantosamente eficaz, apresentado no Novo Testamento, parece muito simples: à medida que formos amando uns aos outros por meio do poder do Espírito e manifestando a obra de Deus em nossa vida, os que estão de fora se sentirão atraídos e desejarão participar da festa.

Mas, "simples" não significa "fácil". Não é fácil amar os outros com esse tipo de interesse genuíno. Isso pode significar incômodo, erros de conduta, desenvolvimento de um espírito de perdão e a disposição de estar ministrando o amor de Cristo em todos os momentos para aqueles que mais precisam dele.

Os médicos diagnosticaram um câncer de cólon, em estágio avançado em Stan Webster e marcaram uma cirurgia de emergência. Os cirurgiões marcaram a primeira operação para uma manhã bem cedo, alguns dias depois da descoberta do câncer.

"Minha esposa, Merita, e eu chegamos ao hospital em torno da seis horas da manhã e fomos surpreendidos com um grupo de pessoas da igreja, presbíteros e vários pastores, esperando por nós", disse Stan. "Eles oraram por mim, e pensei: *isto é realmente especial*. Ali estavam todas aquelas pessoas, tão cedo, encostadas nas paredes do quarto pré-operatório orando por mim. As pessoas da igreja realmente nos envolveram com amor".

E isso continuou, durante as operações, a quimioterapia e os períodos sem tratamento. Por todo esse tempo, as pessoas da Calvary apoiaram Stan e Merita. Sempre havia comida, amor, assim como alguém visitando.

Seguiram-se mais cirurgias, e o cuidado continuou. "Tive de ficar no hospital por algumas semanas, e as coisas se complicaram um pouco mais, mas eles tomaram conta de Merita", disse Stan.

"Muitas vezes não é apenas a pessoa que está doente que precisa de cuidado. A pessoa que está cuidando do doente também precisa de cuidado. E posso dizer que Merita recebeu realmente esse cuidado".

Quase na mesma época, vários sobreviventes de câncer e membros de famílias de vítimas de câncer da igreja formaram um grupo de apoio no qual Stan e Merita logo se tornaram ativos. O grupo se encontra todos os meses, e os membros se apóiam mutuamente por meio da oração, da troca de *e-mails*, de telefonemas e de visitas. Em uma das reuniões, os presbíteros da igreja oraram especialmente pelos membros e ungiram cada um deles com óleo.

"A primeira vez que participei, estava em uma cadeira de rodas", disse Stan. "Todos os sobreviventes compartilham suas histórias. É quase como uma reunião dos Alcoólatras Anônimos. Você diz: 'Tenho câncer e sou um sobrevivente'. Isso tem sido uma coisa importante para nós".

Mas a Calvary é mais do que um ministério de câncer para Stan e Merita. Eles começaram a participar da igreja pouco antes de minha vinda e estavam no processo de decidir se aquele era o lugar certo. Assim que decidiram que uma igreja é mais do que seu pastor, eles resolveram ficar.

"Foram as pessoas que nos mantiveram aqui", disse Stan. "Isso é muito importante para nós e é como eu realmente vejo nossa igreja. É uma congregação que ministra. Acredito que o verdadeiro coração da Calvary é uma coisa mística. Você não pode colocar o dedo em uma pessoa específica. Todos estão vinculados de alguma maneira. Ocorre o que está escrito nas Escrituras: "O corpo de Cristo é formado por diferentes partes trabalhando juntas. Se uma parte fica doente, todo o corpo padece. Todas as partes trabalham juntas e foi esse aspecto que nos atraiu para cá".

O amor genuíno *é* uma força atraente e poderosa — a força mais poderosa do mundo. Que nunca tenhamos dúvida a esse respeito. Stan e Merita não vieram para a Calvary Church achando que ele estivesse próximo da morte. Mas quando a morte bateu à porta dele, Deus começou a conduzir esse casal no caminho para o céu, e, assim, tanto Stan quanto Merita foram capazes de passar por esse tempo tão difícil em um pasto seguro para suas almas.

PARTE 3

De que maneira podemos criar um pasto seguro?

"Quem se arriscaria a aproximar-se de mim?", pergunta o SENHOR.

JEREMIAS 30.21

11 Um lugar arraigado na pessoa de Deus

CERTO DIA, EM UM VÔO MAIS LONGO, estava tomando nota de minhas idéias a respeito da igreja. Procurei rever todo meu ensino ao longo dos anos acerca das passagens do Novo Testamento que tratam do "uns aos outros", sobre como devemos cuidar uns dos outros, orar uns pelos outros, amar uns aos outros e assim por diante. Comecei a questionar se, talvez, não tivesse colocado o carro na frente dos bois.

Comecei a suspeitar que estive dizendo para meu povo basicamente o seguinte: "Faça isso, e como conseqüência você amará a Deus". Mas não estava funcionando. Enquanto continuava rabiscando, comecei a perceber que a expressão "uns aos outros" parece ocorrer naturalmente nas igrejas que mantêm uma ênfase doxológica, isto é, um foco constante em Deus. A idéia que envolve "uns aos outros" é a conseqüência, e não o alvo.

Hoje, na Calvary dizemos que existimos para glorificar a Deus ao ajudar as pessoas a ter um relacionamento cada vez mais profundo com Deus e uns com os outros no corpo de Cristo. Essa é a essência de nossa missão. Cremos que, se realmente somos doxológicos tanto em nossa vida pessoal quanto na vida da igreja, essa ênfase, centralizada em Deus, cria um tipo de corrente espiritual que atrai outras pessoas. À medida que me aproximo de Deus, acabo tendo relacionamentos mais próximos e íntimos com os outros no corpo. A idéia de "uns com os outros" tem origem nessa combinação relacional positiva, e tanto o corpo quanto os perdidos se vêem tocados por ela.

Em resumo, é isso que acredito que Deus quer de sua igreja. Nessa linha de raciocínio, o autor Stanley J. Grenz pergunta:

> Por que Cristo instituiu a igreja? E com que fim o Espírito continua a constituir a igreja hoje? Nossa resposta a essa pergunta só pode ser: "Para a glória de Deus". A igreja existe, em última análise, para a glória do Deus trino e uno.
>
> Essa conclusão tem um significado de amplas conseqüências para nossa vida corporativa. Significa que a motivação principal para nosso planejamento, nossos alvos e ações devem concentrar-se apenas em nosso desejo de levar a glória para Deus. Tudo o que falamos e fazemos têm como propósito final a glorificação de Deus por nosso intermédio.[1]

Creio que glorificamos a Deus mais eficientemente quando cooperamos com ele na criação de um "pasto seguro" na igreja.

SEGURO NA PRESENÇA DE DEUS

À parte do destaque doxológico, não podemos criar um pasto seguro na igreja. Independentemente de como nossos programas ou ministérios possam ser bons, mais cedo ou mais tarde, nem um curso, nem mesmo um currículo, ajudarão as pessoas.

Esse aspecto ficou marcado para mim enquanto estava lendo o livro de Larry Crabb, *Finding God* [*Encontrando Deus*]. Quan-

[1]*Created for community*, Grand Rapids: Baker, 1996, p. 217.

do o irmão dele morreu em um acidente de avião, Larry fez a seguinte pergunta: "Onde está Deus quando estou sofrendo?". Naquele momento, todo o conselho, toda a sabedoria, todo o conhecimento, toda a prática que ele havia adquirido ao longo dos anos não foram suficientes para encontrar consolo. Depois ele descobriu novamente que o único pasto seguro pode ser encontrado na presença de Deus.

Sem dúvida, todas esses instrumentos são bons. Nossas igrejas precisam de bons currículos, períodos de oração freqüentes, programas dinâmicos e ministérios cada vez maiores. Na verdade, a Calvary tem um amplo centro cristão de aconselhamento. Mas, até mesmo os melhores conselheiros podem conduzir as pessoas só até certo ponto. Desassociado da presença curadora de Deus, um indivíduo "ferido" continuará sentindo dor. Nunca devemos permitir que esses instrumentos úteis de ministério tirem nossa atenção do próprio Deus.

Creio que, se trabalhamos fundamentados na filosofia correta, até mesmo um currículo medíocre pode ajudar. Em contrapartida, podemos ter um currículo fabuloso, mas, se ele é gerido por uma filosofia deficiente, o final será pior do que o início. Julgue o que ocorreu com algumas pessoas que usaram o currículo maravilhoso de Henry Blackaby em seu livro *Experiencing God* [*Experimentando Deus*].

O Senhor tem usado poderosamente a obra desse autor para fortalecer seu Reino. Conheci muitas pessoas que estudaram esse currículo fantástico e acabaram tendo uma compreensão mais ampla do que significa experimentar a presença de Deus e caminhar com ele. Elas nunca mais foram as mesmas. Mas também encontrei aqueles que fizeram todo o curso, esperando, ao completarem o livro, que uma varinha mágica fosse agitada e tudo em sua vida fosse transformado miraculosamente. Mas isso não aconteceu.

A que essa enorme diferença pode ser atribuída? Ao *foco*. O primeiro grupo concentrou-se em Deus e pediu para ele produzir os resultados desejados por meio do currículo, enquanto que o segundo grupo focalizou-se no currículo, esperando que este produzisse os resultados desejados.

Isso para mim é a confirmação de que o ponto para começar a criar um pasto seguro não é o desenvolvimento de programas e ministérios dinâmicos, tampouco fazer as pessoas se sentirem à vontade. O problema com essas abordagens é que elas concentram a atenção em *nós* e, por isso, podem facilmente degenerar em sentimentos superficiais e passageiros que nunca podem satisfazer.

Em vez disso, o pasto seguro sempre se inicia com um foco concentrado em Deus. Quando o povo de Deus tem uma visão clara de quem ele é e de seu chamado, ele é preparado e capacitado para que seus integrantes ministrem uns aos outros e alcancem outras pessoas. Eles se ligam a realidades eternas, tanto agora como no futuro, e encontram um objetivo maior do que eles mesmos.

QUEM ELE É

Você já se sentiu desapontado? Eu já. Ao ver a propaganda na televisão, deixei-me convencer de que precisava de um tipo especial de cereais para começar bem o dia, sentir-me melhor, trabalhar mais e ser mais inteligente. Não demorou muito para descobrir que o que estava dentro da caixa de cereais não correspondia ao que estava do lado de fora.

Talvez você tenha admirado um esportista, para descobrir mais tarde que ele era um verdadeiro malandro. Isso ocorreu com meu filho. Quando ele tinha cerca de dez anos, fomos ver um treino para um grande torneio de golfe. Você pode imaginar a alegria e empolgação dele ao ver alguns dos profissionais se aproximar dele e dar-lhe um autógrafo, além de uma ou duas palavras de encorajamento — embora meu filho dissesse a um dos jogadores que seu objetivo na vida era o de um dia jogar contra ele... e vencê-lo.

Mas você deveria ver o rosto de meu filho quando um dos jogadores, que era seu maior ídolo, passou pelas crianças, ignorando a existência delas. Na televisão, em várias entrevistas, e em outras situações, esse jogador parecia uma pessoa formidável. Meu filho descobriu naquele dia que a propaganda nem sempre condiz com a realidade.

Por que podemos nos sentir mais impressionados com o que vemos as pessoas *fazer* (ou achamos que elas podem fazer) do que com quem elas *são*? Embora eu não ache errado admirar um excelente atleta ou um grande orador ou um cônjuge, você não pode construir um relacionamento unicamente baseado nessa admiração.

Tenho a impressão de que nós cometemos um erro semelhante em relação a nosso relacionamento com Deus. Estamos mais interessados no que Deus pode *fazer* do que em quem ele *é*. Basicamente, trocamos a ordem... e isso inevitavelmente leva a um grande desapontamento.

O QUE ESTÁ ERRADO?

O que está errado em igrejas que dão a impressão de que são exímias na área da doutrina, mas que, no entanto, estão completamente mortas? Por que têm a tendência de produzir crentes rudes e insensíveis que não se entrosam com ninguém da comunidade? Em muitos casos, isso é porque (quer reconheçam quer não) prezam o conhecimento espiritual e o dogma cristão mais do que o próprio Deus.

Você já observou que muitas classes de escola dominical, em certa época enormes, hoje já não são mais tão numerosas. O professor continua sendo um bom professor, mas apenas um bom ensino jamais satisfará o desejo ardente do coração humano. As pessoas estão à procura de algo mais do que o mero conhecimento bíblico. O que elas estão procurando? Stephen Macchia sugere o seguinte:

> Nossa pesquisa minuciosa a respeito da atitude da igreja confirmou que sentir a presença de Deus é de suma importância para

> toda a igreja, incluindo pastores, líderes e membros. Aqueles que participaram da pesquisa colocaram esse aspecto em primeiro lugar, independentemente de como formulávamos as perguntas.[2]

Embora o livro *O conhecimento de Deus*, de J. I. Packer, seja um grande livro e tenha influenciado profundamente minha caminhada com Deus, sei de alguns leitores que nunca leram o livro até o fim. Eles reclamam: "O autor diz que o livro versa sobre conhecer a Deus, e não conhecer *a respeito* de Deus, mas o que o livro faz é falar *a respeito* de Deus".

Portanto, de que maneira passamos do conhecimento *a respeito* de Deus para conhecer o próprio Deus? Evidentemente precisamos conhecer *a respeito* de Deus antes de *conhecê-lo* pessoalmente; mas onde está a ponte crucial?

PENSANDO EM TERMOS RELACIONAIS

Vislumbrei a ponte pela primeira vez quando comecei a refletir acerca de minha afinidade com Deus em termos relacionais. Perguntei a mim mesmo: "O que foi que me atraiu à Susan e me fez amá-la?".

Para início de conversa, ela era muito bonita. Isso chamou a minha atenção! Mas, à medida que íamos conversando horas a fio e usufruindo aqueles dias de namoro na faculdade e com pouquíssimo dinheiro — caminhadas pela praia, dividindo um cachorro quente porque tínhamos dinheiro para comprar apenas um — comecei a perceber que partilhávamos os mesmos princípios.

Comecei a fazer perguntas sobre sua família e formação, sobre seus pais e irmãos, sobre como fora sua infância. Em nenhum momento pensei: *Finalmente tenho informações suficientes para tomar minha decisão sobre se devo ou não amá-la*. Nunca disse para mim mesmo: "Preciso apenas de mais uma resposta e, se esta for

[2]*Becoming a healthy Church*, p. 27.

satisfatória, optarei por amá-la". É óbvio que isso nunca aconteceu dessa forma.

Apaixonar-me por Susan foi um processo fascinante. Não se tratava apenas de ter acesso a facetas biográficas, mas de conhecer seu coração. Aprendi a conhecê-la mais profundamente, quando deixou que eu conhecesse algumas mágoas de sua vida. Logo tive o desejo de aliviar a dor que ela sentia.

Quando comecei a comparar meu relacionamento com Deus em termos semelhantes, não pude deixar de perguntar: "Deus, qual é a dor de *seu* coração? Estou contribuindo para essa dor?". Quero agradar a Deus, não entristecê-lo. Quando comecei a falar, a pensar e a agir em relação a Deus dessa maneira, liguei-me a ele em termos relacionais. É dessa forma que a intimidade cresce em qualquer relacionamento.

No entanto, o conceito de intimidade com Deus muitas vezes continua a ser estranho para nós. Há alguns anos, estava trabalhando com estudantes de doutorado em um seminário, falando-lhes a respeito de disciplinas espirituais e encorajando-os a desenvolver um relacionamento íntimo com Deus. Um estudante deu-me muito trabalho e encostou-me contra a parede. Ele insistiu que toda minha conversa sobre intimidade e relacionamento não passava de pura bobagem mística. "Tudo o que você precisa conhecer é a Bíblia", insistiu ele. Para ele, todo o conceito de vida cristã deixava de fora qualquer dimensão de uma união emocional com Deus.

Mas as Escrituras declaram o seguinte: "Ame o Senhor, o seu Deus, de todo o seu coração, de toda a sua alma, de todo o seu entendimento e de todas as suas forças" (Mc 12.30). Diferentemente do que possamos estar vendo ao nosso redor, Deus não deseja que haja uma separação entre o intelecto e o coração. Temos a tendência de colocar as coisas em justaposição, como se pudessem ser "ou isso ou aquilo". Mas é simplesmente impossível amar a Deus o coração se não sabemos quem ele é e como ele pensa. Ao mesmo tempo, ele não nos pede para *admirá-lo* de todo por meio de nosso entendimento, mas sim para *amá-lo*. Como isso é possível sem a participação ativa de nossas emoções e vontade?

Recentemente, li dois livros que me deixaram meio desapontado. Concordei com partes do livro de J.P. Moreland, *Love the Lord your God with all your mind* [*Ame o Senhor, o seu Deus de todo o seu entendimento*], mas, quando terminei a leitura do livro, a experiência pareceu-me quase puramente intelectual. Contudo, quando li o livro *Os caçadores de Deus*, de Tommy Tenney, encontrei material farto para o coração, mas quase nenhum interesse para a mente. Embora eu concordasse com quase tudo o que ele diz em um de dos seus capítulos com o seguinte título: *Why I'm sick of church* [*Por que estou cansado da igreja*], o livro acabou me desapontando. Achei que o livro carecia de um melhor embasamento bíblico.

Creio que essa divisão infeliz entre a mente e o coração leva a dois extremos igualmente danosos. Um deles é a abordagem de "tolerância zero", excessivamente crítica, que isola as pessoas, não permitindo que ocorra nenhum tipo de restauração na vida delas, nem a manifestação da graça de Deus. A outra atitude tolera todo tipo de pecado, tanto o declarado como o escondido, sob o falso pretexto da tolerância de Deus. O fato de Deus ser longânimo, no entanto, não deveria ser confundido com tolerância. Na verdade, o fruto do Espírito não produz tolerância, mas, sim, paciência ou longanimidade. Essa atitude produz um pasto seguro para as pessoas, que são aceitas como realmente são, embora não estejam sendo introduzidas a um processo de busca de Deus e de sua vontade para a vida delas.

Recentemente, tivemos de excluir um indivíduo do rol de membros da Calvary Church devido à contínua imoralidade. Várias pessoas passaram mais de um ano tentando ajudar essa pessoa a voltar-se para Deus. Elas voluntariamente se envolveram em um longo processo de oração e intervenção e suportaram muito sofrimento e dor ao longo do caminho. No fim, essa pessoa recusou-se a se arrepender.

Talvez o motivo de algumas igrejas terem uma doutrina tão correta e, ao mesmo tempo, serem tão "frias" e "sem vida" seja que cada relacionamento bem-sucedido, em busca de intimidade, precisa equilibrar várias dimensões: a intelectual, a emocional e a física. Se enfatizarmos a dimensão puramente intelectual, os aspectos emocionais e físicos estarão ausentes, o que resultará em uma disfunção. Chamamos de disfuncional qualquer relacionamento supostamente íntimo em que seja ressaltado somente um aspecto, quer intelectual, quer físico, quer emocional. Algumas coisas desfavoráveis ocorrem nesse tipo de relacionamento, quer estejamos pensando em namorados e namoradas, querem maridos e esposas, quer em Deus e seu povo. Portanto, se realmente queremos usufruir a intimidade com Deus, não podemos negligenciar nenhuma das dimensões necessárias para um relacionamento saudável.

Mas, pergunto-me: "Será que temos medo desse tipo de intimidade?".

ABRAÇANDO DEUS

Quando comecei a participar do ministério dos 'Cumpridores de promessas', um dos ministradores me disse; "Os homens não conhecem a verdadeira intimidade; eles nem ao menos sabem como soletrá-la corretamente". Mas creio que o problema é mais grave do que isso. Acho que tanto homens como mulheres enfrentam riscos singulares. Geralmente, as mulheres buscam a intimidade antes do conhecimento, ao passo que os homens buscam o conhecimento para evitar a intimidade. Dentro da igreja, de alguma maneira, precisamos criar um ambiente que fomente os dois aspectos.

Em uma viagem recente a Israel, testemunhei algo que me fez questionar se, além da dimensão intelectual e emocional, não estamos também omitindo a dimensão física em nosso relacionamento com Deus. Fiquei impressionado diante do muro das Lamentações em Jerusalém, observando como os devotos usavam todo o corpo na oração. Os braços, as pernas, a cabeça, o pescoço, o tronco, tudo. E não o faziam para "ser vistos pelos homens", mas essa era a forma deles de orar a Deus.

Quanta atenção temos dado na igreja evangélica à postura durante a oração e ao envolvimento do corpo na adoração? Tenho um forte pressentimento de que a maioria das pessoas pensam que o corpo não tem uma participação importante no relacionamento com Deus.

Contudo, quando lemos as obras de alguém como A. W. Tozer, que continua sendo um dos líderes evangélicos de maior respeito, descobrimos que ele ficava prostrado no chão em seu escritório, um lenço aberto sobre o tapete para não respirar o pó. Ele simplesmente não conseguia ficar em uma posição diferente diante de Deus. Por isso, pergunto: Que aspectos físicos na oração e adoração estamos negligenciando? Encorajamos nosso povo a desenvolver um relacionamento com Deus — mas quando foi a última vez que os incentivamos a *abraçar* a Deus?

"Mas de que maneira você faz *isso?*", ouvi multidões perguntarem.

"Como você abraça um Deus invisível e intocável? De que maneira você usa o corpo para se relacionar de forma mais íntima com aquele 'a quem ninguém viu nem pode ver'" (1Tm 6.16)?

Acho que poderíamos começar, pelo menos, com o que tem sido chamado de "ministério da encarnação". De alguma maneira, cada um de nós representa Cristo para os outros. Jesus disse que, quando damos um copo de água fria a alguém em seu nome, na verdade, o estamos dando ao próprio Jesus. Nós "abraçamos a Deus" quando abraçamos outras pessoas em nome de Jesus (sem minimizar ao mesmo tempo os devidos limites ou diferenças das diversas culturas). Negligenciamos esse aspecto físico de nosso relacionamento com Deus por nossa própria conta e risco.

Pense no relacionamento entre pais e filhos. Embora meus filhos sejam agora jovens adultos, entendo que, para ajudá-los a crescer, mesmo nesse estágio da vida, preciso continuar me envolvendo fisicamente na vida deles. Existem momentos em que preciso abraçar meu filho de dezoito anos, que tem uma barba mais cerrada do que a minha.

Também no corpo de Cristo, as pessoas com freqüência vêm a mim e dizem: "Sabe, pastor, você realmente me ajudou em uma época difícil". Quando reflito sobre os acontecimentos em questão, noto que não havia dito coisa alguma. Eu também não dera um livro para ler ou um CD para escutar, nem dissera palavras de sabedoria. A pessoa se sentia grata simplesmente por causa do meu abraço.

Talvez, a dinâmica do "abraço a Deus" esteja sendo negligenciada no corpo de Cristo. É claro que não estou falando de passar de uma disfunção para outra. Mas, será que temos dado a devida atenção à necessidade da presença física e do simples toque? Muitas vezes falo com pessoas aflitas, que me dizem: "Sabe, fulano de tal veio e me abraçou, e tive a sensação de ouvir Deus me dizendo naquele momento que estava tudo bem. Deus me abraçou por meio daquela pessoa".

Aparentemente, Deus responde a nosso abraço!

O LUGAR PARA UMA LINGUAGEM APAIXONADA

Em geral, acho que a maioria de nós tem medo de falar de Deus em uma linguagem apaixonada, como se isso de alguma forma desmerecesse nosso intelecto ou lhe diminuísse a transcendência. No entanto, que tipo de relacionamento íntimo pode prosperar quando as pessoas que se amam não se expressam às vezes com termos apaixonados?

Não tenho o hábito de escrever sempre em meu "diário", mas, quando visitei Israel, escrevia todos os dias, durante o dia todo. Nunca li nada de meu diário a ninguém; considero o registro de meu pensamento algo confidencial. Porém, ontem à noite na igreja, pela primeira vez, li parte de meu diário para a congregação, a fim de que as pessoas pudessem saber o que se passava nos diversos lugares. Fiz algumas anotações enquanto estava entrando no jardim do Getsêmani. Quando li minhas anotações ontem à noite, percebi novamente como um relacionamento de amor traz colorido a nossa linguagem — mesmo que aquilo que expressei tenha sido pura teologia. Permita-me reproduzir minhas anotações sobre os momentos em que passei no Getsêmani.

> Amado Senhor Jesus, cheguei até o jardim onde o Senhor orou, agonizou e derramou sua alma diante de seu Pai. Não consigo imaginar a intensidade da tristeza que lhe trouxe sangue e suor às faces. Não consigo compreender sua tristeza, ao saber que o Senhor seria apartado do Pai. Leio os relatos sobre o Senhor ter sido "abandonado", e sinto-me culpado pensando que foi apenas por um momento. Já, para o Senhor, deve ter sido uma eternidade. A comunhão perfeita se desfez em virtude de meu pecado, de minha culpa, de minha necessidade.
>
> A palavra "obrigado" parece muito trivial nessa situação. Todas as palavras de louvor soam superficiais em meus ouvidos. Os hinos e os corinhos de minha mocidade e da época atual são todos inadequados para proclamar o que está em meu coração. Talvez, este seja um daqueles momentos em que o Espírito Santo traz a sua presença o que não consigo expressar em palavras, de acordo com as palavras de Paulo. Oro para que o Senhor ouça e seja abençoado pelos pensamentos e sentimentos de meu coração. De meu coração de amor para seu coração.
>
> Apanhei algumas folhas das antigas oliveiras deste lugar. Será que os discípulos fizeram o mesmo? Ou eles estavam entediados e incomodados como uma criança pequena, que está ansiosa para deixar um lugar que lhes parece chato? Amado Senhor, que estas folhas se tornem um lembrete para mim, porque a sua obra é a seu respeito do Senhor, não de mim. Amém.

Preciso admitir: chorei quando escrevi essa parte de meu diário, por mais repleta que esteja de pensamentos teológicos. Chorei não porque criei uma obra-prima literária, mas porque essa parte expressa verdades preciosas a respeito daquele que amo, em termos que transmitem minha profunda paixão.

(É por isso que gosto de vários livros do autor e pastor John Piper. Embora tenha uma mente teológica brilhante, ele parece estar disposto a "abrir o coração". Não existem muitos com disposição semelhante.)

De todos os livros cristãos publicados todos os anos, em geral só alguns tocam minha alma. Os autores destes livros pensam teologicamente e absorvem minha mente, mas também interagem com meu coração. E é disso que a igreja tem sentido falta. Nossas pregações, com freqüência, deixam de ressaltar esse aspecto. Por um lado, banalizamos e reduzimos nossa pregação a um exercício empírico voltado para as necessidades básicas das pessoas. Por outro lado, pregamos de tal forma que nosso povo tem a impressão de que está participando de um curso da língua grega.

O grande desafio da igreja é envolver todos em uma busca apaixonada por Deus. Desejo que as pessoas da igreja tenham a oportunidade de aumentar a compreensão acerca de quem Deus é para que possam ter um relacionamento real e dinâmico com ele.

O QUE PODE SER FEITO?

Portanto, como um pastor pode encorajar esse tipo de "enfoque em Deus" no meio de seu povo? O que pode ser feito? A primeira coisa é certificar-se de que *você* tem uma vida centrada em Deus e de que sua prioridade na vida é o Senhor Jesus. A caminhada com Deus depende de paixão ou de competência?

Recentemente, falei a um de nossos pastores:

— Você tem a liberdade de se encontrar com Deus todos os dias.

— Você deve estar brincando — respondeu ele. — Isso *realmente* faz parte de minha relação de tarefas? Tenho a permissão de fazê-lo?

— Certamente — disse eu. — Isso faz parte da relação de tarefas de todo cristão.

Na verdade, posso ter momentos com o Senhor todos os dias e não ouvir falar de Deus. Não tenho muita dificuldade em organizar meu horário, e sou capaz de planejar meu tempo com Deus (embora nem sempre pareça assim aos outros). Mas, será que realmente estou ouvindo o Senhor nos momentos em que passo com ele? Posso fazer a leitura dos versículos como parte de um projeto elaborado de antemão, posso planejar meu tempo de oração antecipadamente — mas, antes que perceba, o ritual pode tomar o lugar do relacionamento. Não posso permitir que isso aconteça.

Se quero que minha igreja adote e usufrua um enfoque doxológico, isso precisa começar com o que sou, com quem eu sou, diante de Deus. Por isso, em minha pregação, procuro continuamente apontar para esse foco em Deus. Tento de todas as formas não dizer o seguinte: "Aqui estão três passos para aproximar-me de Deus", ou: "Se eu fizer essas sete coisas, tudo ficará bem". Ao mesmo tempo, também procuro evitar banalizar a vida, dizendo, por exemplo: "Apenas ore e tudo ficará bem". Esforço-me ao máximo para apresentar as realidades da vida apoiadas em textos bíblicos e proclamar que, mesmo em meio *a essas* coisas, Deus deseja que você o encontre.

Atualmente, estou me divertindo com a idéia de uma série de mensagens intitulada: "O melhor ainda está por vir". De início, tinha a intenção de pregar essa série de mensagens acerca do céu e dizer basicamente: "Fique firme até chegar lá". Mas, ultimamente, tenho repensado a série para refletir sobre em que ponto me encontro atualmente com respeito a Deus. Gostaria de dar a essa série um enfoque centralizado em Deus, ao examinar a vida de personagens bíblicas que tiveram de passar por tempos difíceis antes de alcançar o "melhor". Jó passou por grande sofrimento. Moisés passou quarenta anos no deserto com uma multidão intratável e rebelde. Todos nós precisamos passar por certas situações — até mesmo situações de vitória — para estarmos mais centrados em Deus e lograr "o melhor".

Parte de meu papel como pastor envolve ajudar nosso povo a entender que o fim de todas as coisas não é a felicidade nem a paz pessoal, mas o prazer de Deus, e deleitar-se em seu prazer infinito. Às vezes, isso é uma tarefa árdua. Uma mulher vem para a igreja dizendo: "Pastor, pregue sobre o casamento", porque ela deseja que seu casamento não tenha tantas dificuldades. Ela realmente não quer que Deus — mesmo sendo cristã — esteja no centro de seu casamento; ela quer alívio.

Seria fácil dizer-lhe : "Aqui estão cinco maneiras de melhorar a comunicação". Eu poderia dizer aos maridos para amar suas esposas e fazer isso dessa ou daquela forma, e às esposas para respeitar seus maridos e fazer isso ou aquilo, tudo sem mostrar a preeminência de Deus no casamento. No entanto, muitas vezes, o foco em Deus resolve muitas das dificuldades que se referem meramente aos mecanismos do relacionamento de um casal.

Por exemplo, um casal que sabe como chegar à presença de Deus por meio da oração dificilmente terá grandes problemas na comunicação. Quando o casal se une, a presença de Deus abre todos os canais de comunicação. Se isso é verdade, então o que é mais sábio ensinar: "Cinco maneiras de parar de gritar com o outro", ou: "Como você pode encontrar-se com Deus?". Eu prefiro: "Como você pode encontrar-se com Deus estando ao lado de outra pessoa".

É claro que não estou sugerindo que a oração é o esparadrapo que cobre todas as feridas do casamento. Mas existe uma compreensão de que, por meio da oração e da adoração, meu coração se abre para a verdade. E quando isso acontece, existe a possibilidade de ocorrer cura, restauração e correção. Quero que meu rebanho encontre um pasto seguro na presença de Deus, onde a raiva começa a ceder. É Deus, não a minha sabedoria, que pode unir um casal em conflito.

Mas, será que nunca prego sobre "os cinco passos"? É claro que sim. Isso pode ser um ponto de partida, visto que nem todos estão prontos para começar no lugar mais eficiente. Mas nunca devemos deixar que "os cinco passos" se tornem mais do que um ponto de partida.

AVALIANDO NOSSO PROGRESSO

À medida que nos envolvemos no ministério, devemos constantemente avaliar nosso progresso. Precisamos sempre fazer a nós mesmos as perguntas mais importantes. Nosso foco está em Deus ou em nossa competência pessoal? Estamos estimulando um ao outro no amor e na realização de boas obras? Estou desfrutando de um relacionamento amoroso com Deus ou estou apenas simulando? Estamos criando um lugar com um ministério dirigido por Deus e voltado a ele? Estamos ajudando nosso povo a ver que a verdadeira ajuda só pode ser encontrada em Deus? Meu papel como pastor exige que faça essas perguntas constantemente, tanto acerca de mim mesmo como em relação à equipe de obreiros.

Essa avaliação, porém, não pode parar com a realização de meras perguntas. De alguma maneira, preciso procurar determinar como nosso povo está crescendo em sua caminhada com Deus. Isso não é fácil. É mais fácil pegar o relatório mensal de freqüência, de batismos, de cursos completados e de graduandos do que avaliar a temperatura espiritual de nossa congregação.

Temos procurado gastar mais tempo em interação pessoal com os homens e as mulheres da Calvary. Eles estão tendo uma consciência e dependência cada vez maior de Deus? Uma pesquisa por escrito não pode nos dar informações muito precisas. Precisamos de diversos momentos de reflexão e *feedback* — e não apenas de cultos de louvor e gratidão planejados previamente, em que as pessoas passam diversas semanas antes do evento dizendo: "Preciso encontrar alguma coisa pela qual eu seja grato".

Nosso ministério de solteiros recentemente conheceu esse tipo de culto, que talvez exemplifique o que precisa acontecer em toda a igreja. Na sexta-feira à noite, temos um tempo de adoração para solteiros que chamamos de "A experiência dos solteiros". Nessa noite em particular, a celebração e o louvor fluíram espontaneamente. O pastor de solteiros não poderia ter interrompido aquela experiência mesmo que quisesse. Uma mulher que sofrera um aborto deu testemunho da cura de Deus em sua vida. Uma mãe solteira, cuja filha havia sido molestada sexualmente, testemunhou a cura que mãe e filha conheceram em Deus. O culto tornou-se um transbordar da adoração na presença de Deus — e a tal ponto, que surpreendeu a todos. Deveríamos nos perguntar: "Será que esse tipo de momentos de gratidão, de adoração e de confissão espontâneos, não planejados e não programados, estão ocorrendo entre nós?".

Cada parte do ministério da igreja precisa ser avaliado da perspectiva do foco em Deus. Tivemos grande necessidade orçamentária nos últimos três meses, e, quando procuramos supri-la, ponderei: *Esse orçamento tem sua raiz em Deus? Isso realmente é para a glória de Deus ou está servindo para perpetuar as estruturas, sistemas e programas do passado? Essas coisas realmente estão atraindo as pessoas para Deus?*. Fiz essas perguntas não porque suspeitava que algo estivesse errado (nem que o dinheiro estivesse sendo desviado), mas porque creio firmemente que preciso fazer essas perguntas acerca de tudo o que fazemos.

É TUDO A RESPEITO DE DEUS

A igreja americana tem uma tecnologia mais sofisticada a sua disposição do que qualquer outra igreja na história. Temos mais conferências, mais livros, mais recursos audiovisuais de ensino, mais peritos e mais consultores do que qualquer outro país na terra. No entanto, não é isso que promoverá um reavivamento.

Em contrapartida, quando visito a Índia, o Brasil ou outras partes do mundo que têm poucos recursos, muitas vezes encontro pessoas buscando a Deus com grande espontaneidade. Lá, ouço mensagens simples de pastores e evangelistas — mensagens a respeito de Deus. Aqui, *dizemos* que são a respeito de Deus, muitas vezes, porém, dependemos de toda nossa tecnologia e sofisticação e, depois, procuramos forçar nossos métodos sobre a igreja em outras partes do mundo.

Deveríamos, portanto, nos desfazer de toda a sofisticação e voltar a fazer o que a igreja do terceiro mundo faz? Ou deveríamos deixar de lado os computadores, as telas de projeção, o ar condicionado e todo o resto? Deveríamos voltar a usar sandálias e voltar a uma vida menos dependente da tecnologia?

Não acho. Sou grato por todas as coisas que temos. Gosto muito de meu computador. Nem sempre sou um grande fã do *e-mail*, especialmente quando cem mensagens chegam ao mesmo tempo. Mas a capacidade de pesquisa que temos, aquilo que podemos fazer com o vídeo e a tecnologia, tudo me traz grande prazer. É maravilhoso saber que, para cada necessidade humana, alguém passou por aquela situação e ajudou a criar recursos que transmitem uma perspectiva bíblica para essa situação.

Nossa dificuldade não diz respeito a esses instrumentos, mas ao fato de não os "imergimos" em Deus. Nosso problema não é a sofisticação da igreja, nem a tecnologia, nem o currículo, tampouco os programas. Nosso problema é que depositamos nossa confiança nesses instrumentos em vez de em Deus. Se realmente depositássemos nossa confiança em Deus e utilizássemos essas coisas como instrumentos úteis, creio que assistiríamos a uma "explosão" espiritual na igreja dos Estados Unidos.

Se tudo ao nosso redor entrasse em colapso hoje, será que ainda escreveríamos o hino, "Sou feliz com Jesus! Sou feliz com Jesus, meu Senhor", como fez Horatio Spafford, quando seus filhos se afogaram no Atlântico gelado? Verdadeiramente regozijamo-nos em Deus? Nossa atenção está voltada para Deus? Temos nos lembrado uns aos outros continuamente de que a vida *real* só pode ser encontrada em Deus?

QUANDO DEUS SORRI

Se queremos criar um pasto seguro, devemos voltar continuamente nosso povo para o caráter e a pessoa de Deus. Não podemos nos dar ao luxo de perder nossa paixão por ele e nossa dependência dele em troca de uma avalanche de "coisas boas". Somente Deus deve continuar a ser o centro de nossa atenção.

Quando o pastor Jorge Prado visitou a Calvary, nesse último mês de maio, para ser entrevistado a fim de ocupar uma posição nosso quadro de obreiros, ele estava no quarto andar, falando a alguns pastores e presbíteros. Subitamente, ele ouviu uma voz feminina em tom de solicitação: "Precisamos de alguém aqui embaixo na galeria que fale espanhol , porque temos um casal aqui que não entende inglês". Esse casal veio para nossa igreja para beneficiar-se de nosso ministério, que distribui roupas a pessoas necessitadas .

"Desci e falei em espanhol", disse Jorge. "Mais tarde, descobri que a secretária [Lynn] tinha tentado se comunicar com esse casal, mas o espanhol dela não era suficientemente bom para ser entendido. 'Graças a Deus você veio, pastor', disse ela, ao ver-me. 'Eles vieram pelas roupas, mas acho que precisam de algo mais. Eles precisam de Cristo. Você poderia falar com eles?'".

Jorge começou a fazer perguntas a esse casal e descobriu que eram de Santo Domingo. O marido era um homem de negócios que "precisava sair de lá" e por isso imigraram para os Estados Unidos. Não estavam preparados para a fria primavera de Charlotte. Assim, quando ouviram falar que nosso ministério distribuía roupas, apareceram na igreja.

"Depois de começarmos a conversar", disse Jorge, "Lynn dirigiu-se a mim em tom brando: 'Pastor, fale a eles a respeito de Cristo'. Pensei comigo: ***eu sou** o pastor, quem deveria estar falando para você o que fazer, e não você para mim*. Mas comecei a partilhar com eles idéias acerca do evangelho usando o livro de Romanos. Quando cheguei em Romanos 10, passagem em que o apóstolo diz: 'Se você confessar com a sua boca que Jesus é o

Senhor [...] será salvo', os olhos desse casal se abriram. E quando perguntei: 'Vocês gostariam de orar comigo para aceitar a Cristo?', eles quase gritaram: 'Sim! Sim!'. Eles estavam realmente empolgados".

O casal, Carlos e Maria Elena, aceitaram a Cristo naquele dia. Quando o pastor olhou para Lynn, a jovem secretária administrativa, viu que ela estava chorando. "Todos nós nos abraçamos e continuamos a falar por mais alguns instantes", disse Jorge. "Todos estávamos muito, muito felizes".

Desde aquele dia, Carlos e Maria Elena têm participado ativamente de nossos cultos em espanhol. Eles cresceram na fé, têm servido o Senhor e agora querem ser batizados. Mas, repetidas vezes, eles têm lembrado o pastor Prado: "Pastor, o senhor é nosso pai espiritual, mas Lynn é nossa mãe espiritual, porque sem ela nunca teríamos conhecido a Cristo. Viemos pelas roupas e acabamos recebendo Cristo em nosso coração ".

Roupas podem ser bons instrumentos. Interfones podem ser bons instrumentos. A habilidade de falar várias línguas é um bom instrumento. Quando esses bons instrumentos são empregados no poder do Espírito Santo com um foco vigoroso em Deus, pessoas como Carlos e Maria Elena, de Santo Domingo, podem se ligar não só ao Senhor mas também a crentes que se importam, como Lynn e Jorge.

E Deus sorri.

Tendo os olhos fitos em Jesus, autor e consumador da nossa fé...

HEBREUS 12.2

12 Um corpo focalizado no verdadeiro Jesus

DEPOIS DE TENTAR IR A ISRAEL POR mais de um quarto de século, finalmente tive a oportunidade de ver a Terra Santa no início de 2001. Foi um tempo muito especial para mim, tanto emocional quanto espiritualmente (e todas as caminhadas, os passeios e as escaladas não chegaram a me incomodar fisicamente).

Um dia, estava subindo alguns degraus antigos em direção à casa de Caifás, o caminho principal do jardim Getsêmani que conduzia até lá. Jesus deve ter subido os mesmos degraus na noite que foi preso e julgado na casa do sumo sacerdote diante do Sinédrio (Mt 26.57-59). A meu lado caminhava um estudante de uma faculdade bíblica, com especialização na área pastoral. Ele não tinha certeza de estar fazendo o curso "certo". Era um jovem dedicado de uma família cristã e sabia que Deus o havia chamado, mas havia pouco tempo ele se rebelara violentamente e se envolvera em uma série de dificuldades, das quais agora se arrependia profundamente. Ainda usava os brincos brilhantes de seus dias de rebeldia.

À medida que subíamos as escadas que Jesus subira há tantos anos, começamos a conversar acerca de nossa culpa e vergonha em relação a nosso passado, sobre o que fizemos antes de conhecermos a Cristo. Ficamos maravilhados ao lembrar que Jesus fizera aquele percurso para tratar de nossos problemas.

— Esse caminho é *legal* — exclamou meu jovem amigo.

— Sim — concordei — *legal.*

E sabe de uma coisa? É mesmo. Sentamo-nos nos degraus por alguns minutos, só para perguntar um ao outro: "Ainda conservamos na memória seu sofrimento? A *Via Dolorosa?*" Naqueles breves momentos, pensei mais profundamente no sofrimento de Cristo do que em qualquer outra época de minha vida. Fiquei refletindo sobre sua grande importância para mim e sobre o que meu Pastor estava disposto a suportar por *mim*.

Na verdade, esse caminho é muito legal.

CONCENTRAR O FOCO EM CRISTO

Os momentos que passei com meu amigo nos degraus íngremes que levavam à casa de Caifás, significaram mais para mim do que posso descrever. Sentir a dureza da pedra sob os pés, saber que meu Salvador voluntariamente escolheu *esse* caminho difícil para me proporcionar uma vida abençoada que de outra forma eu nunca desfrutaria. O foco de minha mente estava totalmente concentrado em Cristo. Não me lembro de muitas experiências que me tocaram de maneira tão profunda.

E isso me fez compreender que todos nós, ocasionalmente, necessitamos de advertências enérgicas acerca do caráter central de Cristo para nossa fé. Tudo gira em torno dele. *Tudo!*. "Se a igreja se torna o centro de nossa devoção em vez de Cristo", lembra o autor Edmund P. Clowney, "a decadência espiritual já está a caminho. Uma doutrina da igreja que não tenha seu centro em Cristo está fadada ao fracasso e é falsa".[1]

[1]*The Church series:* contours of Christian Theology, org., Gerald BRAY, Downers Grove: InterVarsity, 1995, p. 15.

Jesus anseia que encontremos um pasto seguro, mas nós só desfrutaremos esse tipo de pasto quando aprendermos a caminhar onde Jesus caminhou, quando aprendermos a ver como Jesus via, quando aprendermos a valorizar o que Jesus valorizava e a amar o que Jesus amava.

Jesus Cristo é nosso Senhor, nosso Salvador, nosso Mediador e Pastor, Amigo e Irmão. No entanto, ele não é somente o Jesus caloroso que chama os pecadores para ficar a seu lado e dar a eles um lugar seguro para relaxar, mas também é o Jesus rigoroso que repreende seus discípulos transgressores e os conclama a dar a vida uns pelos outros. O Jesus das Escrituras não somente diz a seus seguidores: "Venham a mim, todos os que estão cansados e sobrecarregados, e eu lhes darei descanso" (Mt 11.28), mas também: "Quem não toma a sua cruz e não me segue, não é digno de mim" (Mt 10.38).

Se quizermos garantir qualquer esperança de encontrar pasto seguro, precisamos concentrar nossa atenção em Cristo. Não nos resta outra opção.

EVITANDO OS CHAVÕES

O pasto seguro que procuramos deve estar baseado na natureza e na missão do bom pastor, não em uma idéia produzida de como um pasto seguro deveria ser. Portanto, para encontrar pasto seguro, devemos evitar os chavões de sempre e nos abstermos de banalizar a vida de Cristo.

Em outras palavras, devemos procurar o verdadeiro Senhor Jesus, aquele que não somente ressuscitou em vitória e que em última análise será totalmente vitorioso, mas aquele que trilhou o caminho do sofrimento, da tristeza e da aflição. Jesus conhecia intimamente nossos sentimentos e as fraquezas de nossa carne e enfrentou as mesmas tentações que enfrentamos.

Contudo, de alguma forma, esquecemos com muita facilidade esse aspecto.

Em minha experiência, a maioria dos evangelistas tende a ter uma visão européia, romantizada. Se você entrevistasse uma multidão de evangélicos brancos e lhes pedisse : "Fale-me a respeito de Jesus", provavelmente você ouviria muito acerca de seu amor, de sua graça, de seu perdão e de seu poder, de sua ressurreição e de sua vitória. E se você entrasse em uma livraria cristã para procurar uma daquelas pequenas placas que citam Filipenses 3.10, você provavelmente encontraria uma que citaria este versículo da seguinte maneira: "Quero conhecer Cristo, o poder de sua ressurreição". Raramente a segunda parte deste versículo é impressa: "... e a participação em seus sofrimentos, tornando-me como ele em sua morte".

É um fato interessante que, enquanto os evangélicos brancos normalmente apresentam Jesus no poder de sua ressurreição, a igreja americana africana tende a ter um ponto de identificação diferente, a saber, os sofrimentos de Cristo. Nossa história cultural e pessoal muitas vezes nos impede de vislumbrar um quadro completo e ter uma compreensão mais abrangente de Cristo.

Considere três das "sete últimas palavras" de nosso Senhor na cruz. A primeira palavra é "Pai" (Lc 23.34); na quarta palavra, o tratamento muda para "Deus", indicando uma terrível separação (Mt 27.46); a última palavra volta a ser "Pai" (Lc 23.46). Como o Deus eterno, a experiência momentânea de separação que Jesus experimentou deve ter sido uma eternidade — mas nós também romantizamos esse aspecto.

Todos os anos na Calvary Church, na "quinta-feira santa", temos um culto chamado Tenebrae, uma "comemoração" das trevas. Não admira que esse culto tenha uma freqüência reduzida. Por quê? Em grande parte, porque os evangélicos cristãos não querem se concentrar no sofrimento da cruz; eles querem o domingo de Páscoa. Na Páscoa, este lugar fica superlotado em todos os cultos. Mas na "Quinta-feira Santa" (e mesmo na Sexta-feira da Paixão), quando refletimos profundamente acerca do sofrimento de Jesus, é possível que algumas centenas de pessoas participem do culto. Para mim, não existe uma evidência mais clara de que não compreendemos quem Jesus é do que a disparidade na freqüência desses dois cultos.

Devemos compreender que o pasto seguro engloba *todos* os aspectos da vida, mesmo as coisas difíceis. Não se resume apenas a cantar "Vitória em Jesus". Não quer dizer que amanhã tudo estará perfeito, mas certamente quer dizer que amanhã *ele* continuará sendo perfeito. Quando o conhecemos como ele realmente é, sentimos o bem-estar da alma que nos traz um sentimento de segurança e saúde, assegurando-nos de que não estamos vivendo em um mundo ilusório.

ELE ESTÁ SEMPRE CONOSCO

Muitas vezes, ouve-se dizer que "nada vem a mim que não tenha passado pelas mãos de Deus". Não consigo dizer se isso é uma figura de linguagem apropriada ou não, mas a figura que eu prefiro diz: "Nada acontece comigo que o pastor não permita que passe pela porta de minha vida".

Sinto grande paz em meu coração por saber que, mesmo em meio a dificuldades e dores, meu pastor está presente. Não estou aqui sozinho. Ele sempre permanece à porta de minha vida. Jesus é aquele que se deita no portão do aprisco, protegendo seu rebanho. Protegendo a mim. Ele tem a vara e o cajado e sabe como usá-los. Como ele disse:

> Digo-lhes a verdade: Eu sou a porta das ovelhas. Todos os que vieram antes de mim eram ladrões e assaltantes, mas as ovelhas não os ouviram. Eu sou a porta; quem entra por mim será salvo. Entrará e sairá, e encontrará pastagem. O ladrão vem apenas para roubar, matar e destruir; eu vim para que tenham vida, e a tenham plenamente.
>
> Eu sou o bom pastor. O bom pastor dá a sua vida pelas ovelhas (Jo 10.7-11).

O bom Pastor *não* promete que inimigos cruéis e animais ferozes jamais nos atacarão; ele promete que sempre estará conosco quando esses ataques ocorrerem.

Muitas vezes apresentamos Jesus como um pastor que nunca nos levará para o vale, nunca nos guiará para as terras baixas. Então, o que acontece quando em minha caminhada da vida cristã, seguindo a Jesus — subitamente um vale profundo aparece diante de mim? Sei o que muitas vezes ocorre. Pensamos: *Algo deve estar errado com Jesus. Talvez ele já não esteja mais comigo*. Ou dizemos: "Isso aconteceu comigo porque meu pastor tem sido negligente. Deus não tem sido um bom Deus". Ou, talvez afirmemos: "Não confio nisso".

No entanto, seguir o pastor pode significar que tenhamos de passar pelo vale para chegar até a fonte de água. O vale da sombra da morte *existe*. Qual seria outro motivo para Paulo dizer: "É necessário que passemos por muitas tribulações para entrarmos no Reino de Deus" (At 14.22)? Por que ele diria aos filipenses: "Pois a vocês foi dado o privilégio de não apenas crer em Cristo, mas também de sofrer por ele" (Fl 1.29)? Ou por qual outro motivo Jesus diria a nós: "Se alguém quiser acompanhar-me, negue-se a si mesmo, tome a sua cruz e siga-me" (Mt 16.24)?

Em algum ponto do caminho deixamo-nos enganar por certa mentalidade de libertação distorcida e antibíblica. Visto que temos deturpado a mensagem de Jesus, achamos que situações difíceis não podem ocorrer na vida cristã. Por isso, evitamos pregar sobre tópicos controversos ou mensagens que possam causar algum tipo de dor. Já que cremos que situações geradoras de estresse ou sofrimento na família não podem advir de Deus, pensamos: "Certamente, Jesus não me pediria para fazer aquilo! Já que Deus nunca desejaria que eu estivesse em um relacionamento que me causasse sofrimento (e não estou me referindo ao abuso físico), sinto-me perfeitamente justificado a abandonar o cônjuge não salvo que está me causando problemas de ordem emocional".

Ouvi falar de uma mulher que recentemente seguiu à risca essa linha de pensamento. Ela participa de uma grande igreja evangélica e está casada com um marido não cristão. Está pretendendo se divorciar. "Realmente penso que preciso estar na vontade de Deus", explica ela — o que para ela significa deixar o marido.

Que o leitor não me entenda mal. Não estou defendendo que devemos nos arrastar pela vida, sob o peso de uma enorme cruz e gemendo: "Que mísero verme sou eu!" Isso é tão bíblico ou útil quanto a mentalidade da libertação. Existem várias outras alternativas positivas além dessas duas opções.

SALVO NO MEIO DA TEMPESTADE

Deus muitas vezes nos livra de perigo, mas nem sempre faz isso. Alguns dos grandes homens da fé em Hebreus 11 sofreram torturas, prisão, açoites, correntes e morte pela espada (v. 35-37). Todavia, a vida de Jesus sugere que o pasto seguro é *o lugar em que estou protegido da tempestade*.

O pasto seguro oferece uma caverna segura no interior da montanha onde posso fugir à destruição total. Esse pasto seguro não provê uma área cercada que jamais é atacada por animais selvagens. A verdade é a seguinte: em um pasto seguro, os animais atacam, *sim* — mas lá é o único lugar onde o pastor permanece de prontidão.

Sei que isso não parece tão convidativo quanto a idéia de um lugar amplo, com lindas flores silvestres, fartura de pasto verde, córregos de águas frias e tranqüilas e algumas nuvens deslizando suavemente no céu ensolarado de verão. Criamos uma falsa visão de que no pasto seguro sempre estaríamos felizes, nunca teríamos de passar por uma tempestade, nunca veríamos uma fera selvagem, nunca teríamos de dar educação a um filho rebelde , tampouco nunca viveríamos com um esposo não salvo. No entanto, certamente não nos ajudará olhar para um Jesus falso ou criar um pasto falso para encontrar soluções imediatas a problemas complicados. O papel do bom pastor é encontrar água e pasto seguro, até mesmo em um ambiente hostil. Como ovelhas, devemos confiar nele a ponto de segui-lo a qualquer lugar.

E qual é a alternativa? Se não o seguirmos, acabaremos perambulando permanentemente no vale.

Lembra como Deus tirou Israel da escravidão do Egito? Lembra como ele levou o povo até Mara, o lugar das águas amargas (Êx 15.23)? Nosso Senhor levou seu povo para lá *intencionalmente*. As nascentes de águas doces para onde ele os levou em seguida ficavam mais próximas do local original de Israel.

Quando coisas estranhas como essas acontecem em nossa vida, temos a tendência de nos perguntar: *Será que o pastor sabe o que está fazendo?* Se realmente sabemos quem o pastor é, então podemos confiar nele, mesmo quando seu modo de nos orientar parece um tanto estranho. Em meio a tempestades terríveis, continuamos confiando que ele nos levará a um lugar seguro. Alguns passam pelo fogo; outros, pelas águas, outros ainda, pelo vale da sombra da morte. Ovelhas sábias sabem que não têm outra alternativa a não ser confiar completamente no pastor.

Enquanto estou escrevendo, muitas pessoas de nossa igreja estão lutando contra o câncer. Em minha recente viagem para Israel, estava falando com um amigo acerca do Pastor Jesus quando ele me disse: "Minha esposa acabou de ser informada que está no quarto estágio do câncer". Foram notícias desastrosas . Em momentos como esses, eu desejaria que Deus tivesse escolhido uma idéia diferente de pasto seguro!

Mas o fato é que o pasto seguro pode significar que um cônjuge amado pode falecer e se encontrar com o Senhor. Uma missionária aposentada da Calvary foi procurar nossos presbíteros para oração e unção. Quando lhe pedimos para compartilhar seu coração, ela disse: "Realmente não sei como pedir para que vocês orem. Vivi toda minha vida esperando pelo momento em que pudesse estar na presença de meu Salvador. Estou dividida. Tenho filhos e netos — mas realmente gostaria de estar com meu Salvador".

Na vida daquela mulher, não tenho dúvida de que o pasto seguro incluía tudo o que ocorria em seu lar quando ela foi se encontrar com o Senhor. Enquanto estava deitada, já perto da morte, ela abençoou todos os filhos e netos que cantavam seus antigos hinos favoritos. Isso é pasto seguro.

Várias semanas mais tarde, em nossa igreja, um homem morreu, deixando uma esposa e vários filhos menores. Para ela, o pasto seguro não foi a cura do marido; o pasto seguro foi a presença do Pastor Jesus em sua vida todos os dias desde a partida dele.

A HISTÓRIA É DIFERENTE PARA CADA UM

"Por favor, explique-me", alguém pode pedir, "Por que algumas pessoas parecem viver em um vale de desespero toda a vida, passando de uma tristeza ou provação a outra, enquanto que outros passam pela vida quase ilesos? Por que isso é assim?".

Não sei. O que sei é que só temos um pastor a seguir, independentemente da vereda ou curso que ele escolher para nós. E ele nos promete o pasto seguro, não necessariamente o pasto confortável.

Temos pacientes de câncer que morrem em poucas semanas, mesmo que o câncer tenha sido diagnosticado em seu estágio inicial. Temos aqueles que os médicos disseram que já deveriam ter morrido há três ou quatros anos, mas que continuam aqui. Será que é justo que um viva, e outro morra, e que Jesus continue sendo o bom pastor?

Não saberia como responder a essas perguntas nem pastorear situações como essas sem a visão bíblica de Jesus. Mas, por servir aquele cuja "aparência estava tão desfigurada, que ele se tornou irreconhecível como homem" (Is 52.14), tenho aprendido a buscar um pasto seguro mesmo sob um céu muito escuro — mesmo quando os céus se estendem densa e tenebrosamente sobre a minha própria cabeça.

OS FUNDAMENTOS CEDERAM

Até há alguns anos, minha esposa, Susan, e eu achávamos que tínhamos vivido uma vida bem agradável. Éramos parceiros de ministério e havíamos servido igrejas onde éramos amados . Nunca tínhamos passado por uma crise muito séria. Nossa família parecia levar uma vida tranqüila. Nossos momentos com Deus pareciam maravilhosos. Estávamos tendo a vida dos sonhos de muitos cristãos.

No entanto, os fundamentos cederam.

Parecia que, do nada, um de nossos filhos começou a passar por uma época difícil em sua vida, manifestando atitudes e comportamentos que não conseguíamos entender.

À medida que as coisas iam ficando cada vez mais fora de controle, Susan entrou em uma séria depressão, para a qual tivemos de procurar ajuda. O conselho que recebemos na época ajudou-nos a encontrar certo equilíbrio. Pela primeira vez em minha vida, comecei realmente a me voltar para o sofrimento de Jesus. Embora estivesse lutando teologicamente com o livro de Henry Nouwen a respeito do filho pródigo, ele ministrou à minha alma mais do que qualquer outro escritor.[2] Comecei a ver Deus de uma nova forma. Constatei que tinha seguido Jesus somente pela *metade*. Até aquele momento de minha vida, não tinha sentido desejo algum de identificar-me com o sofrimento de Cristo. Contudo, foi por meio *daquela* figura bíblica que Deus começou a preparar a mim, a minha esposa e a nossa família para o ministério futuro.

Agora estava *realmente* lutando pela vida de meu filho e quase indo à falência no processo. No meio do pesadelo, passei longas horas perguntando a Deus: "Onde o Senhor está? Esta punição é pelo pecado do passado? Isso é retribuição?". Deus tinha feito tantas coisas em nossa vida, que nunca dissemos: "Deus, o Senhor deveria ter-nos poupado disso". Mas nós nos perguntávamos onde ele estava *em* tudo aquilo.

[2]*The return of the prodigal son:* a story of homecoming, New York: Doubleday, 1994.

Acreditava que Deus continuava me amando, mas não tinha a mesma certeza em relação a Jesus. Será que eu estava cheio de orgulho e arrogância? Será que eu estava adorando o Jesus certo? Será que este Jesus poderia me livrar das provações e lutas atuais? Será que ele poderia trazer paz a meu coração? Será que ele poderia trazer cura em lugar da grande devastação? Será que ele poderia dissipar minha raiva e amargura? Será que o perdão ainda era possível?

"Jesus", clamei, "*Senhor* perdoou. *Como o Senhor fez isso?*".

Passei por todo o processo de culpa. *Será que deveria ter sabido alguma coisa quando meu filho era pequeno?* Em meio a tudo isso, Susan e eu chegamos a uma decisão, mas nos encontrávamos em lados opostos em relação àquilo que achávamos que precisava ser feito. Fomos dar uma caminhada, e eu disse a ela: "Saiba que farei qualquer coisa que estiver a meu alcance para que nada interfira entre nós dois". Senti que Susan, devido à formação familiar, precisava saber que eu não permitiria que alguma coisa pudesse atrapalhar nosso relacionamento. Confesso que não sou tão esperto assim para ter pensado nisso; foi um daqueles momentos divinos em que Deus simplesmente insufla esses pensamentos em nós.

Por um lado, eu poderia ter argumentado e debatido com minha esposa em relação a minha maneira de pensar. Eu poderia ter tentado persuadi-la. Poderia ter insistido e batido o pé. Acredito que a teria convencido com certa facilidade. Por outro lado, Susan poderia ter rejeitado minha opinião. Ela poderia ter dito: "Quero que seja do meu jeito. Quero que tudo fique do jeito que estava". Mas não foi isso que fez. Ela escolheu caminharmos juntos. Finalmente, abraçamo-nos, e eu disse que a amava. Foram momentos emocionantes.

Em poucos dias dias, Deus acabou com todas as opções exceto uma. "É isso", Susan disse. "Deus honrou nosso compromisso a fim de que essa situação não causasse nossa separação".

Esses são aspectos muito graves da vida real.

Há cinco anos, quando estava começando meu processo de entrevistas para a posição pastoral na Calvary Church, contamos toda nossa história ao comitê de eleições. Essa poderia ser uma boa razão, dissemos, para não sermos convidados.

—Não — disseram eles — essa situação é exatamente o que os qualifica para assumir o pastoreio.

— Por quê? — perguntei.

Eles responderam:

— Porque somos uma igreja arrasada responderam eles — e você, um pastor arrasado. Deus não agirá a não ser por meio da ruína. Além disso, esse é o modelo de pastoreio que queremos; não aquele em que tudo está perfeito.

Ainda hoje, as pessoas daqui vêm a mim para dizer: "Não conseguimos entender como o senhor pode ser tão honesto no púlpito. Nunca experimentamos algo assim".

E fico pensando: *Não estou tentando. Às vezes a vida cheira mal.* Mas sou grato pelo fato de que, mesmo em meio a tudo isso, mesmo nos piores momentos, o verdadeiro Jesus promete nos conduzir a um pasto seguro — e ele sempre cumpre sua promessa.

PROCURANDO A MENTE DE CRISTO

Na pessoa de Jesus Cristo, vemos Deus em carne, por assim dizer. Ao observá-lo, aprendemos o que significa o ministério da encarnação — vivenciando na carne a presença do Deus Todo-Poderoso.

Se queremos nos concentrar no verdadeiro Jesus, devemos nos afastar das fotografias "eurocêntricas", de olhos azuis brilhantes, e das imagens românticas, para começar a pensar mais profundamente no que significa ter a mente de Cristo. Por que Jesus foi a um jantar com um grupo de prostitutas e coletores de impostos? Por que ele repreendeu sua família? E por que ele deixou o céu?

Passei pela faculdade bíblica e pelo seminário estudando e debatendo a união hipostática sem me preocupar com perguntas mais importantes. Quando Filipenses 2 nos relata que Jesus "esvaziou-se a si mesmo, assumindo a forma de escravo" (v. 7), e quando Paulo nos diz que nossa atitude deve ser a mesma de Cristo Jesus (v. 5), preciso perguntar a mim mesmo: "Do que estou me esvaziando? O que estou deixando para trás?". Não posso deixar o céu — mas o que eu *estou* deixando? Do que eu *estou* me afastando?

O negociante talvez tenha de dizer: "Não posso fechar esse negócio embora isso signifique a perda de meu emprego". O médico talvez tenha de dizer: "Não posso participar desse procedimento mesmo que seja despedido". A secretária talvez tenha de dizer: "Não posso dizer que meu patrão não está se sei que ele está, mesmo que ele procure impedir minha permanência nessa indústria".

Jesus escolheu livremente o caminho do sofrimento. Paulo escolheu o caminho do sofrimento. Pedro escolheu o caminho do sofrimento. Então, se tudo isso é verdade, o que nos faz pensar que não deveríamos às vezes escolher o caminho do sofrimento? Mas, para sermos honestos, não escolhemos o caminho do sofrimento tanto quanto escolhemos o caminho de Cristo. Devemos confiar no bom Pastor, quer o caminho de Cristo nos faça seguir a via do sofrimento quer o da vitória.

Escolho seguir o bom Pastor. Por algum motivo estranho, Deus muitas vezes trás sofrimento a nossa vida. No sofrimento, ele nos dá uma opção. Vamos segui-lo em meio ao sofrimento e confiar nele para nos libertar por meio dele? Ou vamos ficar irados com ele, porque achávamos que ele deveria nos livrar do sofrimento?

Às vezes, decisões piedosas acarretam um sofrimento maior. Pergunte a alguém com um filho rebelde. Para fazer o que é certo, você pode até expulsar seu filho de casa. Para Susan e para mim, isso significou vários meses afastados de nosso filho. Foi a coisa mais difícil que já fizemos.

No entanto, foi assim que encontramos um pasto seguro com o verdadeiro Jesus.

PROCURANDO O VERDADEIRO JESUS

No *show* de televisão *Family Feud*, pede-se aos competidores que adivinhem as respostas mais populares a perguntas feitas em pesquisa na comunidade. Quando um "competidor" dá sua resposta, o apresentador grita: "A pesquisa *diz*!", e o painel mostra se a resposta está certa ou errada. Se está errada, uma sirene toca e surge um X gigante na tela.

Acho que algo semelhante a esse *show* de televisão muitas vezes ocorre no desenvolvimento ministerial e na teologia pastoral. Examinamos, analisamos, revisamos, entrevistamos, formamos grupos, realizamos seminários, fizemos melhorias e nos aperfeiçoamos ao máximo, procurando pelas respostas certas... quando o que as pessoas realmente estão procurando é Jesus.

Não me interprete mal; não me oponho a todo tipo de pesquisa que ocorre constantemente. Na verdade, sou grato pela pesquisa. Infelizmente, porém, demasiadas vezes imaginamos que ela melhora tanto o que fazemos, que deixamos de lado a simples e bela mensagem do evangelho.

Além disso, a pesquisa pode nos levar a becos sem saída. Quando finalmente realizamos algo novo, o cenário muda. Por exemplo, a pesquisa "provou" que as pessoas queriam sermões mais breves e mais apresentações audiovisuais. Hoje, porém, nossa geração diz que prefere menos entretenimento e mais "substância". Enquanto os pós-modernos podem questionar a validade da verdade absoluta, eles, na verdade, querem ouvir e interagir com uma pessoa ativa que *de fato* acredita nessa verdade absoluta! Certamente não querem mensagens superficiais repletas de todo tipo de alusões à cultura popular. Eles já conhecem sua cultura; o que querem saber é aquilo em que você crê e por quê. Basicamente, estão dizendo: "Diga-me em que você crê e por quê. Não tente enfeitar. E, por falar nisso, deixe fora os jargões espirituais!".

QUEREMOS VER A JESUS

Certa ocasião, há quase dois milênios, alguns estrangeiros honestos se dirigiram a Filipe com um pedido simples: "Senhor, queremos ver a Jesus" (Jo 12.21). Talvez em meio a todos os métodos, a confusão e a desordem, simplesmente deveríamos apontar as pessoas para Jesus.

E para onde devemos apontar? De acordo com a Bíblia, Jesus pode ser mais bem reconhecido em uma comunidade autêntica e por meio dela. "Os cristãos na comunidade devem novamente mostrar ao mundo não apenas valores familiares, mas o vínculo do amor de Cristo", diz Edmund Clowney.[3] As pessoas estão em busca de realidade e autenticidade, não de barulho e *show*.

Sei que era isso que eu estava procurando em meio a nossa crise familiar. No auge da emergência, um amigo sugeriu que eu telefonasse para o dr. David Jeremiah, o pastor da Shadow Mountain Community Church em El Cajon, Califórnia. Meu amigo me contou que havia vários anos David passara por uma crise semelhante. Assim, telefonei para ele.

— David — disse eu — você não me conhece.

— Bem, ouvi falar a seu respeito — respondeu ele.

Nos momentos seguintes, comecei a dar detalhes de minha história e a abrir o coração. Ele ouviu tudo pacientemente, depois disse: "Glenn, você pensará que estou lendo sua correspondência. Deixe-me dizer o que você está pensando e o que você está sentindo". E ele acertou em cheio. Ponto por ponto. Enquanto ele falava, eu continuava repetindo: "Certo. Certo. Certo".

Depois disso, esse pastor experiente pastoreou minha vida por vários minutos. Esse foi o único telefonema que dei a ele nessa época. Até hoje, nunca encontrei David pessoalmente — mas sua conversa comigo ao telefone foi uma das maiores bên-

[3]*The Church series:* contours of Christian Theology, p. 16.

ções que já recebi. Nos dias que se seguiram à conversa que tivemos, ele me enviou um livro intitulado *Exposing the myths of parenthood* [*Apresentando os mitos da paternidade*].[4] Mais tarde, descobri que no momento em que ele falava comigo, estava lutando contra a leucemia.

Telefonei para David um ano depois para informá-lo a respeito do que estava acontecendo em nossa família. Quando viemos para a Calvary, telefonei outra vez para ele. Precisava agradecer-lhe mais uma vez.

Eu via Jesus por meio de David Jeremiah. Embora hoje estejamos separados por milhares de quilômetros, continuamos fazendo parte da mesma comunidade de fé. Por meio do amor e do apoio mútuo no corpo de Cristo, somos capazes de vislumbrar, tocar no Jesus verdadeiro, apoiarmo-nos nele

Não é ele quem as pessoas realmente precisam ver? Sabemos que alguns poderão rejeitar o Jesus verdadeiro — mas, pelo menos, daremos a eles a chance.

[4]Waco: Word, 1988.

Prestem culto ao SENHOR *com alegria; entrem na sua presença com cânticos alegres.*

SALMO 100.2

13 Um corpo celebrando Deus em adoração autêntica

HÁ ALGUM TEMPO, RECEBI UM bilhete de um casal com um pedido incomum. Aqui está a carta:

> *Caro pastor Wagner*
>
> *Temos participado de sua igreja em diversas ocasiões. Embora ambos tenhamos uma formação religiosa, não temos certeza sobre se Deus existe. Mas, se de fato existe, pode ser conhecido? Gostaríamos de saber se é permitido continuar participando da Calvary Church. Embora não tenhamos certeza a respeito das respostas a nossas perguntas, todo domingo sempre sentamos ao lado de pessoas que parecem não somente crer que Deus existe, mas que, na verdade, o conhecem.*

Eu não via a hora de telefonar para esse casal. Que prazer não somente ter a oportunidade de falar com pessoas tão honestas, mas também ouvir sobre a influência que a adoração autêntica exerce sobre aqueles que têm dúvidas no coração e na mente. A realidade e a autenticidade são instrumentos evangelísticos poderosos!

Creio que um dos maiores instrumentos evangelísticos da igreja, e do qual nossa sociedade necessita desesperadamente, é a adoração autêntica. Em primeiro lugar, as pessoas querem saber se Deus existe; em segundo lugar, se elas podem relacionar-se com ele. Se Deus existe, será que é realmente possível ligar-se a ele de uma maneira vibrante e dinâmica? Em uma adoração genuína e autêntica, observa-se pessoas reais se ligando poderosamente ao Deus real.

Infelizmente, o modelo atual conhecido como *seeker-sensitive model* [um modelo voltado para os interesses e necessidades pessoais], pelo menos como muitas igrejas o têm praticado, tem resultado em uma visão débil e limitada de adoração e oração. Isso, por sua vez, tem levado a relacionamentos de vínculos frágeis, tanto com Deus como com outros crentes. Mas essa situação não precisa permanecer inalterada.

A energia que advém do foco em Deus, uma submissão ao Jesus verdadeiro e uma ênfase em relacionamentos cada vez mais profundos compõem uma adoração congregacional eficaz, alegre, cheia do Espírito do Deus trino e uno. A celebração genuína se dá quando o povo de Deus descobre quem é em Cristo. E uma oração poderosa surge dos corações daqueles que verdadeiramente entraram na presença de Deus.

Se esses elementos são compreendidos e praticados da maneira correta, levarão a um sentido cada vez maior de comunidade e ligação. Esses elementos são a essência da comunidade bíblica.

AUTENTICIDADE NA ADORAÇÃO

Sou grato pela ênfase atual acerca da adoração, mas confesso que estive preocupado com todas as discussões sobre as diversas formas que erravam o alvo em relação ao verdadeiro encontro com Deus.

Todos nós encontramos pessoas falsas. Talvez você já tenha se sentado com elas para tomar uma xícara de café. Conversaram por alguns minutos em que procuraram impressioná-lo. Você saiu de lá dizendo: "Sabe, essas pessoas não são verdadeiras. Não são autênticas. Estão encenando. Parece que estão tentando vender alguma coisa".

Talvez sejam políticos, talvez pastores tentando nos recrutar para a igreja. São como aquele vendedor que diz dezesseis vezes em dois minutos: "Deixe-me ser honesto com você". Por que esse vendedor precisa me dizer que será honesto comigo? Se bate tanto na mesma tecla, isso provavelmente significa que não foi honesto comigo a maior parte do tempo.

A autenticidade na adoração ocorre quando não precisamos encenar nem fazer de conta, porque Deus não encena. Chegamos com um coração aberto, abrimo-nos diante de Deus e, depois, ocorre uma "operação" divina e sagrada.

"Autenticidade" significa sinceridade. Quer dizer que não estou me escondendo atrás da fachada da forma. Existe uma intimidade de expressão na qual recebo de Deus e depois respondo a ele com um louvor genuíno. Presto-lhe a devida adoração.

Cada relacionamento pessoal requer autenticidade. Se raramente afirmo ou elogio minha mulher, nosso relacionamento começa a definhar. A mesma coisa ocorre em relação a meu relacionamento com Deus. Aqui está o Senhor do universo que provê todas as coisas com fartura para que eu desfrute delas, tanto agora como na vida do porvir. Como posso não reconhecer seu devido lugar em minha vida? Como posso deixar de afirmar o caráter central de seu lugar em mim? Na verdade, acontece uma operação íntima. Trata-se de algo subjetivo, mas não acredito que tenha ocorrido adoração sem que isso esteja presente.

As pessoas hoje estão procurando por autenticidade e necessitam especialmente ver como isso ocorre na adoração. Os aspectos corporativos da adoração e do louvor fazem parte da formação do relacionamento, do romance e da intimidade. Na adoração, temos a oportunidade não só de abrir nosso coração para ouvir falar de Deus, mas também de dá-lo para Deus.

DIFERENTE A CADA DIA

A adoração autêntica deve ser dinâmica. Por adoração "dinâmica" entendo ser algo que está em constante movimento; ela não é estática — semelhante a outros relacionamentos significativos.

Meu relacionamento com minha esposa e meus filhos está sempre mudando. Não posso dizer que hoje tudo correrá bem, porque ontem o dia foi maravilhoso. O hoje tem seus aspectos relacionais. Não posso dizer a Susan: "Eu disse que a amava na semana passada. Qual é o problema?". Precisa haver um intercâmbio constante. Preciso ouvir dela, e ela precisa ouvir de mim. A dinâmica entre nós está sempre mudando. Ou está indo para frente ou para trás; não acredito que um relacionamento possa permanecer estático.

Da mesma maneira, cada dia com Deus é diferente. Em certos dias, preciso ter minha alma purificada, porque permiti que o lixo se acumulasse. Em outros dias, meu coração exulta em louvor e gratidão, porque Deus tem exercido grande influência ou realizado algo inesperado ou surpreendente em minha vida. Nossa adoração precisa espelhar essas necessidades, inclinações e situações mutáveis. A adoração autêntica é uma adoração dinâmica.

ALGO SEMPRE ACONTECE

Toda vez que nos encontramos com Deus de maneira autêntica na adoração, *alguma coisa* acontece. Nunca saímos os mesmos. O que ocorre é mais do que apenas um sentimento. Ocorre um movimento a mais em nossa transformação pessoal.

Tenho de admitir que toda definição que já li acerca da adoração — e aquelas que eu mesmo já procurei formular — não foram completas. Atribuir a Deus o valor dele? Isso, de alguma forma, não é possível. Pura adoração? Isso também é inalcançável. Um sentimento de profunda reverência e maravilha inspiradas pela grandeza de Deus que resulte em transformação pessoal? Ainda não é bem isso.

Aqui na Calvary, a palavra para definir adoração costumava ser "reverência" ou "temor respeitoso". No entanto, nas Escrituras, as pessoas não temiam nem respeitavam somente a Deus, mas também acontecimentos ou pessoas notáveis. Os israelitas também sentiram um "grande temor" por Samuel (1Sm 12.18). O povo respeitou profundamente Salomão depois que ele identificou corretamente a mãe de um bebê (1Rs 3.28). As mesmas pessoas que estavam "cheias de temor" (Lc 5.26) em relação a Jesus, mais tarde exigiram sua crucificação. Embora o temor ou a reverência certamente faça parte da adoração autêntica (Hb 12.28), esses aspectos são somente parte de todo o pacote. Na Calvary Church uma excelente apresentação era erroneamente entendida como adoração.

Então, o que acontece em uma adoração autêntica? Em seu âmago, a adoração é uma conexão genuína entre nós e Deus. Quando isso ocorre, acontece a adoração. Visto que Deus é totalmente santo, tocá-lo cria dentro de mim um sentimento de temor, de respeito e de admiração — mas também me ligo à *pessoa* de Deus. Só por meio de sua pessoa, posso realmente entendê-lo. Ele é grande, além da compreensão, mas também quer que eu me ligue a ele como indivíduo. Em adoração autêntica, meu coração na verdade se liga ao coração de Deus. Em uma adoração culturalmente relevante e biblicamente fundamentada, meu coração toca o coração de Deus.

Não posso explicar esse aspecto da adoração de forma muito mais explícita do que isso, mas, quando você experimenta a adoração, você sabe. Isaías não teve dúvida quando esteve diante da presença do Santo de Israel: "Ai de mim! Estou perdido! Pois sou um homem de lábios impuros e vivo no meio de um povo de lábios impuros; os meus olhos viram o Rei, o Senhor dos Exércitos" (Is 6.5). Pedro reconheceu a presença do Senhor ressurreto e sua resposta foi pular na água e nadar até a praia (Jo 21.7). A adoração sempre requer uma resposta. Talvez eu fuja com medo ou corra a seu encontro com alegria — mas *sempre* haverá uma resposta.

Ninguém pode ficar neutro na presença de Deus. Sempre ocorre um tipo de relacionamento ou aliança, em vez de apenas sentimento.

INALAR E EXALAR

Em uma mensagem, usei a imagem do "inalar e do exalar" para descrever a diferença entre louvor e adoração. Adoração é quando inalo e absorvo o caráter, a glória e a majestade de Deus. Louvor é quando exalo em resposta à pessoa santa e soberana de Deus.

Temos criado teorias a respeito de Deus e da adoração que apenas "inalam". Se você insistir apenas nesse aspecto, você acabará "explodindo". Temos outras igrejas que desenvolvem sua adoração com base no louvor, "exalando". Se você insistir apenas nesse aspecto, você acabará entrando em colapso. A essência da adoração autêntica é sentir a presença de Deus e depois responder a ela de todo o coração. Quando Isaías absorveu a majestade, o poder e a santidade de Deus, ele respondeu dizendo: "Eis-me aqui. Envia-me!" (Is 6.8).

Qualquer conversa acerca de um ministério relacional deve iniciar com uma abordagem relacional da adoração. Essa abordagem não depende de nenhuma *forma* específica de adoração. Ela pode ocorrer em um campo amplo de preferências culturais e de estilo. A parte mais importante é a função, não a forma.

Participei de cultos de adoração contemporânea em que as pessoas saíam dizendo: "Esse foi um culto maravilhoso". Elas podem ter dito isso *não* necessariamente por terem tido um encontro com Deus, mas porque se emocionaram muito. Também participei de cultos mais litúrgicos ou tradicionais em que as pessoas disseram: "Esse foi um culto de adoração inspirador e magnífico" — e, novamente, fiquei em dúvida se alguém realmente teve um encontro com Deus.

O coração humano é algo muito complexo, indecifrável e misterioso. Não é de admirar que o profeta Jeremias tenha exclamado: "O coração é mais enganoso que qualquer outra coisa e sua doença é incurável. Quem é capaz de compreendê-lo?" (Jr 17.9). Nossos sentimentos às vezes podem nos iludir, a ponto de acreditarmos que realmente adoramos, quando, na realidade, apenas nos emocionamos. No entanto, Deus quer nosso envolvimento emocional na adoração, juntamente com nossa mente e nossa vontade! Portanto, devemos cuidar para não comparar certas formas de adoração com a verdadeira adoração.

SERÁ QUE É DEUS?

Recebi uma carta esses dias de um casal que insistia que qualquer outra forma de adoração além da "forma tradicional " (e a definição específica de "tradicional" é sempre interessante) não é nada mais do que um exercício egocêntrico. Como é fácil rotular os que adoram de uma forma e em um estilo diferente do nosso! A verdade é que qualquer forma pode ser egocêntrica. Muitas vezes queremos a forma que gostamos, independentemente do conteúdo, e chamamos isso de adoração só porque "sentimos" algo.

Temos a tendência de associar a adoração a sentimentos de nostalgia, e não à verdadeira adoração. Sei que, se eu escolher determinados hinos para o culto , um grupo de vinte ou trinta adoradores começará a chorar. Por quê? Porque eles ligam aquele hino a alguma experiência significativa na vida deles. Poderia ser o hino "Rude cruz", que foi cantado no funeral de meu avô. Não começo necessariamente a adorar quando canto esse hino, mas fico emocionado. Muitas vezes, trocamos esses aspectos de nostalgia pela verdadeira adoração.

Para outras pessoas, os hinos que as emocionam na adoração são os que ouviram quando iniciaram sua caminhada de fé. Elas não evoluíram experimentalmente na caminhada de fé com Cristo. E, portanto, continuam se firmando naquilo que lhes provoca sentimentos de nostalgia.

O simples fato de as pessoas chorarem ou se abalarem em um culto de adoração não quer dizer necessariamente que tenham tido um encontro com Deus. Talvez tenham passado por uma sobrecarga emocional tão intensa, que o dique finalmente se rompeu. É possível, porém, que, em meio a essa experiência, ainda não tenham encontrado o Pastor de suas almas. Elas podem ir para casa e dizer: "Deus curou minha alma" e descobrir que o sofrimento reapareceu quatro ou cinco dias depois. Por quê? Porque não tiveram realmente um encontro com o bom Pastor; sentiram apenas um alívio momentâneo da pressão.

Sou importunado, de tempos em tempos, por pessoas bem-intencionadas que conhecem música clássica e são treinados nela. Insistem que os corinhos de adoração são só "tolice". "É ridículo entoar a mesma cantilena repetidas vezes", dizem. No entanto, passadas duas semanas, essas pessoas ficam muito felizes quando o coro canta uma parte da sinfonia de Mozart que repete as palavras "aleluia" e "amém" cerca de oitenta mil vezes, ainda que com uma harmonia musical magnífica.

Outra vez pergunto-me: *Isso é adoração?*. Será que a forma se iguala automaticamente à função? Será que a música fúnebre (réquiem), tocada pelo órgão no ofertório ou como prelúdio em muitas igrejas evangélicas pode ser considerada adoração? É uma composição magnífica, mas será que isso a torna adoração?

Ao mesmo tempo, tenho problemas parecidos com muitos "corinhos". Será que têm uma sólida base bíblica? Expressam verdades bíblicas? Esses corinhos ajudam as pessoas a ir além da nostalgia para marcar um encontro com Deus? Será que a simplicidade da música nega a transcendência de Deus? Tenho de admitir que muitas coisas são subjetivas.

Em uma adoração verdadeira e autêntica, realmente nos encontramos com Deus e invariavelmente ocorre algum tipo de transformação pessoal.

INDO ALÉM DA NOSTALGIA

O que precisa acontecer para uma pessoa ir além da nostalgia e ligar-se verdadeiramente a Deus em adoração? De que maneira podemos usar os velhos hinos, os corinhos contemporâneos, as composições clássicas magistrais e outras formas e estilos de música para ajudar o coração e a mente de nosso povo a tocar o coração de Deus?

Admito que isso não é fácil; mas podemos começar oferecendo idéias criativas a nosso povo no que concerne à leitura de textos bíblicos, coisas novas a ser experimentadas na adoração pessoal, que vão além da leitura de uma página de um livrinho devocional. Podemos ajudá-lo e prepará-lo para que entre em contato com formas espontâneas de oração e de louvor.

Na Calvary Church foi um grande passo parar de publicar a seqüência do culto para o domingo. Descobrimos que as pessoas queriam saber exatamente onde estávamos para poder cronometrar o culto — pior, usavam o boletim como se fosse o texto de uma ópera, uma muleta para ajudá-los a passar pelo culto. Queriam saber quando chegaríamos ao último hino para que pudessem se aprontar e sair o mais rápido possível de lá. Por isso, tiramos a seqüência do culto do boletim.

É claro que continuamos planejando uma seqüência básica de culto, mas os que estão na plataforma vêem a si mesmos como líderes de adoração, não como profissionais. No culto, perguntamos continuamente a Deus: "O que o Senhor está dizendo? O que o Senhor quer fazer?". Às vezes, no meio do culto, abrimos espaço para testemunhos ou um momento de oração, mesmo que isso no início não tenha feito parte da seqüência do culto. Em outros momentos, mudamos os cânticos quando Deus parece estar nos levando a um caminho diferente.

Tudo isso requer flexibilidade e certa capacidade para estar em harmonia com o movimento do Espírito. Também mostra por que existe uma diferença tão grande entre os líderes de música e os pastores de adoração. Quando, às vezes, ocorrem coisas inesperadas em resposta ao Espírito de Deus, não só adoramos verdadeiramente, mas fornecemos um modelo de ensino a nosso povo.

Devemos nos avaliar constantemente. Precisamos perguntar a nós mesmos: "O ensaio do coral tem por objetivo apresentar algo que é impecável, musicalmente falando? Ou, tem como objetivo apresentar algo do fundo do coração, a ponto de as pessoas serem atraídas à mensagem dos hinos, para que também possam participar da adoração?". A excelência musical deve existir porque Deus é digno de excelência, mas a música não deveria desviar a atenção da mensagem que é cantada. Será que cantamos hinos porque são bonitos e complexos, ou porque acreditamos que nos ajudarão a nos ligar a Deus em espírito e em verdade? Esse tipo de debate deve ocorrer sempre entre os líderes da igreja.

O CORPO NA ADORAÇÃO

A adoração autêntica precisa envolver toda a pessoa — corpo, alma e espírito. Na adoração, todo nosso ser clama para se relacionar com um Deus absoluto e perfeito. A verdadeira adoração requer a participação da cabeça, da mente, e do corpo.

Infelizmente, temos permitido que a ceia do Senhor se torne uma experiência mensal, trimestral ou anual. Na ceia, envolvemos todo nosso ser na adoração a Deus. Tocamos o pão e o copo, sentimos os elementos descer pela nossa garganta e provamos do corpo e do sangue de nosso Senhor. Assim como no batismo, o Senhor nos mostra que ele quer que todo nosso ser se apresente a ele em adoração.

Em nossa viagem para Israel, visitamos a Igreja de Cristo perto da Porta Jafa. Dizem que essa é a primeira igreja protestante construída em Israel. Quando nosso pequeno grupo começou a cantar e adorar, observei um de nossos alunos da faculdade prostrado no corredor central. Sei que a igreja à qual ele pertence nos Estados Unidos é muito conservadora. Se ele tivesse assumido essa postura na igreja dele, é certo que, no mínimo, várias sobrancelhas ter-se-iam erguido. No entanto, no meio *daquele* culto de adoração, em que apenas cinqüenta ou sessenta pessoas estavam reunidas em nome de Jesus, ele entendeu que aquela era a única posição digna. Sentiu-se compelido a prostrar-se diante de Deus com todo seu corpo. Sei que não fez isso para aparecer; ele sentiu que essa era a única resposta possível ao que Deus estava fazendo em sua vida naquele momento.

Por que isso parece tão estranho para nós? Por que muitos de nós se sentem tão incomodados? Lemos tanto no Antigo como no Novo Testamentos sobre a estreita ligação entre a adoração séria e a resposta física do corpo. Pense nestes exemplos.

> Até mesmo os oficiais do rei foram cumprimentar Davi, o nosso rei e senhor, dizendo: "Que o teu Deus torne o nome de Salomão mais famoso que o teu, e o seu reinado mais glorioso do que o teu!" E o rei curvou-se reverentemente em sua cama (1Rs 1.47).
>
> Mas o SENHOR, que os tirou do Egito com grande poder e com braço forte, é quem vocês adorarão. Diante dele vocês se inclinarão e lhe oferecerão sacrifícios (2Rs 17.36).
>
> Toda a assembléia prostrou-se em adoração, enquanto os músicos cantavam e os corneteiros tocavam (2Cr 29.28).
>
> Ao ouvir isso, Jó levantou-se, rasgou o manto e rapou a cabeça. Então prostrou-se, rosto em terra, em adoração (Jó 1.20).
>
> Venham! Adoremos prostrados e ajoelhemos diante do Senhor, o nosso Criador (Sl 95.6).
>
> Ao entrarem na casa, viram o menino com Maria, sua mãe, e, prostrando-se, o adoraram (Mt 2.11).
>
> ... para que ao nome de Jesus se dobre todo joelho, nos céus, na terra e debaixo da terra (Fl 2.10).
>
> Os vinte e quatro anciãos se prostram diante daquele que está assentado no trono e adoram aquele que vive para todo o sempre (Ap 4.10).

É fácil dizer: "Bem, essa era a cultura deles; não fazemos isso *aqui*", mas não consigo deixar de questionar se essa não é uma das razões por que às vezes nos sentimos mortos, frios. Nosso corpo precisa estar envolvido de *algum modo*. Deus tomou as providências para isso não só em nossa vida pessoal, mas também coletivamente.

Na adoração, de alguma forma, temos de retomar o uso de nosso corpo. Não quero dizer com isso que todos devamos nos curvar como uma bola à maneira daquele estudante (embora eu duvide que isso nos machucasse tanto assim, se o fizéssemos), mas que tenhamos como objetivo nos apresentar a Deus com todo nosso ser.

O LUGAR DE ORAÇÃO

Embora o objetivo deste livro não seja analisar profundamente o aspecto da oração, devo dizer que nenhum relacionamento é melhor do que a comunicação que ocorre nela. Tenho visto muitas pessoas que se comunicam com freqüencia, mas que fazem isso de forma errada. Você pode gritar para as pessoas incessantemente, mas isso não quer dizer que seu relacionamento está melhorando. Ninguém pode ter uma comunicação ruim, mas um bom relacionamento. Isso explica por que a oração é um elemento tão vital em nossa adoração e desenvolvimento espiritual pessoal.

Tenho um amigo que diz que a oração é a parte mais difícil da fé, mas ao mesmo tempo a disciplina mais agradável. Por que ele diria uma coisa dessas? Embora possa ser difícil manter abertas as linhas de comunicação com um Deus invisível, a oração também oferece benefícios incríveis para a experiência de adoração e para a vida cristã em geral. Quero apresentar seis benefícios.

1. Por meio da oração, conseguimos paz de espírito.

> Não andem ansiosos por coisa alguma, mas em tudo, pela oração e súplicas, e com ação de graças, apresentem seus pedidos a Deus. E a paz de Deus, que excede todo o entendimento, guardará o coração e a mente de vocês em Cristo Jesus (Fp 4.6,7).

2. *Por meio da oração, conseguimos pureza de coração.*

Quando o profeta Natã veio a Davi depois de seu adultério com Bate-Seba.

Tem misericórdia de mim, ó Deus, por teu amor; por tua grande compaixão apaga as minhas transgressões. Lava-me de toda a minha culpa e purifica-me do meu pecado. Purifica-me com hissopo, e ficarei puro; lava-me, e mais branco do que a neve serei (Sl 51.1,2,7).

3. *Por meio da oração, conseguimos um propósito na vida.*

Confie no SENHOR e faça o bem; assim você habitará na terra e desfrutará segurança. Deleite-se no SENHOR, e ele atenderá aos desejos do seu coração. Entregue o seu caminho ao SENHOR; confie nele, e ele agirá (Sl 37.3-5).

4. *Por meio da oração, conseguimos a alegria da presença de Deus.*

Tu me farás conhecer a vereda da vida, a alegria plena da tua presença, eterno prazer à tua direita (Sl 16.11).

5. *Por meio da oração, resistimos à tentação.*

Vigiem e orem para que não caiam em tentação. O espírito está pronto, mas a carne é fraca (Mt 26.41).

6. *Por meio da oração, conseguimos poder para o serviço.*

Àquele que é capaz de fazer infinitamente mais do que tudo o que pedimos ou pensamos, de acordo com o seu poder que atua em nós, a ele seja a glória na igreja e em Cristo Jesus, por todas as gerações, para todo o sempre! Amém (Ef 3.20,21).

Sei que muitas igrejas hoje em dia estão deixando de lado a oração coletiva em seus cultos de adoração, mas acredito que estejam cortando a própria garganta. As pessoas sedentas querem saber como podem se relacionar com Deus, não como assistir ao último videoclipe. Por meio da oração honesta, chegamos à presença do Deus vivo. O que pode substituir isso?

UMA GRANDE OBRA, MAS DIFÍCIL

No último verão recebi um *e-mail* extenso e atencioso de um pastor da Flórida que acabara de ler meu último livro, *Escape from church, Inc.*: the return of the pastor-shepherd [*Escapando da igreja empresa:* o retorno do pastor]. As lições difíceis que ele aprendeu acerca dos métodos de Deus para edificar uma igreja saudável o têm ajudado a encontrar alegria e satisfação em seu chamado... mas essas lições não foram fáceis de ser aprendidas, como ele escreveu:

> Minha mulher e eu viemos para a Flórida há quatro anos devido à vocação para ser usado por Deus a fim de ajudar essa igreja a tornar-se saudável. No inverno de 1997, a igreja contava com apenas trinta pessoas e precisava muito ser revitalizada. Por meio da graça de Deus, vimos esse corpo de crentes se comprometer em alcançar pessoas por meio do evangelho e se desenvolver interiormente. Somente pela graça de Deus vimos o Espírito colher o que o povo daqui plantou e cultivou.
>
> Mas devo admitir que travei verdadeiras batalhas nos primeiros três anos e meio. Uma das grandes dificuldades que enfrentei foi ver que a congregação não estava crescendo como pensei que cresceria. Vim para cá depois de ler alguns dos melhores livros na área de crescimento de igreja e estava pronto para atear fogo ao mundo. Acreditei, ingenuamente, que tudo aquilo de que essa igreja precisava para ser saudável era um pastor que pregasse a palavra de Deus e passasse a visão da maneira como as coisas poderiam (e em minha mente, "deveriam") ser. Quanto mais reflito sobre minha ignorância (e arrogância), mais me convenço de que vim com a intenção de administrar, em vez de ministrar às ovelhas.

> Da perspectiva teológica, sabia que a saúde de uma igreja estava profundamente relacionada com sua verdadeira adoração a Deus. Eu vira isso na igreja em que servira antes, como pastor auxiliar. Concordo plenamente com seu ponto de vista (e de John Piper) de que as missões existem porque não existe adoração. Sabia que não existia substituto para conclamar o povo a se humilhar perante o Senhor. Mas tudo isso é trabalho duro. Acredito que não estava disposto a despender tempo suficiente a fim de fomentar esse profundo sentimento de reverência diante de Deus.

Será que criar uma atmosfera que leve a uma verdadeira adoração requer trabalho duro? Não tenha dúvida disso. Não seria mais fácil adotar um dos modelos populares atuais delineados para entreter e inspirar um grande número de pessoas anônimas? Certamente. Mas, será que a verdadeira transformação ocorre por meio desses modelos populares? Será que as pessoas sentadas nos bancos realmente estão tendo um encontro com Deus? Será que elas estão, realmente, vendo outras pessoas tocando e sendo tocadas pelo coração de Deus? Duvido. Com certeza , é necessário muito esforço para adorar a Deus de um modo verdadeiro; mas não existe um modelo substituto. A carta desse pastor prossegue assim:

> Achava que tinha sido chamado aqui pela minha Convenção para mudar essa igreja e começar a produzir construções, grupos e dinheiro! Assim, de modo insensato, tomei o caminho mais popular, dando ouvidos às fórmulas dos eruditos que me diziam que, se eu fizesse “X”, poderia estar certo de que o “Y” aconteceria ali. Um problema com qualquer tentativa de produzir crescimento em “minha igreja”... é, na verdade, a “igreja de Deus” e deve ser ajustada pelos meios dele de “fazer” igreja.
>
> Devo admitir que me senti um fracassado. Essa experiência dolorosa de deserto, com a estiagem que a acompanhava (mesma construção, não muitos grupos nem dinheiro) tem sido um lem-

> brete amoroso do Grande Pastor dizendo-me que devo amá-lo e valorizar o que ele mais valoriza... suas ovelhas.
>
> No entanto, perguntava-me se o compromisso renovado de me concentrar no pastoreio não seria, na verdade, uma ilusão santificada por não possuir o que era necessário a fim de ser um líder (executivo) para a igreja do século XXI.

Com o tempo esse jovem pastor concluiu que Deus realmente o chamara para pastorear o rebanho. Não viu resultados imediatos como era seu desejo, mas isso o ajudou a cultivar os frutos preciosos que ele almejava. Ele concluiu seu *e-mail* com a seguinte observação, e não consigo pensar em uma maneira melhor de encerrar este capítulo:

> Pessoas como eu, nas trincheiras, têm descoberto que o crescimento é um mistério (tanto pessoal como corporativo) e não pode passar pelo microondas.
>
> O verdadeiro pastoreio é um trabalho difícil e duro — mas é o melhor trabalho se é dado a você por Deus.
>
> Um dos aspectos que torna o pastoreio um trabalho tão importante é o de que nós, pastores, temos o privilégio de ajudar homens e mulheres, meninos e meninas, a se relacionar com Deus em uma verdadeira adoração. E o que poderia ser melhor do que isso?

Vocês, porém, são geração eleita, sacerdócio real, nação santa, povo exclusivo de Deus, para anunciar as grandezas daquele que os chamou das trevas para a sua maravilhosa luz.

1PEDRO 2.9

14 Uma comunidade de relacionamentos cada vez mais profundos

DEPOIS DE UM CULTO DOMINICAL, falei com um casal que estava chateado em razão de um hino que havia sido cantado. Uma frase do hino dizia: "Levanto minhas mãos em louvor ao Senhor". Eles estavam com raiva e magoados.

"Somos membros dessa igreja há X anos e, antes disso, participamos da igreja X por Y anos", disseram eles para mim. "Conhecemos a Bíblia. Somos fiéis à igreja e a Deus. Damos o dízimo e fazemos questão que nossos filhos participem da igreja todos os domingos; chegamos a fazer sacrifícios para que eles pudessem estudar em uma escola cristã. Nós dois fomos salvos na mesma época. Mas agora...". E depois, em um tom apaixonado, eles descreveram a tragédia que se abatera sobre eles.

Com profunda emoção e olhos reluzentes, a esposa reclamou: "Como posso louvar a Deus se ele fez isso conosco depois de todo nosso trabalho?".

E eu pensei com tristeza: "O ritual e a rigidez não funcionam quando a vida desmorona".

Acredito que a experiência triste desse casal seja mais comum do que gostaríamos de admitir. Quantos homens e mulheres em nossas igrejas participam de todos os cultos dominicais, dão seus dízimos, cantam hinos, mas vão para casa sem se relacionar com alguém de maneira significativa? E, visto que eles nunca se relacionam de maneira íntima com o povo de Deus, eles se sentem perdidos, abandonados e com raiva quando uma tragédia ocorre em sua vida.

NÃO É BOM

Quando Deus disse no início da história da humanidade: "Não é bom que o homem esteja só" (Gn 2.18), ele tinha em mente muito mais do que a necessidade do casamento. Desde o começo da história da humanidade, Deus queria declarar publicamente que *nunca* é bom vivermos sozinhos, afastados de relacionamentos reais e profundos com outras pessoas. Sem dúvida, o estudo bíblico pessoal, a oração, o serviço cristão e a evangelização têm um lugar estratégico na vida de cada cristão — tanto assim que você nunca se tornará um cristão maduro sem essas práticas — mas Deus jamais quis que elas substituíssem os relacionamentos pessoais vitais com outras pessoas em sua família. Podemos nos manter ocupados "fazendo" todas essas coisas e, mesmo assim, tornar-nos amargos, mal-humorados e completamente desagradáveis.

Depois de ouvir um homem falar por certo tempo que as pessoas precisam aprender a estudar a Bíblia por si mesmas (com o que concordo de todo o coração), comecei a perceber algo. Enquanto ele citava dezenas de versículos e expunha habilmente o significado, ele também era rápido em apontar as faltas de quase todos os que estavam ao seu redor. Nem uma vez na conversa ouvi qualquer coisa a respeito de seu relacionamento com Deus. Ele não fez alusão à oração nem à adoração, tampouco ao seu amor por Deus, e também não dava mostras de ternura, que é fruto da proximidade com o Senhor.

Percebi nesse homem o grande perigo do pasto falso da rigidez. Ele dedicava boa parte de seu tempo a estudar a Bíblia, mas, em vez de estar repleto do fruto do Espírito, ele se tornara cínico e crítico.

Ele me faz lembrar um homem de minha primeira igreja (esse tipo existe em todas as igrejas), em que minha família se vinculara quando eu tinha cerca de dez anos de idade. As pessoas daquela comunidade tinham orado por mim fielmente durante anos. Eram amigas de meus pais, e eu conhecia os filhos deles. Quando estava fora da cidade para cursar a faculdade e depois o seminário, a igreja passou por um momento difícil. Meu predecessor tinha pastoreado a igreja e a freqüência chegara a 250 pessoas, depois ele viu o número cair para cerca de 75. Naquela época, esse pastor deixou essa igreja a fim de pastorear uma igreja ainda maior! Imagine só! Fui convidado para ser o "pastor interino" e, depois de alguns meses, a palavra "interino" foi deixada de lado.

De qualquer maneira, visto que muitos relacionamentos no grupo tinham sido desfeitos , foi deixada para mim, "pastor interino", a tarefa de trazer a cura. Assim, com muito entusiasmo, muita oração e quase nenhum conhecimento, comecei a trabalhar.

Lembro-me de ter falado com um homem por quem nutria um grande respeito. Ele sempre tinha uma resposta fundamentada na Bíblia para todas as perguntas. Podia citar os pais da igreja como se tivesse almoçado com eles ontem. Ele quase parecia um banco de dados humano de informação bíblica.

Mas, nem tudo estava bem. Ele não falava com um outro irmão da igreja, e eles se evitavam de todas as formas. Os amigos e famílias de cada um deles literalmente sentavam em lados opostos do pequeno santuário em que nossa igreja se reunia.

Assim, um dia, fui conversar com meu herói. Quando comecei a falar de reconciliação e perdão, sua face foi se tornando cada vez mais ruborizada. Eu estava nervoso demais para perceber isso no início, mas quando finalmente olhei para o rosto dele, pensei que ele estava a ponto de explodir. E, de certa maneira, ele o fez. Ele ficou em pé e exclamou: "Glenn, como você se *atreve* a citar textos bíblicos para mim! Eu sei mais da Bíblia do que você jamais saberá!". Ficou claro para mim que esse "gênio" em matéria de Bíblia não tinha intenção de vivenciar o que ele conhecia da Palavra. Arrasado, abaixei a cabeça e fui embora.

Quando estava indo para casa, logo tive de parar no acostamento, pois as lágrimas não me permitiam ver aonde estava indo. Não estava chorando porque ele tinha gritado comigo, embora isso também tivesse me magoado. Eu chorava lágrimas de desapontamento. No início, pensei que estava chorando porque um homem que respeitava muito caíra um pouco em meu conceito. Mas isso não era tudo. O que me fez chorar foi perceber que o conhecimento da Palavra de Deus na vida desse homem não produzira o conhecimento de Deus.

Foi como um banho de água fria. Desde esse acontecimento uma pergunta tem me acompanhado por todos esses anos: *De que modo posso ajudar as pessoas a ter um relacionamento cada vez mais íntimo com Deus?*

Não me entenda mal; a Bíblia (e seu estudo e memorização) continua a ser essencial para o processo. "Pois, que adiantará ao homem ganhar o mundo inteiro e perder a sua alma?" (Mt 16.26).

EGGSTRAVAGANZA E A MISERICÓRDIA DE DEUS

Na última Páscoa, Scott e Anna Smith tiveram a oportunidade de sentir a diferença entre uma religião fria e relacionamentos enriquecedores abençoados pelo Deus vivo. Todos os anos, o ministério de crianças da Calvary organiza um grande evento, chamado *Eggstravaganza*,[1] para famílias da comunidade e da igreja,

[1]Trocadilho com a palavra *extravaganza*, que significa "peça musical, dramática e literária", e a palavra *egg*, "ovo" em inglês, cuja pronúncia, por sua vez, é homófona do prefixo *ex* na palavra em questão. (N. do R.)

com muitos jogos, música, comida e bombons (os dentistas da cidade nos agradecem por esse evento).

"No sábado da ressurreição tivemos a oportunidade de sentir a misericórdia de Deus diretamente", relataram os Smiths. "Fazíamos parte da lista de voluntários para esse evento e na sexta-feira recebemos um telefonema da igreja para ver se poderíamos hospedar uma família. Há alguns meses, tínhamos dito que estávamos à disposição para sermos usados por Deus no que fosse necessário (Você só precisa estar *disposto*; não precisa estar *preparado*!)".

Pediu-se que os Smiths hospedassem um casal cego com três filhos que não eram cegos, todos com menos de cinco anos de idade. Visto que esse casal cego quer que os filhos cresçam com as mesmas oportunidades das crianças "normais", a mãe dessas crianças resolveu ligar para a igreja para saber se alguém poderia ficar com eles nesse grande evento, ajudando-os a participar das atividades. Os Smiths concordaram. E veja como esse dia causou um grande impacto na vida deles:

> As crianças eram "normais", cheias de vida, muito curiosas e bem comportadas. Os pais queriam que eles tivessem bons momentos e se divertissem na festa. Foi exatamente o que fizemos. Andamos por toda parte, de mãos dadas, fomos nas barracas de jogos e comemos um "monte de coisas". No fim do dia, soubemos que fôramos os mais abençoados!
>
> Graças a essa experiência, agora entendemos que não existem problemas que Deus não possa resolver. Na verdade, esse casal não pode ver fisicamente, mas podem sentir a misericórdia de Deus todos os dias. Os Smiths nos ensinaram que se você tem uma necessidade, precisa pedir ajuda. Em nossa sociedade, muitas vezes somos orgulhosos demais para expor nossas fraquezas. O que não percebemos é que "não temos porque não pedirmos". Se a igreja funcionasse como Jesus queria — se apenas perguntássemos e déssemos — poderíamos suprir as necessidades uns dos outros e acabar com muita dor no corpo de Cristo e em nossa comunidade.

> Se tivéssemos dito "não", teríamos perdido uma importante bênção que agora faz parte de nosso desenvolvimento. Além disso, teríamos perdido a oportunidade de conhecer amigos especiais. Porém, o mais importante de tudo, teríamos deixado alguém triste e magoado; seríamos como os que também estiveram na estrada para Damasco, mas que *escolheram* não olhar. Precisamos lembrar que a misericórdia de Deus é mostrada por nosso intermédio!

Pouco tempo depois, esse casal cego teve de se mudar para outra cidade, pois o marido perdera o emprego em Charlotte. As pessoas da Calvary ajudaram-nos a encontrar um lugar adequado para morar e organizaram e planejaram a mudança para o novo lar.

Coisas boas como essas começam a acontecer quando o povo de Deus, a partir da riqueza de sua própria caminhada com Deus e de seus preciosos relacionamentos uns com os outros, vai ao encontro de pessoas necessitadas. Eu só gostaria que isso ocorresse com mais freqüência.

ABANDONADO PELA IGREJA

Há vários anos, Philip Yancey escreveu *Decepcionado com Deus*, um excelente livro, que admitia que a maioria de nós tem medo de reconhecer que um grande número de homens e de mulheres contemporâneos sentem-se "abandonados" pelo Senhor. Yancey analisou o problema de vários ângulos e tentou nos ajudar a entender uma perspectiva difícil que afasta da igreja muitas pessoas magoadas.

Por mais que eu admire a coragem e a sabedoria do livro de Yancey, estou cada vez mais convencido de que um número ainda maior de pessoas abandona a fé não porque elas estejam desapontadas com Deus, mas porque estão desapontadas com a *igreja*. De algum modo, ainda precisamos aprender que, embora programas chamativos possam atraí-las, são os relacionamentos fortes que as mantêm ali e as ajudam a se desenvolver. Uma carta ilustra a questão.

Essa carta veio de uma mulher que recentemente deixou a Calvary, depois de vinte anos de freqüência regular, conforme sua descrição. Ela pediu para ser tirada da lista de membros da igreja e declarou com amargura que nosso lema "É o que está dentro que conta" simplesmente não é verdadeiro. Ela escreveu que sua mãe e seu marido haviam morrido nos últimos meses e que foi deixada sozinha para "se virar" com uma filha adolescente perdida na vida. Essa mulher gostaria desesperadamente de pertencer a um grupo que cuidasse dela, a ajudasse e a encorajasse — mas ninguém da Calvary Church tinha se importado com ela nesse momento de terrível necessidade.

Uma carta que expressa tamanha dor merece uma resposta compassiva. Assim, na primeira oportunidade, marquei um encontro com a autora da carta. "Pastor, o senhor e sua igreja não se importam", repreendeu-me ela em meio às lágrimas. Procurei questioná-la amorosamente, não para defender a Calvary nem para culpar alguém, mas para descobrir como um erro tão grave pôde acontecer.

Quanto mais eu perguntava e ouvia, mais percebia uma mulher e uma família que acreditaram que uma simples filiação garantiria ligações na igreja e relacionamentos próximos dentro do corpo. A verdadeira tragédia é que ela não estava ligada à igreja de forma alguma, a não ser por meio de sua filiação e da participação periódica nos cultos aos domingos pela manhã. A essência de sua caminhada com Deus era a de um cristianismo individualista — isto é, até que a dor tomou conta de sua vida. Foi nesse momento que ela sentiu a ineficiência do modelo de "programas e números". Quando provações e sofrimentos atingiram sua família, e envergonho-me em dizer isso, ninguém na Calvary sentiu sua falta, as pessoas nem sequer a *conheciam*. Desse modo, ela deixou nossa congregação cheia de desapontamento e amargura.

Sofri, não apenas por perdê-la, mas porque sabia que ali estava uma preciosa filha de Deus que ainda não sabia o significado de fazer parte do corpo de Cristo. Aquela mulher sofrida irá de um pasto falso a outro, de uma dor a outra, a menos que em algum momento da vida ela venha a compreender e sentir o que Deus chama de "a comunhão dos santos".

Bem, acho que sei o que você pode estar pensando: "Pastor, você pode resolver isso. Encontre uma forma mais eficiente de controlar a presença nos cultos! Bem, que tal uma lista de chamada? Que tal um cartão eletrônico atado a um chaveiro? Mais classes? Mais pastores? Que tal começar uma nova igreja ao dividir sua congregação ao meio?".

Todas essas "soluções" erram totalmente o alvo. Um telefonema de um estranho falando do escritório da igreja certamente seria melhor do que nada; mas, quando você está magoado, como era o caso dessa estimada senhora, você realmente precisa de um telefonema (melhor ainda, de um abraço e de um ouvido atento), de um amigo.

Nunca encontraremos um pasto seguro se tentarmos trabalhar com três aspectos bem conhecidos: estrutura, tamanho e sistemas. Simplesmente não é verdade que se pudéssemos desenvolver uma estrutura melhor, administrar nosso tamanho de maneira mais eficiente ou criar novos sistemas, tudo estaria bem. Nenhum ajuste de sistema, estrutura ou tamanho suprirá nossas necessidades.

Mas, o que aconteceria se nós, que estamos nos bancos, entendêssemos que fazemos parte de um grupo, que temos a responsabilidade de *ser* o povo de Deus para os que estão ao nosso redor? O que aconteceria se desenvolvêssemos uma vontade verdadeira de tocar a vida de outra pessoa? O que aconteceria se assumíssemos a responsabilidade de conhecer novas pessoas e construir relacionamentos do Reino? Se fosse *natural* nos importar com o próximo, e as pessoas não se sentissem forçadas nem coagidas a perguntar a uma pessoa se ela não gostaria de "ir à frente"?

Quando nós, cristãos, nos relacionamos verdadeiramente com Deus e uns com os outros, fomentamos relacionamentos duradouros que nos ajudam a passar por momentos difíceis e tornam doces os bons momentos. Quando desfrutamos de um pasto seguro como povo de Deus, buscamos formas de nos encorajar e apoiar mutuamente, de maneira agradecida, deixamos para trás o anonimato que toma conta de tantas igrejas contemporâneas.

UMA COMUNIDADE ESPIRITUAL

Pessoalmente acredito que o autor e conselheiro Larry Crabb chegou mais próximo de uma definição prática sobre a igreja do que qualquer outro teólogo que conheço. "A igreja é uma comunidade de pessoas em uma jornada em direção a Deus", escreve ele. "Onde quer que haja unidade sobrenatural e movimento dirigido pelo Espírito, aí está a igreja — uma comunidade espiritual".[2] Crabb chegou a essa conclusão não por meio de uma experiência agradável, encontrando esse tipo de comunidade espiritual, mas por perceber sua clara ausência. Ele escreve:

> Há muito tempo uma sociedade obcecada pela solução de problemas, por fazer tudo funcionar, vem nos incentivando a fugir para as montanhas humanas quando a vida se torna estéril, quando a aflição, a tensão das relações e os problemas financeiros ameaçam nos arruinar. Miramos uma versão materialista, terrena, da vida abençoada. Chega de aconselhamentos, medicamentos, entretenimentos e inspirações religiosas, exortações, distrações e fórmulas feitas. Com tudo isso, deixamos de nos concentrar na vida espiritual.
>
> Precisamos de um lugar seguro para peregrinos exaustos. É hora de deixar em segundo plano as campanhas políticas, os interesses egoístas, os projetos de obras, as atividades da igreja e os cultos inspiradores. Precisamos mergulhar no mundo incontrolável e confuso dos relacionamentos, admitir nosso fracasso, identificar nossas tensões, explorar nossas falhas. Precisamos nos transfor-

[2]*The safest place on earth*, 21.

> mar na resposta à oração de nosso Senhor, pois ele orou para que nos tornássemos um, como ele e o Pai são um.[3]

Existem dois motivadores básicos na vida: a dor e o prazer. Infelizmente, a dor parece ser um motivador mais eficiente. Embora Deus nos chame para sermos motivados pelo seu prazer em buscá-lo, muitas vezes é a dor da vida que nos mostra a falência de nossos sistemas e procedimentos. "Fazer igreja" parece formidável enquanto algo na vida não estraçalha nosso mundo e enquanto não percebemos que, quando procuramos ir ao encontro de Deus, uma coisa feita pelo homem tomou seu lugar.

Embora a igreja devesse ser um lugar para pessoas sofridas e perturbadas, não é isso que "define" a igreja. A igreja é mais do que uma clínica espiritual e emocional para pessoas com problemas. O corpo de Cristo deve ser mais do que um centro comunitário com uma tendência espiritual. Ele não só precisa oferecer segurança e ajuda para aqueles que estão feridos, mas também oferecer a oportunidade para o desenvolvimento espiritual em um ambiente comprometido com a maturidade em Cristo de acordo com o ensino das Escrituras.

A comunidade tem a ver mais com nossos relacionamentos do que com nossos programas; ela tem mais a ver com nossos valores, propósito e razão de viver do que com nossos números e dólares. Na comunidade, o que fazemos é conseqüência de quem somos nós, ao passo que, nos programas corporativos, quem somos nós é determinado pelo que fazemos.

A comunidade espiritual é onde moro, recebo minha identidade, encontro meu propósito, cumpro meu propósito e minha vida se define. Como em uma comunidade física, a comunidade espiritual tem fronteiras e parâmetros na qual uma pessoa saudável deve viver. Quando alguém diz que vive em uma certa comunidade — como a Dalton Village ou Providence Country

[3]Ibid., p. 19.

Clube — as pessoas aqui em Charlotte imediatamente começam a ter uma imagem mental daquele indivíduo.

Pense em um atleta profissional do sexo masculino. Seu esporte (futebol americano) e o time *Panteras* definem sua comunidade. É ali que ele vive, recebe sua identidade e assim por diante. É por isso que não é incomum ouvir falar de atletas profissionais aposentados que rapidamente acabam confundindo as coisas. Eles não sabem viver em uma comunidade diferente daquela em que viveram até então. (Eis um enigma para você: se os cristãos nasceram para a comunidade de Deus, então por que muitas vezes nos sentimos mais à vontade no falso pasto da comunidade deste mundo?)

A Bíblia diz que os cristãos são pessoas especiais, uma nação santa, cidadãos do céu. Somos membros de uma nova comunidade. Fazemos parte da realeza. Tudo o que sou deveria ser definido por essa comunidade. Pessoas vitoriosas não abandonam o time; eles não jogam de maneira individualista. Em vez disso, buscam um chamado mais elevado do que o simples empreendimento pessoal. Elas se empenham pela glória da comunidade e do time.

Evidentemente, não é fácil criar esse tipo de comunidade. Comunidade não "acontece" só porque deveria acontecer. Temos a tendência de substituir sistemas ou programas pelo trabalho pesado de construir relacionamentos fortes e duradouros. No entanto, devemos ser parceiros de Deus para criar a verdadeira comunidade.

Uma mulher na Calvary recentemente passou por uma tragédia pessoal e certamente podia dizer um "amém" de coração para a análise acima. Bárbara declarou: "Relacionamentos realmente fortalecem uma igreja. Como em meu grupo de estudo bíblico, as pessoas me perguntavam: 'Que versículo desta semana realmente lhe falou ao coração?'. Elas estavam tão dispostas a carregar meus fardos. Elas me convidavam para passar o tempo comigo.

Em um sábado, foi organizado um dia de trabalho na igreja. Alguém nos convidou e lavamos janelas o dia todo. Alguém só precisava dizer: 'Vem', e nós íamos. Tem sido uma experiência maravilhosa".

Devemos nos lembrar constantemente que igreja *não* é:

- um *guarda-volume* — mantenha-a salva e segura para o futuro
- um *depósito* — numerada, catalogada e aguardando o momento para ser usada
- uma *fábrica* — produzindo artigos idênticos e depois de alguns anos um novo modelo é oferecido para garantir a qualidade e o nome
- uma *firma de alta tecnologia* — um ambiente estéril que acaba se tornando altamente sofisticado — peças delicadas que nos levem para o futuro
- um *spa* — embelezar a carne que está envelhecendo e ser mimado
- um *centro de repouso* — relaxe e descanse
- um *consultório psiquiátrico* — encontrar a medicação que caiu dos céus e que é perfeita para me estabilizar em um mundo instável

Para ser justo, cada uma dessas funções pode ser "experimentada" em tempos específicos e até certo ponto na verdadeira comunidade. Mas jamais devemos "definir" a igreja ou a comunidade somente nesses termos; eles são limitados demais e distorcem a verdadeira comunidade para uma ou mais "funções" de relacionamentos. Em vez disso, devemos afirmar, de acordo com a Bíblia, que a igreja é:

- *a família da fé*
- *a comunidade dos redimidos*

- *o povo de Deus*
- *a família*
- *o corpo*
- *o sacerdócio real*
- *a nação santa*

Todas essas descrições estão arraigadas no Deus que existe na comunidade e que nos criou não só para viver em comunhão com ele, mas também para viver em comunhão uns com os outros. Mesmo que não seja de maneira perfeita, devemos ter na igreja a experiência do milagre, da alegria e do prazer que Deus conhece e tem experimentado eternamente. Para esse fim, ele chamou um povo para si mesmo.

Há alguns anos, desenvolvemos na Calvary o Ministério de Conexão, para ajudar as pessoas a se ligar umas com as outras no corpo de Cristo. Encorajamos todas as pessoas, quer façam parte da igreja há vários anos, quer há apenas algumas semanas, a participar de um curso de quatorze semanas. Em Abril de 1999, iniciamos a primeira classe; naquele ano, mais de quatrocentos homens e mulheres participaram do curso. Nesse ano, até o presente momento, mais de quinhentas pessoas têm usufruído esse curso. Não é "a" resposta, mas é um início.

Um homem que começou a participar da Calvary, depois de passar por uma situação difícil em sua vida, nos disse: "Eu tinha algumas conexões aqui com algumas pessoas e recebi um grande apoio em oração por parte dessas pessoas. Nós realmente nos conectamos aqui".

"Se você entrar aqui", acrescentou sua esposa, "você se relacionará com pessoas e elas não permitirão que você passe por situações difíceis sozinho. Eu sei que o Senhor estava nos preparando para aquilo que estava diante de nós ao nos trazer aqui para a Calvary. Telefonei para as mulheres de meu grupo de estudo bíblico, e elas oraram por mim, telefonaram para mim e nos apoiaram. Uma mulher que eu não conhecia muito bem me disse: 'Eu queria que você soubesse que orei por você no último ano'. Ela teve de passar por uma mastectomia, precisou ficar em casa e orou por mim".

Precisa-se fazer um esforço consciente para ter esse tipo de conexões. Não acontecem simplesmente porque criamos um curso chamado Conexão Calvary (por melhor que esse curso possa ser) e incentivamos nosso povo a participar. Esses relacionamentos só ocorrem quando começamos a levar a sério o que significa ser "igreja". Eles ocorrem somente quando nos lembramos continuamente das grandes implicações de ser o "corpo de Cristo" e quando estamos dispostos a viver na prática essas implicações.

Então, qual é a melhor maneira de fazer isso? Talvez possamos achar uma pista no passado. Sou grato ao dr. Bob Cooley, antigo presidente do Gordon-Convell Theological Seminary [Seminário Teológico Gordon-Convell], pela seguinte análise em relação ao que "a igreja" precisa ser no século XXI.[4]

A IGREJA DA VILA

De acordo com o dr. Cooley, antes da metade do século XX, a igreja era vista como uma igreja da vila ou como uma igreja-comunidade e funcionava como uma "comunidade de fé". As pessoas da cidade viam o pastor como o pároco da vila e uma das pessoas mais instruídas e, por isso, davam a ele amplos papéis de liderança, tanto na igreja como na sociedade. Esperava-se que pregasse o evangelho e ensinasse as pessoas, além de dar aos membros da igreja o alimento e o cuidado pastoral que elas necessitassem. As funções administrativas e financeiras, além da programática, construções, terras e necessidades sociais", diz

[4]O dr. Cooley me forneceu essa análise em conversas particulares que me transmitiram muitas coisas ao espírito. Considero-o um mentor gentil e instruído, que em muito me estimulou na jornada que empreendemos na Calvary.

Cooley, "era trabalho da igreja, administrado pelos líderes leigos e pela congregação".

A partir da metade do século XX até aproximadamente o ano de 1990 — a chegada da Internet e a *World Wide Web* (WWW) — a igreja começou a assumir as características da burocracia empresarial, "embora esse processo fosse um tanto lento, mas, mesmo assim, foi influenciado pela autoridade hierárquica, pelos modelos de liderança de cima para baixo, pelas funções distintas e separadas, e pelas formas especializadas de trabalho (resultando em ministérios especializados, departamentos e programas da igreja e a profissionalização do ministério)", diz o dr. Cooley. "A administração de negócios nos últimos anos tem influenciado a igreja em relação a seus objetivos e sua terminologia empresarial. Tudo isso tem afetado a maneira pela qual a congregação vê o pastor, assim como a expectativa em relação à liderança".

Agora que entramos na era da informática, estamos "diante de um limiar de transformação — nem de todo longe do antigo modelo nem muito perto do novo campo. A igreja se encontra nesse limiar, buscando a direção certa e uma nova percepção do ser".

Então, o que devemos fazer? Que modelo melhor nos ajudará a "ser a igreja" nesses dias desafiadores? Ouça a opinião do dr. Cooley:

> A meu ver, a igreja precisa retornar ao modelo relacional que era a essência da "igreja da vila" e da comunidade de fé. Estamos passando dos modelos empresariais para "sistemas de rede". Os relacionamentos são fundamentais.
>
> Os membros da igreja lidam com isso todos os dias em seu campo de trabalho. Essa enorme mudança na sociedade e na cultura é uma oportunidade maravilhosa para restaurar o modelo bíblico do pastor (de ovelhas), em que os ele assume o papel de mordomo, servo e profeta. Esse retorno para as expectativas bíblicas dá condições à igreja de captar sua verdadeira natureza como "corpo de Cristo", em que Jesus Cristo é o pastor supremo.

> Isso significa que a liderança pode ser múltipla; que os mais diversos dons podem ser exercidos dentro do corpo; que o caráter é mais importante do que a habilidade (trabalho especializado); e que o chamado é muito mais importante do que a carreira (profissão).

Para minha satisfação, o dr. Cooley insiste na "necessidade de voltar ao ministério relacional cujo modelo é o 'pastor que se importa'". Sem dúvida, a forma desse tipo de ministério será, de muitas maneiras, bem diferente dos tempos "mais simples". No entanto, os aspectos básicos permanecerão inalteráveis. Devemos continuar encontrando maneiras de conectar-nos uns com os outros por meio de relacionamentos produtivos e reais, fundamentados na verdade do evangelho e fortalecidos pela pessoa de Deus.

Simplesmente não podemos melhorar o cerne da idéia de Deus para a igreja. Embora os aspectos exteriores possam parecer diferentes de época para época e de lugar para lugar, cada encarnação saudável da igreja corresponde a uma comunidade de fé em Cristo caracterizada por relacionamentos cada vez mais profundos com Deus e com as pessoas. Sei que Jason está feliz por ter feito essa descoberta.

O PRÓXIMO PASSO COM DEUS

Na última primavera, Jason e sua esposa, Jennifer, participaram de nossa classe Ministério de Conexão. Eles concluíram que estava na hora de se relacionar de uma forma mais profunda com o povo da Calvary Church, e esse curso parecia um passo lógico para que alcançassem esse objetivo.

Jason não cresceu em uma família cristã, e, portanto, não teve um relacionamento pessoal com Deus quando era criança e adolescente. Quando ele e Jennifer começaram a namorar há cinco anos, começaram a participar regularmente de nossa igreja. Ele aceitou o Senhor e sentiu que estava crescendo em sua caminhada com Deus nos últimos anos. "Mas alguma coisa ainda estava faltando", admitiu ele. Ele ainda não tinha se comprometido com o corpo, nem tinha expressado publicamente sua fé em Cristo por meio do batismo. O que o estava segurando?

"Eu sempre pensei que o dia de meu compromisso público chegaria no momento em que Deus falasse diretamente comigo, e que ele me daria o empurrão", disse ele. "Bem, comecei a achar que isso não fosse acontecer, mas eu sabia que já estava mais do que na hora de dar esse passo". Foi quando ele e a esposa participaram desse curso. No domingo em que seria recebido oficialmente como membro, ele recebeu um telefonema de casa.

"Cerca de trinta minutos antes de ir para a igreja, recebi um telefonema de minha mãe", disse ele. "Em lágrimas, ela me contou que Will, o filho de sua melhor amiga há mais de vinte anos, tinha morrido em um acidente de carro. Ele estava terminando a faculdade bíblica em Tennessee e estava planejando entrar no ministério. Ele era o único filho e a alegria da vida dessa família. Eles sempre foram próximos de minha família e eram bons amigos. Nesse telefonema, minha mãe falou acerca do céu comigo pela primeira vez e ela estava confiante em que Will estava lá. Ela também nos contou o quanto amava a Jennifer e a mim, do ponto de vista espiritual".

Jason sentiu como se o telefonema fosse uma linha direta do Senhor. "Essa foi a primeira vez que eu havia falado diretamente sobre Deus com a minha mãe", explicou ele. "Uma das minhas orações contínuas era de que meus pais também tivessem um relacionamento pessoal com Deus. Deus respondeu parte dessa oração há cerca de seis meses, quando minha mãe renovou sua vida com Deus e se vinculou a uma igreja local. Assim, na verdade, Deus falou diretamente comigo".

Mas as bênçãos não terminaram aí. Quando Jason e a esposa vieram à frente para se ajoelhar e ser recebidos na família de Deus, ele sentiu as orações que os novos amigos fizeram em seu favor. "A melhor parte da manhã", declarou ele, "foi quando levantei e, ao me virar, vi que foram os membros de minha classe da Conexão Calvary que estiveram ajoelhados ali conosco. Naquele momento, ficou claro para mim que Jennifer e eu realmente tínhamos uma família na igreja. Sou grato a todos, incluindo Burt e Susan, que lideraram nossa classe. Esse curso foi muito importante para nosso passo seguinte com Deus".

É muito mais fácil dar esse passo quando amigos que se importam estão a seu lado.

POR QUE NÃO UM EXÉRCITO?

De todas as metáforas que Deus usou na Bíblia para descrever a essência da igreja, você já se perguntou por que ele nunca usou a imagem do exército? Embora ele nos instrua a vestir a armadura de Deus e suportar as privações como um bom soldado (Ef 6.11-13; 2Tm 2.3), ele nunca se refere à igreja como um exército. Por que não? Que atributos do exército não se encaixam no conceito de uma família, de um povo ou de uma comunidade de fé?

Para responder essa pergunta, talvez devêssemos pensar nas coisas que qualquer exército eficaz deveria ter. Exércitos que vencem guerras sempre obedecem à uma rígida hierarquia. Todo exército insiste de forma acertada no seguinte:

- graduação
- posição
- classe

No entanto, todas estas coisas, tão necessárias no exército, não fazem parte da igreja: "Todos vocês são filhos de Deus mediante a fé em Cristo Jesus, pois os que em Cristo foram batizados, de Cristo se revestiram. Não há judeu nem grego, escravo nem livre, homem nem mulher; pois todos são um em Cristo Jesus" (Gl 3.26-28).

Por que Deus não usa a imagem de um exército conquistador para descrever a igreja? Por que não se valer da imagem dos soldados marchando, fileiras de soldados avançando, trombetas clangorando e flechas cruzando o ar? Talvez seja porque, embora os exércitos possam conquistar territórios físicos, não podem conquistar territórios espirituais. Deus não está interessado em conquistar terras, mas corações. E o caminho para os corações é por meio de relacionamentos, não da força.

"A igreja é um povo especial, um povo que o Espírito está unindo em uma comunidade", diz Stanley Grenz. "E o propósito desse povo é viver [...] em comunhão com Deus, em comunhão uns com os outros e com a criação, e, desse modo, apontar para a direção em que o Senhor governa toda a história".[5]

Grenz insiste, de maneira acertada, que na igreja somos "mais do que um grupo de pessoas que se relacionam de forma superficial. Temos em comum um compromisso vertical fundamental, ou seja, uma lealdade a Cristo, que nos molda a vida. Mas a fidelidade comum a Jesus gera um vínculo entre nós que é maior do que todos os outros vínculos humanos".[6] Portanto, devido a nossa fidelidade comum a Jesus e nossa lealdade a ele, "estamos comprometidos uns com os outros. Desejamos 'caminhar' juntos como um grupo de discípulos, para ser um povo que exerce um relacionamento eficaz. Nós, que chamamos Jesus de Senhor, nos tornamos um corpo — um povo em comunhão, uma comunidade".[7]

A imagem de um exército nunca pode exemplificar eficazmente o que Deus quer para nós em sua igreja. Certas características da vida militar podem descrever alguns aspectos da vida cristã — por exemplo, quando as bombas começam a cair e as balas a voar por sobre as cabeças, os homens nas trincheiras, muitas vezes, se unem a seus companheiros de forma extraordinariamente profunda. Mas, como um todo, a metáfora de um exército simplesmente não ilustra a igreja.

[5]Grenz, *Created for community*, 207.
[6]Ibid., p. 213.
[7]Ibid., p. 214.

Mas "família" e "comunidade" certamente ilustram bem o significado da igreja.

Um homem jovem na Calvary disse recentemente: "Eu considero esse corpo de pessoas uma verdadeira família em todos os sentidos da palavra. É muito, muito real. Sinto muita falta dela quando estou longe. Ela é muito especial. Essa experiência foi uma guinada de 180 graus em minha vida, e louvo a Deus por isso. Devo muito àqueles que continuam se importando comigo".

Lauren, a jovem mulher que descrevi brevemente no capítulo 10, ecoou esses sentimentos: "Muitas pessoas olham para a Calvary e dizem: 'Ela é tão grande; eu quero participar de uma igreja menor, onde você tem a oportunidade de conhecer pessoas'. Mas aqui você pode encontrar pessoas e desenvolver relacionamentos próximos. Certamente, somos o corpo de Cristo na Calvary — um enorme corpo de Cristo — mas você também é capaz de encontrar seu pequeno grupo. Isso torna nossa igreja alegre, e creio que isso realmente é maravilhoso".

Também acho isso maravilhoso. E penso que Deus deseja que todos nós descubramos como realmente pode ser maravilhoso.

E ele designou alguns para [...] pastores e mestres, com o fim de preparar os santos para a obra do ministério, para que o corpo de Cristo seja edificado, até que todos alcancemos a unidade da fé e do conhecimento do Filho de Deus, e cheguemos à maturidade, atingindo a medida da plenitude de Cristo.

EFÉSIOS 4.11-13

15 A fórmula para o crescimento

EM CERTO SENTIDO, NÃO É DIFÍCIL "fazer igreja". Os sermões, os programas, os estudos bíblicos, as ofertas, a evangelização — tudo pode ser feito de uma maneira tradicional, metodológica e mesmo motivacional e pode alcançar muitas coisas boas. Inúmeros peritos e consultores podem nos mostrar como "fazer igreja". Pode ser o ritual da tradição ou a rigidez do ensino e aprendizado, mas sabemos como "fazer igreja".

No entanto, quando permitimos encarar de frente o ensino das Escrituras, começamos a identificar os componentes que Deus usará para nos avaliar. Quando assumimos responsabilidade como líderes do corpo de Cristo por apresentar esses desafios a nossas congregações, surge uma pergunta que deveria fazer as palmas das nossas mãos suar e despertar uma preocupação no íntimo de nosso ser: *O que fazer com as pessoas sentadas nos bancos da igreja?*

Se você é o pastor de uma igreja bíblica, provavelmente tem pregado a verdade da Palavra há vários anos. Seu povo conhece a Bíblia. Eles sabem citar versículos. Entendem os mandamentos e as promessas de Cristo acerca da caminhada de fé. Mas, qual é a intimidade de seu relacionamento pessoal com Jesus Cristo? Estão amadurecendo no Senhor? Consomem carne espiritual ansiosamente ou continuam clamando por leite (1Co 3.2; Hb 5.12-14)?

Se formos honestos, também conhecemos algumas outras coisas que deveriam fazer as palmas de nossas mãos suar e o nosso interior tremer. Nosso povo está *ferido*. As pressões do mundo, os desejos da carne e a oposição do inimigo mantêm a vida em constante tensão com a fé. As famílias enfrentam enormes desafios em um mundo impiedoso. As pessoas nos bancos da igreja sabem que precisam de ajuda, mas é possível que jamais tenham recebido muita ajuda da igreja.

Finalmente, teremos de prestar contas a Deus pelo bem-estar das ovelhas, e ele nos julgará de acordo com seus padrões, não os nossos. Um pastor é mais do que um mestre, mas todos os pastores são mestres. Por isso, deveríamos aguçar nossos ouvidos quando Deus diz em sua Palavra: "Meus irmãos, não sejam muitos de vocês mestres, pois vocês sabem que nós, os que ensinamos, seremos julgados com maior rigor" (Tg 3.1). Além disso, deveríamos tomar um cuidado especial quando o Senhor nos fala por meio do profeta Jeremias:

> "Ai dos pastores que destroem e dispersam as ovelhas do meu pasto!", diz o SENHOR. Portanto, assim diz o SENHOR, Deus de Israel, aos pastores que tomam conta do meu povo: "Foram vocês que dispersaram e expulsaram o meu rebanho, e não cuidaram dele. Mas eu vou castigar vocês pelos seus maus procedimentos", declara o SENHOR (Jr 23.1,2).

Apreciamos nossos números cada vez maiores, mas, se não conseguimos cuidar de todos, talvez devêssemos diminuir nosso ritmo.

Essas são perguntas e realidades difíceis. De que maneira vamos responder a elas?

A DISPOSIÇÃO DE ARRISCAR

Uma coisa é certa. Nada mudará a não ser que estejamos dispostos a nos arriscar. Larry Crabb sabia que, para romper com a rigidez e ritual e passar para relacionamentos, ele teria de iniciar uma jornada amedrontadora. Ele escreve:

> Pela primeira vez em cinqüenta e quatro anos, quarenta e seis deles como cristão, sinto dentro de mim uma sensação de liberdade para seguir o Espírito por qualquer caminho que ele decidir me levar. Quero somente Cristo e estou disposto a avançar em qualquer direção que as Escrituras indiquem, que o Espírito sugira. Estou disposto a me arriscar a abandonar minha definição cultural de *igreja* e tentar defini-la biblicamente.[1]

Aqui se encontra a grande questão, a pergunta de um milhão de dólares, aquela que identificará o elo mais fraco: *Estou disposto a arriscar?*

Como pastor, acho que a maioria dos membros da igreja que encontro, bem como a liderança de várias igrejas, têm algo em comum: Eles não somente são resistentes à mudança, mas dela se ressentem. Contudo, nenhum indivíduo ou igreja pode tornar-se tudo o que Deus deseja que sejam se permanecerem estagnados e sem mudar.

Há muitos anos, depois de aceitar o convite para pastorear certa igreja, a equipe de liderança me deu uma longa lista de alvos e objetivos. Essa lista, eles me disseram, eram as ordens para a marcha, a direção que eu deveria seguir como o novo pastor. Visto que concordei com elas, estava animado e pronto para trabalhar.

Logo depois de minha chegada, no entanto, quando comecei a implementar o "plano estratégico", não somente encontrei resistência, mas uma hostilidade direta. Em uma das reuniões

[1]*O lugar mais seguro da terra*, p. 39.

com os membros que diziam se sentir "perturbados em seu espírito", eu estava sentado, perplexo, enquanto ouvia o que tinham para dizer: "Pastor, essas são as coisas que queremos ver acontecendo; só achamos que nada precisa mudar para alcançar esses objetivos".

A melhor definição de insanidade que já ouvi foi "continuar fazendo a mesma coisa, mas esperar resultados diferentes". No entanto, é assim que muitas vezes vivemos nossa vida. Se simplesmente fizermos isso com mais afinco, melhor, de maneira mais sábia e assim por diante, achamos que as coisas mudarão. Mas elas não mudam, e parece que não conseguimos entender por que continuamos obtendo os mesmos resultados.

Pessoalmente, se um construtor de casas de minha vizinhança construísse uma casa que deteriorasse rapidamente ou desmoronasse em poucos dias, certamente não contrataria para construir meu pequeno castelo — especialmente se ele achasse que a única mudança que precisava ocorrer era "trabalhar mais arduamente e com maior eficiência". O mesmo acontece conosco e com a igreja.

Se começarmos a mudar a maneira como fazemos as coisas, se pedirmos a nosso povo para fazer mudanças substanciais em sua vida, devemos levar em consideração como ele poderá reagir. Existe um *risco* quando começamos a mudar os planos. Esse é o risco que corremos, quando ousamos levar as ovelhas para um outro pasto — especialmente se elas tiverem se alimentado em um pasto tranqüilo por vários anos. É difícil levar essas ovelhas para um novo pasto.

Mas, a recompensa de vidas transformadas, o conhecimento de que existem ovelhas feridas e perturbadas e a conscientização de nossa prestação de contas ao pastor supremo deveria nos dar coragem mais do que suficiente para desenvolver instrumentos novos e diferentes para o crescimento e a prestação de contas no corpo de Cristo. Mesmo assim, não será fácil.

É UMA TAREFA ÁRDUA OBSERVAR A SEMENTE CRESCER

A Bíblia descreve a igreja mais como um jardim do que como uma fábrica. Mas é um trabalho árduo observar a semente crescer! Lembro-me de um conto antigo dos ameríndios

Um dia, um gambá visitou seu bom amigo racum [parente próximo do guaxinim], em sua casa perto do rio. O gambá ficou encantado com o jardim viçoso do amigo e perguntou se também poderia cultivar um jardim assim. O racum assegurou ao gambá que isso era perfeitamente possível, embora lhe prevenisse que se tratava de "trabalho árduo".

O gambá prometeu, cheio de ansiedade, que faria todo o trabalho árduo necessário. A seguir pediu e recebeu algumas sementes. Ele voltou apressadamente para casa com seu tesouro, enterrou as sementes com muita alegria e música, entrou na casa para limpá-la, comeu e foi dormir. Na manhã seguinte, pulou da cama para ver seu novo jardim.

Nada. O solo não parecia diferente do dia anterior!

Furioso, irado e frustrado, o gambá gritou para as sementes enterradas: "Cresçam, sementes, cresçam!". Ele socou a terra com os pés. Mas nada aconteceu. Logo, uma grande multidão de animais da floresta se reuniu para ver quem estava fazendo todo aquele barulho e por quê. O racum também veio para investigar como todos os outros.

"O que você está fazendo, gambá?", perguntou ele. "Seu barulho acordou toda a floresta".

O gambá ralhou por não ter um jardim, depois, voltou-se para cada uma das sementes e ordenou em alta voz que crescessem. Quando os animais começaram a zombar do gambá em razão de sua ação tola, ele gritava ainda mais alto. Finalmente, o racum falou mais uma vez.

"Espere um pouco, gambá", disse ele. "*Você* não pode fazer as sementes crescerem. Você apenas deve cuidar para que recebam sol e água e, a seguir, apenas observar como elas crescem. A vida está na semente, não em *você*".

À medida que a verdade penetrava em seu coração, o gambá parou de gritar e começou a cuidar das sementes como o racum o havia instruído, aguando-as regularmente e eliminando qualquer erva daninha que invadisse seu jardim. (De tempo em tempo, entretanto, quando ninguém estava olhando, ele ainda gritava um pouco).

No entanto, em uma gloriosa manhã, o gambá estava caminhando pelo jardim quando viu que inúmeros e lindos brotos salpicavam por todo lado. Depois de mais alguns dias, flores deslumbrantes começaram a vicejar. Com uma alegria e um orgulho incontrolável, o gambá correu para a casa do amigo racum e convidou-o a testemunhar o milagre. O racum deu uma olhada no jardim florescente e disse: "Viu só, gambá, tudo o que você teve de fazer foi deixar que as sementes levassem a termo trabalho enquanto você apenas observava".

"Sim", sorriu o gambá, finalmente recordando as palavras sábias do amigo, "mas é uma tarefa árdua ver a semente trabalhar".[2]

É uma tarefa árdua observar uma semente trabalhar. Mas nunca devemos esquecer que não somos *nós* que fazemos a igreja crescer. "Eu plantei", escreve o apóstolo Paulo, "Apolo regou, mas Deus é quem fez crescer; de modo que nem o que planta nem o que rega são alguma coisa, mas unicamente Deus, que efetua o crescimento" (1Co 3.6,7).

O autor de quem aprendi o conto do gambá conclui: "Existe uma lição para todos nós. Às vezes, como cristãos e líderes de igreja, trabalhamos demais e colocamos um fardo muito pesado sobre as nossas costas, em vez de simplesmente plantar pessoas no ambiente apropriado e deixá-las crescer".[3]

Contudo, existem algumas coisas que podemos fazer.

[2]MURREN, *Churches that heal*, p. 13-4.
[3]Ibid., p. 15.

COMO INSTITUIR A MUDANÇA?

De que maneira podemos instituir a mudança em um ambiente em que nossas ovelhas estão acomodadas em pastagens tranqüilas e familiares? Será que mudamos a cor da cerca? Tocamos músicas novas com a nossa harpa? Trazemos novas substâncias químicas e acrescentamos nutrientes para o pasto? Reagrupamos nossos rebanhos em rebanhos menores?

Todas essas medidas foram tentadas antes. Não produziram nem produzirão o cuidado que nossas ovelhas precisam. Elas não dão prazer a Deus.

Está na hora de pastorear nossas ovelhas de uma maneira diferente do que estamos fazendo atualmente. Está na hora de levá-las para pastos diferentes. Mas, para fazer isso, as ovelhas terão de ser conduzidas por pastores que realmente se importem com o rebanho.

Desculpem-me — nada de programas, nada de campanhas. Essa mudança terá de ser feita por um caminho mais difícil, à maneira do bom pastor. Nosso foco terá de mudar do crescimento pelo crescimento para o cuidado e a maturidade graças a Cristo. Eugene Peterson escreve:

> O trabalho pastoral consiste em um exercício diário, prescrito e modesto. É como a atividade em uma fazenda. A maior parte do trabalho pastoral envolve rotinas semelhantes como limpar o celeiro, tirar o estrume dos estábulos, espalhar o adubo, remover as ervas daninhas. Nada disso é trabalho inferior, mas, se esperamos montar um garanhão preto reluzente em desfiles diários e, em seguida, voltar para o celeiro onde um criado está a nossa espera para cuidar de nosso cavalo, acabaremos por ficar muito desapontados e profundamente ressentidos.[4]

[4]*Under the unpredictable plant*: an exploration in vocational holiness, Grand Rapids: Eerdmans, 1994, p.16.

Nada de atividades atraentes e agradáveis, mas baixas e sujas. Essa é a figura bíblica do pastoreio.

CALCULANDO A "MÉDIA ESPIRITUAL"

Suponha que pudéssemos medir e quantificar a maturidade espiritual de cada indivíduo em uma igreja específica, desde o freqüentador "perdido" até o membro mais maduro da congregação. A seguir, imagine que fosse possível agrupar estatisticamente todos os freqüentadores da igreja. Nesse tipo de exercício hipotético, poderíamos calcular a "média espiritual" de nossa congregação e compará-la ano após ano para medir nosso crescimento como crentes.

A coisa impressionante é que poderíamos dobrar teoricamente o número de membros de uma igreja e nunca mudar a "média espiritual". Ou, em outras palavras, uma igreja pode crescer em números mas não amadurecer espiritualmente.

Isso, na verdade, ocorre com certa freqüência em uma igreja que cresce, que atrai essencialmente pessoas do mesmo nível de maturidade. Esse tipo de congregação "estabelecida" raramente desfruta de uma mudança na média de sua população; ela raramente vê crescimento na maturidade de seus membros.

Portanto, como podemos passar nosso rebanho para uma expressão de fé mais desenvolvida? Existe somente uma maneira de saber: as ovelhas precisam se mover uma a uma. Essa é a *única* maneira de mudar a estatística de uma população específica e é a *única* maneira de a igreja crescer em Cristo no que tange à maturidade. Esse movimento não é produzido em massa por um novo programa nem evento; ele ocorre individualmente e pessoalmente. É possível que ele ocorra em reposta a uma dinâmica de grupo, mas a resposta precisa ser medida individualmente.

Isso significa que o tamanho de uma congregação não é um indicador de crescimento espiritual. Dobrar a população, dobrar o número de membros da igreja, não é uma indicação de maturidade espiritual. Devemos ser cuidadosos na maneira como empregamos as medidas ou avaliações seculares em relação às medidas das Escrituras. Nosso sucesso será, em última análise, medido quando estivermos diante do trono do julgamento de Cristo e ouvir dele se, realmente, fomos "servos bons e fiéis" ou não.

Ao conduzir nossas congregações para a maturidade em Cristo, devemos ter pelo menos três princípios importantes em mente:

- *O nível de maturidade de uma congregação pode mudar somente à medida que cada indivíduo amadurece em Cristo.* Maturidade espiritual não depende da população nem do universo. Ela precisa ser medida tendo como base os ensinamentos da Escritura e pode ser avaliada com mais eficiência não pelo tamanho do rebanho, mas pela saúde espiritual e bem-estar de cada ovelha.
- *Embora a maturidade só mude à medida que a ovelha muda individualmente, o comportamento do rebanho pode influenciar o crescimento e a maturidade da ovelha.* Ovelhas se agrupam com ovelhas que estão descansando. Uma parte da massa crítica é alcançada quando algumas delas começam a seguir outras ao longo do caminho que leva a um pasto melhor. Crescimento gera crescimento.
- *O pastor do rebanho é um instrumento usado por Deus para levar suas ovelhas ao crescimento e à maturidade em Cristo.* O grupo observa e segue o líder. Com isso em mente, o escritor de Hebreus diz: "Lembrem-se dos seus líderes, que lhes falaram a palavra de Deus. Observem bem o resultado da vida que tiveram e imitem a sua fé" (13.7). De modo semelhante, ele os aconselha da seguinte maneira: "Obedeçam aos seus líderes e submetam-se à autoridade deles. Eles cuidam de vocês como quem deve prestar contas" (13.17). Jesus lembra que nossa liderança deve se empenhar para alcançar a excelência espiritual, porque "todo aquele que for bem preparado será como o seu mestre" (Lc 6.40).

Todos os pastores prestarão contas de sua liderança a Deus — e ele quererá saber se ajudamos nosso rebanho a alcançar a maturidade espiritual em Cristo. Qual será nossa resposta?

Parece-me que existe somente uma "fórmula" para ajudar as pessoas de nosso povo a se tornar homens e mulheres espiritualmente maduros conforme o desejo de Deus. A fórmula para o crescimento é a seguinte: *Enfoque em Deus + amor + habilidade = crescimento*. Vamos esclarecer resumidamente cada um desses aspectos da perspectiva de um pastor.

A AUTORIDADE PARA CONDUZIR: FOCO EM DEUS

Em meio a todas as atividades, estratégias, análises e pesquisas, não podemos nos dar ao luxo de cair na armadilha como foi o caso do povo de Israel. Você consegue ouvir o desapontamento de Deus quando ele fala ao povo por meio do profeta Jeremias: "Será que uma jovem se esquece das suas jóias, ou uma noiva, de seus enfeites nupciais? Contudo, o meu povo esqueceu-se de mim por dias sem fim" (Jr 2.32).

Nesses dias, poderíamos nos beneficiar grandemente ao analisar a igreja primitiva de Éfeso. Jesus louvou esses crentes zelosos pelas suas boas ações e pelo seu trabalho árduo. Suportaram sofrimentos por Cristo, perseveraram e não desfaleceram em todas as suas atividades. Mas Jesus tinha uma palavra séria de advertência: Eles tinham abandonado o seu primeiro amor. No meio do redemoinho das atividades, eles o esqueceram (Ap 2.1-4). Não é de admirar que o apóstolo Paulo, na última carta ao seu pupilo, Timóteo, tenha escrito:

> Lembre-se de Jesus Cristo, ressuscitado dos mortos, descendente de Davi, conforme o meu evangelho, pelo qual sofro e até estou preso como criminoso; contudo a palavra de Deus não está presa. Por isso, tudo suporto por causa dos eleitos, para que também eles alcancem a salvação que está em Cristo Jesus, com glória eterna" (2Tm 2.8-10).

Paulo sabia que a única maneira de obter a "salvação que está em Cristo Jesus, com glória eterna" e usufruir dela era lembrar-se de Jesus Cristo. O Senhor quer que trabalhemos arduamente, mas não a ponto de perder nosso foco nele, nem diminuir nosso amor por ele. Ele deve ser sempre o centro de tudo o que fazemos.

A AUTORIDADE PARA CONDUZIR: AMOR

Um dos maiores desafios da liderança da igreja é estimular uma congregação para o crescimento espiritual quando a presença dos membros é totalmente voluntária e quando os motivos para essa presença podem variar grandemente. Os termos *núcleo, comprometido, congregação, multidão* e *comunidade* às vezes foram usados para descrever esses vários vínculos.

O que o pastor precisa fazer para que esses vários grupos o sigam e se aprofundem em seu relacionamento com Cristo? Ouça o que Jesus tinha a dizer a este respeito:

> "Eu lhes asseguro que aquele que não entra no aprisco das ovelhas pela porta, mas sobe por outro lugar, é ladrão e assaltante. Aquele que entra pela porta é o pastor das ovelhas. O porteiro abre-lhe a porta, e as ovelhas ouvem a sua voz. Ele chama as suas ovelhas pelo nome e as leva para fora. Depois de conduzir para fora todas as suas ovelhas, vai adiante delas, e estas o seguem, porque conhecem a sua voz. Mas nunca seguirão um estranho; na verdade, fugirão dele, porque não reconhecem a voz de estranhos" (Jo 10.1-5).

A autoridade que o pastor tem para conduzir o rebanho é decorrente do relacionamento dele com suas ovelhas. Jesus nos ensina: "... as ovelhas ouvem a sua voz. Ele chama as suas ovelhas pelo nome e as leva para fora. [...] vai adiante delas, e estas o seguem, porque conhecem a sua voz". Jesus declara que o pastor conduz suas ovelhas somente pela sua voz. Ele chama, elas seguem. Elas respondem à autoridade, a sua voz, bem conhecida.

Uma voz pode transmitir autoridade de muitas maneiras. Existe a voz da formação militar, em que a desobediência é punida com a prisão temporária, e a obediência é comandada pelo governo dos Estados Unidos. Existe a voz do emprego, que requer lealdade baseada em obrigações contratuais. Se você não obedecer, é despedido! Existe a voz do professor, cuja autoridade os estudantes seguem para poder receber o diploma.

E existe a igreja. Será que nós dizemos: "Aja de acordo com as Escrituras, senão ...". Então, o quê? Senão *o quê*? "Vamos para uma outra igreja". "Vamos encontrar um outro pastor". "Vamos simplesmente discordar". "A doutrina do 'sacerdócio dos crentes' nos permite essa liberdade, não é verdade?".

A voz do pastor não vem atada a cordas. Ela é apenas uma voz, emitida do púlpito, para ser ouvida junto com todas as outras vozes. No meio dessa cacofonia de sons e com todas as outras distrações sensoriais, Jesus diz que as ovelhas responderão à voz do pastor. Por quê?

As ovelhas respondem à voz do pastor só em razão de um relacionamento anterior e contínuo. Elas respondem a sua voz porque vivem em um relacionamento próximo com o pastor e têm desfrutado dos benefícios desse relacionamento: o cuidado, a correção e instrução, o conforto, a proteção, o descanso, a certeza da segurança, a limpeza e a vida devotada às ovelhas. As ovelhas seguem o pastor porque confiam nele.

Isso deve iniciar com o pastor, não com as ovelhas. A autoridade do pastor para conduzir é derivada do *relacionamento* do pastor com as ovelhas. Os cães podem impelir as ovelhas; outros podem arrebanhá-las; mas elas serão conduzidas só pelo pastor que ama e cuida delas.

Em nossos dias, parece haver uma ênfase clara, nos seminários bíblicos e nas denominações, para fundar igrejas em vez de renovar e regenerar igrejas. Acredito que o motivo dessa ênfase é que o modelo de liderança que está sendo apresentado não pode trazer renovação para a igreja. As pessoas querem confiar no caráter e estilo de vida daquele que diz: "Aqui você encontrará pastagem. Você pode confiar em mim quanto ao fato de que, aqui, as necessidades de sua alma serão supridas".

Podemos fundar uma igreja tendo como base carisma e visão; mas não poderemos levá-la ao crescimento nem à maturidade. E, na maioria das vezes, é mais eficiente (inclusive em relação a custos) mudar uma igreja do que estabelecer uma nova. Quantos pastores permanecem em um projeto de fundação de igreja depois de três ou quatro anos?

Do meu ponto de vista, o aspecto central é o relacionamento do pastor com o povo. O que me dá acesso a sua vida é a minha vida. Isso vai além de um currículo; isso vai além da posição; isso vai além de uma programação. Isso tem a ver com amor.

A AUTORIDADE PARA CONDUZIR: HABILIDADE

Quando me refiro à "habilidade", quero dizer competência de vida, não tanto a capacidade nem a aptidão de batizar, pregar ou algo semelhante. Esse tipo de habilidade não significa perfeição semelhante a Cristo, mas requer que eu esteja me alimentando no pasto para onde quero levar meu povo.

A habilidade do pastor em conduzir as ovelhas é baseada em grande parte na competência do pastor, refletida por sua vez na experiência pessoal das ovelhas. Será que elas têm confiança na habilidade do pastor de passar o que foi prometido? É um relacionamento de confiança baseado na experiência, e um relacionamento de fé baseado nas práticas e na vida do pastor. Isso continua a ser verdade, independentemente do foco ministerial de dedeterminada igreja.

Uma igreja pode fundamentalmente ser evangélica, pregar mensagens de salvação na maioria dos cultos e avaliar a si mesma de acordo com o número de pessoas salvas em determinado período.

Uma igreja pode ressaltar os resultados e avaliar-se de acordo com sua influência na comunidade.

Uma igreja pode dar destaque ao crescimento, baseando-se no número de participantes da escola dominical ou dos cultos.

Todas essas formas de igreja estarão sendo dirigidas de forma a produzir os resultados desejados. Cada uma dessas congregações observará quão rigorosamente a liderança, em especial os pastores, vivem de acordo com o modelo bíblico que eles pregam. Poderíamos chamar a diferença entre o que é pregado e promovido e o que é executado e praticado de Valor Eclesiástico Observado ou Fator VEO,[5] de uma igreja. Esse fator tem a finalidade de avaliar a capacidade e a força de liderança da igreja.

Quanto maior a lacuna, menor será a probabilidade de as pessoas seguirem a voz do pastor. Quando as ovelhas percebem uma incoerência regular entre a voz do pastor e seus atos, elas se recusam a segui-lo.

Esse Fator VEO torna-se muito importante devido à necessidade de levar as ovelhas a uma compreensão mais profunda de Cristo e de seus ensinamentos. Se o pastor prega um modelo, mas vive outro, suas ovelhas ficarão desiludidas. Nesse caso, ocorrerá o seguinte: ou elas ficarão frustradas e deixarão o pasto, ou se tornarão amarguradas e permanecerão. Nenhuma delas edifica o corpo de Cristo.

Se, em contrapartida, expusermos um modelo bíblico sólido, quanto aos ensinamentos de Cristo, a nosso povo, e se ele for estimulado a se desenvolver, dará ouvidos à voz do mestre. A autoridade para conduzir baseia-se nos conhecimentos bíblicos do líder, de acordo com a avaliação das ovelhas. O que é visto deve estar em harmonia com o que é ouvido; caso contrário, as ovelhas não o seguirão. Talvez seja por isso que Paulo, ao escrever acerca das qualificações dos presbíteros e dos diáconos, concentra-se na qualidade e no conteúdo da vida do indivíduo. A

[5]Em inglês, observa-se um jogo de palavras, ou seja, PEW (Perceived Ecclesiastical Worth) Factor. A tradução da palavra *pew* é "banco". (N. do T.)

credibilidade e a autoridade para conduzir são decorrentes desses aspectos.

A condução das ovelhas para um novo pasto deve começar com uma avaliação pelo pastor de seu compromisso bíblico e de seus conhecimentos bíblicos diante de Deus e das ovelhas. O Fator VEO determinará se as ovelhas seguirão a voz de seu pastor terreno ou não.

Contudo, aí mora o perigo. Quando comecei meu ministério, lembro-me de ter ficado aterrorizado. O primeiro problema para cuja resolução fui chamado — a morte de um cônjuge ou de uma criança rebelde, não me lembro qual — citei Romanos 8.28,29. Imediatamente minhas palavras pareceram muito inadequadas e superficiais diante de uma dor tão profunda; meu desempenho lamentável mostrou-me que realmente não sabia o que estava fazendo. Na verdade, isso foi algo bom. Minha insegurança, meus medos e meu profundo sentimento de inadequabilidade forçaram-me a lançar-me nas afáveis misericórdias de Deus. Eu não tinha escolha senão ministrar por paixão e a partir de um relacionamento íntimo com Deus. Clamava regularmente: "Ajuda-me, Deus! Deus, dirija-me. Guia-me. Mostra-me o que dizer e o que não dizer".

Com o tempo, fui melhorando com relação a isso. Participei de alguns cursos, falei com vários pastores experientes e li livros e artigos. Assim, novas idéias começaram a surgir. À medida que minha competência e capacidade aumentavam, minha dependência com relação a Deus diminuía (pelo menos, minha dependência perceptível).

Todos nós convivemos com essa tensão. Aumentar a capacidade é algo útil, mas isso nunca deveria nos levar a um ponto em que acreditamos não precisarmos mais depender de Deus.

UMA IGREJA EM PROCESSO DE CRESCIMENTO

Visto que a maioria das pessoas é motivada ou pela dor ou pelo prazer, pergunto-me: se fôssemos mais facilmente movidos pelo prazer em Deus, será que haveria tanta necessidade de ser movidos pela dor da vida?

Sou pastor da Calvary há quatro anos, e muitas pessoas que estiveram no pano de fundo agora estão começando a se envolver. Você sabe por quê? Para muitos, devido à dor, ao incômodo, ao sentimento de estar sendo deixado para trás. Passamos muito tempo falando sobre a satisfação do prazer em Deus, tentando imaginar o que poderia ser. *Isso* poderia acontecer, *aquilo* poderia acontecer — o prazer desse tipo de dinâmica. Mas agora, à medida que ouvem o que está acontecendo na vida de outras pessoas, é a dor de sentir-se deixado de fora que os leva a querer fazer parte do que está acontecendo. De repente eles estão dizendo: "Oi, podemos nos envolver?".

E digo: "Claro!".

Como um pastor pode ajudar sua igreja a fazer a transição de maneira positiva? Evito dizer: "Vocês são um bando de lesmas. Perderam o bonde; tudo o que têm feito ao longo de sua história é lixo". Em primeiro lugar, isso não seria verdade, e, em segundo lugar, quero que nosso povo saiba que não desperdiçou os últimos vinte ou trinta anos de sua vida. Por isso, tive de perguntar a mim mesmo: *De que maneira devo respeitar essa maravilhosa história, enquanto tento, ao mesmo tempo, conduzir o povo para um modelo mais próximo da Bíblia? Onde está a graça redentora de Deus e sua mão soberana?*

Se há alguma integridade em mim, não posso, de maneira nenhuma, difamar meu predecessor. Ele teve um ministério muito eficiente e influente. Por meio de seus esforços, literalmente milhares de pessoas foram alcançadas com o evangelho. No entanto, creio que algumas partes significativas faltaram naquele ministério.

Hoje, digo sem medo que esse imenso prédio rosa não foi um erro. Embora hoje reconheçamos que algumas coisas que aconteceram durante sua construção tenham sido devido a erros de cálculo, o fato de o nosso prédio estar situado em uma área das que mais crescem em toda a Carolina do Norte — bem no centro dela —, isso não foi um erro. Não foi mera coincidência.

Ainda usamos o órgão de tubos em alguns cultos da igreja. Ainda temos um coral. Ainda mantemos outros programas dos "velhos e bons tempos". Estamos apenas tentando situá-los em diferentes contextos para nos ajudar a "ser" o povo de Deus. Ainda não chegamos "lá", mas estamos seguindo no rumo certo.

Não sem ironia. Você sabia que neste ano tivemos votação para que nossa igreja se tornasse pessoa jurídica? Isso nunca tinha sido feito e tivemos de fazer para tratar de vários aspectos legais. Afinal de contas, estamos vinculados às leis do país. Nossa "corporação" despertou todo tipo de discussão, principalmente entre os obreiros de tempo integral. Não é difícil entender por quê.

Aqui estou, ensinando um modelo antiempresarial, mas tendo de pedir à congregação que vote para nos tornarmos uma instituição sem fins lucrativos, chamada Calvary Church! Tente explicar o que isso *não* significa, ou seja, uma mudança de filosofia! Foi complicado. Pode estar certo disso.

Além de levar uma proposta para a igreja votar a fim de se tornar uma instituição, eu, na condição de pastor titular, tornei-me o "presidente executivo" da nova corporação. Tudo dentro de mim rebelou-se contra a idéia de assinar meu nome naquela linha! Depois de finalmente assinar os documentos, um de nossos presbíteros disse, brincando: "Ah é? Tudo devido às regras".

Mencionei o ocorrido só para mostrar que ainda somos uma igreja em processo de crescimento. Acreditamos estar no caminho certo, mas sabemos que ainda não chegamos a nosso destino. Estamos usufruindo a viagem (na maior parte do tempo) e cremos que Deus está satisfeito com nosso progresso. Entrementes, oramos para que outros encontrem o caminho que os levará à mesma estrada, como nos dias antigos:

> "No deserto preparem o caminho para o SENHOR; façam no deserto um caminho reto para o nosso Deus. Todos os vales serão levantados, todos os montes e colinas serão aplanados; os terrenos acidentados se tornarão planos; as escarpas serão niveladas. A glória do SENHOR será revelada..." (Is 40.3-5).

Epílogo

Alegria na jornada

QUANDO CHEGAREMOS LÁ? Não sei ao certo.

Lembro-me de algumas férias bem interessantes, quando era menino e adolescente. Meus pais acampavam como uma forma de ver e de conhecer várias partes do país com um orçamento um tanto limitado. Embora tenha algumas lembranças agradáveis dessas viagens, até hoje sinto alergia e quase perco o fôlego, quando alguém sugere que eu vá acampar!

Exceto isso, lembro-me de algumas viagens em que folhetos atraentes realmente despertavam certa empolgação em meus dois irmãos e em mim. Sem dúvida, eram as ilustrações e as descrições desses folhetos que faziam com que meu pai dirigisse por vários quilômetros ouvindo uma infinidade de pedidos, perguntas e reclamações, tais como, "Preciso ir ao banheiro", "Estamos chegando?", ou, "Ele está sentado no meu lado do carro".

É interessante, porém, quando eu e meus irmãos buscamos nos lembrar daqueles dias. Chegamos à conclusão de que, às vezes, a parte mais emocionante da viagem era o trajeto de ida e de volta. Também lembramos que perdemos grandes oportunidades ao longo do caminho, porque estávamos muito preocupados em “chegar lá”.

Anos mais tarde, enquanto ministrava nos Cumpridores de Promessas, ouvi com freqüência testemunhos semelhantes. Um grupo de homens fretava um ônibus e atravessava o país para participar de uma conferência. Depois, ouvi deles: “Sabe, a conferência foi incrível. Deus realmente operou em nossa vida”.

“Isso é maravilhoso”, respondi, “o que aconteceu na conferência que causou uma impressão tão forte?”.

“Veja, nós fretamos esse ônibus e dirigimos a noite toda. Os homens começaram a conversar e a se conhecer melhor. Depois, chegamos na conferência e foi impressionante. Mas o melhor foi quando, entramos no ônibus e voltamos para casa — e deixe-me dizer, doutor, foi algo intenso! Os ‘caras’ começaram a se abrir, a orar. Relacionamentos foram resolvidos e novos relacionamentos foram formados. Obrigado pela grande conferência!”.

O que achei engraçado e surpreendente foi que a maior parte das coisas realmente importantes para eles ocorreu na viagem de ida e de volta! Não estou desvalorizando a conferência nem qualquer outro acontecimento do qual participamos — eu só gostaria de que lembrássemos que, em grande parte, trata-se da jornada.

Isso também é verdade na igreja. Um de nossos pastores na Calvary, Mike Gibbons, disse recentemente para mim:

— Finalmente estou conseguindo entendê-lo.

— O que você quer dizer?— perguntei.

— O segredo daquilo que você está tentando fazer e o que nós estamos tentando fazer. Você acredita que a resposta está na luta em si, não no final dela.

Mike pode estar certo.

Sempre me senti intrigado quanto à vida de Abraão — principalmente quando o escritor de Hebreus nos relata que o velho

Abraão obedeceu e, pela fé, atendeu ao chamado de Deus, "embora não soubesse para onde estava indo" (Hb 11.8). Deus não lhe forneceu nenhum detalhe. Ele não lhe deu um guia de viagem. Nem ao menos lhe deu um monte de folhetos descrevendo as maravilhas de seu destino final.

Então, onde estava a motivação para a viagem? Por que deixar mamãe e papai? Por que pular em um camelo e deixar o conhecido?

Posso ouvir a mãe dele, dizendo: "Abraão, para onde você está indo? Será que não cuidei de você? Você não ama a mamãe? O que fiz para você me tratar dessa forma? Será que terei ou verei meus netos? Para onde você está indo? O que você quer dizer quando diz que não sabe? Onde está o mapa? Abraão, sei que seu pai sempre se recusou a parar e a pedir por informações — esse homem era cabeça-dura — mas, pelo menos ele sabia para onde estava *indo*!".

Poderíamos traduzir o versículo oito dessa forma: "Quando Deus chamou Abraão para ir ao lugar que mais tarde receberia como herança, ele obedeceu e partiu, embora não se importasse para onde estava indo". Nada menos que o destino supriu a força motriz na vida de Abraão.

Acredito que esse aspecto em grande parte tenha sido esquecido pela igreja. A alegria realmente se encontra na jornada — enquanto estamos viajando com Deus! E, para onde Deus está querendo nos levar? Não sei ao certo. Muito se tem dito: "Se tudo vai bem, não é uma aventura". Pretendo usufruir a viagem enquanto participo dela.

Também sei que, na maioria das vezes, a realidade não é tão romântica quanto parece nos folhetos de viagem. Abraão provavelmente passou muito tempo como se fosse um animal teimoso e fedorento. Sua jornada foi cansativa, sob o sol forte; ele não sabia qual era seu destino; e tinha de seguir o chamado de Deus enquanto lidava com sua humanidade.

A verdadeira caminhada de fé requer que deixemos de lado as expectativas românticas da vida perfeita, dada por Deus, que só está em nossa imaginação, para que sigamos sua direção, independentemente de aonde isso nos levará. Essa é a história real que você ouviu de muitas pessoas neste livro. A alegria das diversas jornadas não provinha das situações em que essas pessoas se encontravam, mas do encontro com o Deus vivo em meio à realidade da vida. A maioria delas nunca teria escolhido essa realidade. No entanto, por meio dessas jornadas difíceis, encontraram imensa alegria... propósito... vida abundante... pasto seguro.

Creio que ainda estamos para ver, em nossa igreja ou em qualquer igreja dos Estados Unidos que eu conheça, o que o Deus vivo e verdadeiro realmente quer fazer entre nós. Estou certo apenas de uma coisa: o que quer que seja, estará muito além do que podemos imaginar. Se o reavivamento chegar, acredito piamente que não será como a maioria das pessoas imagina.

Mas, afinal, essa não é a maior parte da aventura?

Sobre o livro

Categoria • Eclesiologia

Fim da execução • abril de 2004
1.ª edição • maio de 2004

Tiragem	Ano
1 2 3 4 5 6 7 8 9	09 08 07 06 05 04

Formato • 14 x 21 cm
Mancha • 10,5 x 18,5 cm
Tipo e corpo/entrelinha • Goudy Old St 11,7/14,6 (texto); Zapf Humanist Dm BT 16/19,2 (título)
Papel • Off-Set 75 g/m² (miolo); Cartão Supremo 250 g/m² (capa)

Tiragem • 4 mil exemplares
Impressão • Edelbra

Impresso no Brasil / *Printed in Brazil*

Equipe de realização

Produção gráfica

Supervisão
SANDRA LEITE

Fotolito
IMPRENSA DA FÉ

■

Produção editorial

Coordenação
ALDO MENEZES

Colaboração
MAURO NOGUEIRA

•

Edição de texto
ALIPIO CORREA DE FRANÇA NETO

Revisão de provas
LENA ARANHA

Projeto gráfico
SONIA PETICOV

Composição
SET-UP TIME ARTES GRÁFICAS

Capa
SOUTO DESIGN